新时代区域协调发展机制研究书系

教育部青年基金项目"数字经济赋能县域城乡融合发展的内在机理与实现路径研究"（23YJ710125）；四川省农村发展研究中心青年项目"四川成都西部片区城乡融合发展的理论逻辑与实践探索"（CR2319）；校级思政专项"中国式城乡融合发展道路研究"（2022ZDM05）。

新时代
城乡融合发展体制机制
创新研究

XINSHIDAI
CHENGXIANG RONGHE FAZHAN TIZHI JIZHI
CHUANGXIN YANJIU

张阳丽　著

西南财经大学出版社
SOUTHWESTERN UNIVERSITY OF FINANCE & ECONOMICS PRESS

中国·成都

图书在版编目(CIP)数据

新时代城乡融合发展体制机制创新研究/张阳丽
著.--成都:西南财经大学出版社,2024.10
ISBN 978-7-5504-6210-6

Ⅰ.①新… Ⅱ.①张… Ⅲ.①城乡建设—经济发展—
研究—中国 Ⅳ.①F299.21

中国国家版本馆 CIP 数据核字(2024)第 108826 号

新时代城乡融合发展体制机制创新研究
XINSHIDAI CHENGXIANG RONGHE FAZHAN TIZHI JIZHI CHUANGXIN YANJIU
张阳丽 著

策划编辑:何春梅
责任编辑:植 苗
责任校对:廖 韧
封面设计:何东琳设计工作室
责任印制:朱曼丽

出版发行	西南财经大学出版社(四川省成都市光华村街55号)
网 址	http://cbs.swufe.edu.cn
电子邮件	bookcj@swufe.edu.cn
邮政编码	610074
电 话	028-87353785
照 排	四川胜翔数码印务设计有限公司
印 刷	成都市新都华兴印务有限公司
成品尺寸	170 mm×240 mm
印 张	17.75
字 数	315 千字
版 次	2024 年 10 月第 1 版
印 次	2024 年 10 月第 1 次印刷
书 号	ISBN 978-7-5504-6210-6
定 价	88.00 元

前言

随着中国特色社会主义进入新时代，我国社会的主要矛盾以及我国社会主义建设的奋斗目标都发生了变化，与此同时，城乡发展也呈现出新特征。从社会主要矛盾来看，我国社会的主要矛盾已经转化为人民日益增长的美好生活需要和不平衡不充分的发展之间的矛盾，这一社会主要矛盾集中体现为城乡发展不平衡、农村发展不充分。从奋斗目标来看，我国要在2035年基本实现社会主义现代化；到21世纪中叶，在基本实现社会主义现代化的基础上，把我国建成富强、民主、文明、和谐、美丽的社会主义现代化强国。但当前农业农村现代化仍然是我国实现社会主义现代化的短板，制约了国家现代化总体目标的实现。从城乡发展的新特征来看，新时代城乡发展呈现出城镇化减速、农民工回流、乡村新产业兴起、逆城镇化趋势凸显等新特征，这就要求我们顺应这一趋势，推进城乡融合发展。

那么，如何推进城乡融合发展呢？我国是一个农村人口众多的发展中国家，"三农"问题始终是关系党和人民事业的全局性问题和根本性问题，这一特殊国情决定了新时代推进城乡融合发展必须从我国实际出发，科学研判我国城乡发展面临的机遇和挑战，综合剖析我国城乡发展不平衡的原因，走具有中国特色的城乡融合发展之路。

从我国城乡发展现状来看，当前我国城乡发展不平衡问题突出，这既与市场经济条件下各要素为追求利润最大化不断从农村流向城市有关，也与城乡融合发展面临的体制机制障碍有关。当前我国城乡融合发展体制机制还不健全，城市资源要素"下乡"还无法完全突破长期以来形成的制度壁垒。例如，城乡二元的户籍壁垒还没有根本消除，人口流动仍存在一些障碍；农村土地抵押、宅基地转让依然面临重重阻碍；城乡统一的建设用地市场尚未建立；农村金融市场发育滞后，农村融资难、融资贵问题突出；农村基础设施和公共服务设施的历史欠账仍然较多，制约了生产要素向农村流动；等等。这些因素已经成为新时代阻碍城乡融合发展和实现乡村振兴的主要制度性障碍。为此，我国必须以马克思主义政治经济学为指导，全面深化改革，着力破除户籍、土地、资本、公共服务等方面的体制机制弊端，为城乡要素自由流动、平等交换和公共资源合理配置扫清制度障碍，推动城乡融合发展和全体人民共同富裕，并为世界其他国家推进城乡融合发展贡献中国智慧和中国方案。

本书的研究主题是"城乡融合"，主线是中国特色社会主义新时代为什么要推进城乡融合发展，以及怎样推进城乡融合发展。本书认为，当前我国存在的体制机制障碍是影响城乡融合发展的主要因素。因此，本书重点从体制机制的角度来分析城乡融合问题，遵循的逻辑思路是"理论分析—经验借鉴—现状分析—对策建议"。具体来看，本书一是分析了马克思主义城乡关系理论及国外学者关于城乡关系的相关理论，这也为本书的研究提供了理论基础；二是对新中国成立以来城乡关系的演进历程做了梳理，总结了我国城乡关系演进的基本特征和经验教训，以期为新时代推进城乡融合发展提供经验启示；三是对国内外城乡融合发展的典型实践做了分析，总结了它们推进城乡融合发展的共同经验，为新时代推进城乡融合发展提供了经验借鉴；四是分析了新时代城乡融合发展面临的现实困境及体制机制障碍；五是提出了建立健全新时代城乡融合发展体制机制的对策建议。

通过以上研究，本书得出了以下结论：

第一，新时代城乡融合发展并不是要消除城乡差异。城市与乡村所承担的功能不同，这决定了两者之间的差异是不可能消除的，而且这种差异本身就是社会发展的客观需要。新时代城乡融合发展是要在尊重城乡差异的基础上，推进城乡各司其职、共同繁荣。但我们也要承认，城乡差异的客观存在并不意味着乡村不需要改变。城乡之间的差异体现在很多方面，如交往方式、聚居形式、文化传统、基础设施、公共服务、居民收入等。其中，有些差异是不可能也不需要改变的，如城乡在聚居形式、文化传统等方面的生活功能型差异；有些差异则是需要改变的，如城乡在基础设施、公共服务、居民收入等方面的资源机会型差异。这种资源机会型差异是经济社会发展不充分、体制机制不完善等导致的，是不合理的存在。城乡融合发展的过程不是消除城乡生活功能型差异的过程，而是消除城乡资源机会型差异的过程，是在保留城乡客观性差异的基础上，实现城乡居民生活质量均等化，即让城乡居民共享城乡改革的伟大成果，实现全体人民共同富裕。这不仅是社会主义国家推动城乡融合发展的题中之意，也是新时代城乡融合发展的最终目标。

第二，新时代城乡发展不平衡既与我国经济社会发展阶段有关，也与当前存在的体制机制障碍有关。要实现城乡融合发展，我们就必须深化改革，着力破除户籍、土地、资本、公共服务等方面的体制机制弊端，激活主体、要素和市场，为城乡融合发展提供内生动力。

第三，新中国成立以来，我国城乡发展出现过对立、分离的局面，但最终还是沿着城乡融合发展的方向前进。我国城乡发展之所以没有出现偏离，最根本的原因就在于我们没有照搬西方国家城乡发展的理论和经验，而是在中国共产党的领导下，把马克思主义城乡发展理论与我国城乡改革实践结合起来，走出了一条适合中国国情的城乡发展道路。新时代推动城乡融合发展依然要以党的领导作为根本保证，这既是新时代城乡融合发展的最大特色，也是实现社会主义现代化的根本保障。

第四，纵观我国城乡发展历程可以发现，政府在城乡发展过程中的作用尤为明显，其主要是通过制定国家发展战略、影响资源配置等手段影响城乡发展。因此，政府是我国城乡关系演变的主导性力量。

第五，城乡融合是对城乡统筹的发展和超越。在城乡统筹的背景下，城乡地位是不平等的，城市和工业处于主导地位，农村和农业处于附属地位。城乡融合强调的是，政府通过统筹配置资源来缩小城乡差距，进而实现共同富裕。在城乡融合的背景下，城乡之间是地位平等、功能互补、不可替代、共生共荣的关系。它不仅要发挥政府在农业农村优先发展中的作用，还要发挥市场在资源配置中的决定性作用；不仅要补齐农业农村短板，还要激发农业农村发展的内生动力，发挥农业农村的优势，进而实现社会主义现代化。

第六，新时代推动城乡融合发展要处理好政府与市场、改革与稳定、乡村振兴与新型城镇化、乡村经济发展与乡村全面振兴、党的领导与农民主体之间的关系。

张阳丽

2024 年 5 月

目录

第一章　绪论

中国特色社会主义已经进入新时代，摆在我们面前的时代课题是要建立什么样的新时代中国特色社会主义工农关系、城乡关系，以及怎样建立新时代中国特色社会主义工农关系、城乡关系。围绕这一时代课题，立足新时代这一历史方位，中国共产党从中国特殊国情出发，为解决社会主要矛盾、决胜全面建成小康社会①和全面推进社会主义现代化建设，提出实施乡村振兴战略，建立健全城乡融合发展体制机制和政策体系，这为新时代从根本上调整理顺城乡关系提供了根本遵循。正所谓"唯改革者进，唯创新者强，唯改革创新者胜"。如何深化改革，着力破除城乡融合发展的体制机制弊端，激活主体、要素和市场，促进城乡要素自由流动、平等交换和公共资源合理配置，是一个重要课题。

第一节　选题依据及研究意义

一、选题依据

城乡关系是现代化进程中必须处理好的重大基本关系。从某种程度上说，国家现代化的过程也就是城乡关系不断调整和优化的过程。纵观世界各国，无论是已经实现了现代化的欧美发达国家，还是陷入中等收入陷阱的拉美国家，都深刻揭示了这样一个事实：在现代化进程中，能否处理好

---

① 党的十八大报告首次正式提出全面建成小康社会。"小康社会"是由邓小平在20世纪70年代末至80年代初在规划中国经济社会发展蓝图时提出的战略构想。2017年10月18日，习近平总书记指出，我们既要全面建成小康社会、实现第一个百年奋斗目标，又要乘势而上开启全面建设社会主义现代化国家新征程，向第二个百年奋斗目标进军。

工农关系、城乡关系，在一定程度上决定着现代化的成败。

从我国城乡关系的历史演进来看，新中国成立以来，围绕实现现代化这一主题，以及如何处理好工农关系、城乡关系这一主线，我国开始了人类历史上前所未有的一项伟大实践，即如何在一个人口庞大的社会主义发展中国家，将广大农村和亿万农民纳入国家建设进程，同步实现现代化和共同富裕。这是一项史无前例、意义重大的伟大实践，没有任何成功的经验可以直接借鉴，其艰巨性、复杂性、繁重性前所未有。为实现这一目标，我国根据现代化发展不同阶段城乡发展的特征采取了不同的发展战略。大体来看，新中国成立以来，我国城乡发展大致经历了"新中国成立后的重工业优先发展—改革开放后的工业和城市优先发展—党的十六大以来的城乡统筹发展—新时代城乡融合发展"四个阶段。尤其是党的十六大以来，为全面建成小康社会、解决长期以来存在的"三农"问题，我国开始从根本上调整工农关系、城乡关系，扭转城乡利益分配格局，并确定了城乡统筹发展战略，建立了"以工补农、以城带乡"的长效机制，促进我国农业农村各项事业取得了全面进步。但在城乡统筹的背景下，城乡地位是不平等的，工业和城市处于主导地位，农业农村则处于附属地位，其主要功能是为城市和工业提供原料和粮食。城乡统筹的主体是政府，它没有激发农业农村发展的内生动力，没有建立起完善的要素市场，农民也没有充分利用自身优势和资源平等参与现代化进程、分享现代化成果，因而城乡统筹无法从根本上扭转城乡差距不断拉大的趋势。

随着中国特色社会主义进入新时代，我国距离实现社会主义现代化的目标越来越近。与此同时，城乡发展不平衡与农村发展不充分问题也越来越突出，且农业农村现代化仍然是我国现代化建设的短板。为解决这一问题，党的十九大报告提出要建立健全城乡融合发展体制机制和政策体系，加快推进农业农村现代化，这为新时代处理工农关系、城乡关系提供了根本遵循。具体而言，新时代之所以要推动城乡融合发展，是由我国新的社会主要矛盾、新的奋斗目标和城乡发展的新特征所共同决定的。

首先，新时代新矛盾要求推进城乡融合。党的十九大报告指出，中国特色社会主义进入新时代，我国社会的主要矛盾已经转化为人民日益增长的美好生活需要和不平衡不充分的发展之间的矛盾，这一社会主要矛盾集中体现为城乡发展不平衡、农村发展不充分。要想解决好发展的不平衡、不充分问题，不断满足广大农民群众日益增长的美好生活需要，在很大程度上就需要依靠城乡融合发展和乡村振兴。因此，可以说，推动城乡融合是破解新时代社会主要矛盾的关键抓手。

其次，新时代新特征要求推进城乡融合。中国特色社会主义进入新时代，我国城乡发展也呈现出新特征，主要表现在三个方面：第一，城镇化减速。自 2011 年城镇化率超过 50% 的拐点之后，我国城镇化速度开始放缓。结合诺瑟姆曲线对城镇化的划分标准，以 30% 和 50% 为分界点，可以将新中国成立以来的城镇化历程分为三个阶段：第一个阶段是缓慢发展期（1949—1995 年），我国的城镇化率由 10.64% 提高到 29.04%，年均提高 0.40 个百分点；第二个阶段是快速发展期（1996—2010 年），我国的城镇化率由 30.48% 提高到 49.95%，年均提高 1.39 个百分点；第三个阶段是平稳发展期（2011—2019 年），我国的城镇化率由 51.27% 提高到 60.60%，年均提高 1.17 个百分点[①]。可见，2011 年以来，我国城镇化速度较上一个阶段有所放缓。这对农民工就业产生了重要影响：一方面，农民工总量虽然持续上升，但增速下滑。据统计，2010—2019 年，我国的农民工总量增速从 5.4 下降到 0.8%，其中外出农民工增速从 6% 下降到 0.9%，本地农民工增速从 5.2% 下降到 0.7%[②]。另一方面，农民工越来越趋向于就近就业。从外出农民工地区分布来看，跨省流动农民工比例持续下降，省内流动农民工比例不断上升。据统计，2011—2019 年，省内流动的农民工比例从 52.9% 上升到 56.9%，跨省流动的农民工比例从 47.1% 下降到 43.1%[③]。第二，随着人们收入水平和消费水平的提高，人们对农业农村生态、文化、旅游等价值的需求越来越大，乡村旅游、农村电商、创意农业等新产业新业态蓬勃兴起，乡村呈现蓬勃发展的势头，且未来发展潜力巨大。以休闲农业和乡村旅游为例，国家统计局相关数据显示，2018 年全国休闲农业和乡村旅游接待游客约 30 亿人次，营业收入超过 8 000 亿元[④]。可见，我国农村新产业发展势头良好，前景广阔。第三，城乡之间的界限越来越模糊、联系越来越密切，资金、技术、人才等要素由之前的从农村到城市

① 张阳丽，王国敏，刘碧. 我国实施乡村振兴战略的理论阐释、矛盾剖析及突破路径 [J]. 天津师范大学学报（社会科学版），2020（3）：52-61.
② 根据 2010—2019 年的《农民工监测调查报告》相关数据整理计算而成.
③ 根据 2011—2019 年的《农民工监测调查报告》相关数据整理计算而成.
④ 国家统计局农村司. 农村经济持续发展，乡村振兴迈出大步：新中国成立 70 周年经济社会发展成就系列报告之十三 [EB/OL].（2019-08-08）[2024-04-27]. http://www.hnloudi.gov.cn/ldtjj/tjgz/tjyw/201908/dd86d3cb9689457cbe52a047b07b8649.shtml.

的单向流动向在城市与乡村之间双向流动转变,城乡发展越来越呈现出"你中有我、我中有你"的特征,部分发达地区还出现了逆城镇化趋势。可见,推动城乡融合是顺应新时代城乡发展所呈现的城镇化减速、农民工回流、乡村新产业兴起、逆城镇化趋势凸显等新特征的客观要求。

最后,新时代新目标要求推进城乡融合。党的十九大报告提出了中国特色社会主义新时代新的奋斗目标,即到 2035 年基本实现社会主义现代化;到 21 世纪中叶,在基本实现社会主义现代化的基础上,把我国建成富强、民主、文明、和谐、美丽的社会主义现代化强国。国家要实现现代化,农村就必须现代化。我国要建成的社会主义现代化强国是经济富强、政治民主、文化文明、社会和谐、生态美丽的"五位一体"的现代化强国,与国家"五位一体"的现代化目标相一致,农村也要实现产业兴旺、生态宜居、乡风文明、治理有效、生活富裕,这是国家"五位一体"总体布局在"三农"领域的具体体现。但当前我国农村产业发展相对落后、生态环境严重透支、优秀传统文化衰落、乡村治理困难、农民增收乏力等问题突出,农业农村现代化还是国家现代化的短板。根据木桶原理,农业农村这块木板就是组成现代化这一木桶的众多木板中较短的那块,国家现代化水平在很大程度上取决于农业农村现代化水平。正是在这一意义上,习近平总书记强调,"没有农业农村的现代化,就没有国家的现代化"[1]。为补齐农业农村短板,我们就必须改变当前各要素不断从农村流出的局面,激发乡村发展内生动力,促进生产要素在城乡之间双向流动,实现农业农村现代化和国家现代化。因此,推动城乡融合发展是实现社会主义现代化的必然要求。

综上,推动城乡融合发展是顺应新时代城乡发展新特征、满足人民对美好生活的向往以及实现社会主义现代化的必然要求。那么,如何推动城乡融合发展呢?我国是一个农村人口众多的发展中国家,"三农"问题始终是关系党和人民事业的全局性问题和根本性问题,这一特殊国情就决定了新时代推动城乡融合发展必须从我国实际出发,科学研判我国城乡发展面临的机遇和挑战,综合剖析我国城乡发展不平衡的原因,走具有中国特色的城乡融合发展之路。

从我国城乡发展现状来看,我国城乡发展不平衡问题仍然突出,这既

---

① 中共中央,国务院. 中共中央 国务院关于实施乡村振兴战略的意见 [M]. 北京:人民出版社,2018:1.

与市场经济条件下各要素为追求利润最大化不断从农村流向城市有关，也与城乡融合发展面临的体制机制障碍有关。当前我国城乡融合发展体制机制还不健全，城市资源要素"下乡"还无法完全突破长期以来形成的制度壁垒。其主要原因如下：一是劳动力、资金、技术等要素流动仍然存在障碍。例如，城乡二元的户籍壁垒没有根本消除，人口流动仍然存在一些障碍；农村土地抵押、宅基地转让依然面临重重阻碍；城乡统一的建设用地市场尚未建立；农村金融市场发育滞后，农村融资难、融资贵问题突出。这就导致各要素依然呈现出从农村到城市的单向流动趋势，乡村衰败不可避免。二是城乡公共资源配置不均衡。农村基础设施仍不完善，基本公共服务水平仍有待提高，这也制约了生产要素向农村流动。三是现代农业产业体系尚不健全。农业的生产体系、经营体系和组织体系还不完善，农业发展的质量、效益和竞争力还有待提高。四是农村生态环境保护体制机制还不完善，乡村生态环境约束日益紧张，影响了农业农村可持续发展等。这些因素已经成为阻碍新时代城乡融合发展和实现乡村振兴的主要制度性障碍。

为此，我国必须全面深化改革，释放改革红利，着力破除城乡融合发展的体制机制弊端，促进城乡要素自由流动、平等交换和公共资源合理配置，推动城乡融合发展和全体人民共同富裕。那么，新时代城乡融合发展究竟面临哪些体制机制弊端？如何建立健全城乡融合发展体制机制，为要素双向流动和资源均衡配置扫清障碍？这是新时代推动城乡融合发展和实现乡村振兴必须解决的重大问题。

二、研究意义

推进城乡融合发展是在中国特色社会主义进入新时代以及我国城乡发展进入新阶段的背景下，为解决社会主要矛盾、满足人民美好生活需要、实现共同富裕和社会主义现代化而做出的战略抉择。研究如何推进城乡融合发展，具有重要的理论意义和现实意义。

第一，有利于深化对习近平总书记关于城乡融合发展的重要论述的认识。习近平总书记关于城乡融合发展的重要论述是习近平新时代中国特色社会主义思想的重要组成部分，是新时代推进城乡融合发展的理论指南。梳理党的十八大以来习近平总书记关于城乡融合发展的重要论述以及中国共产党推动城乡融合发展的主要实践和经验，可以深化对习近平总书记关于城乡融合发展的重要论述的认识。

第二，有利于深入理解城乡发展的客观规律。一方面，本书梳理了马克思主义经典作家以及国外学者关于城乡关系的相关理论，分析了他们关于城乡关系理论的提出背景、主要观点等内容，并在他们研究的基础上，运用历史唯物主义和辩证唯物主义的方法，从生产力与生产关系的矛盾运动中揭示了城乡发展的客观规律，这是从理论上阐释城乡发展的一般规律。另一方面，本书总结了发达国家城乡发展的一般趋势，梳理了我国城乡发展的历程，从实践层面证明了城乡融合是未来发展的必然趋势。

第三，有利于为当前我国推进城乡融合发展提供经验借鉴。从横向来看，总结发达国家城乡融合发展的主要做法、取得的成效以及共同经验，可以为当前我国推进城乡融合发展提供一定的借鉴。从纵向来看，梳理我国城乡关系的演进历程，总结我国城乡关系变迁中走过的弯路、取得的成就，分析我国城乡关系演变的内在逻辑，可以为当下我国推进城乡融合发展提供经验启示。

第四，有利于为当前推进城乡融合发展提供一定的政策建议。当前我国最大的不平衡是城乡发展不平衡，表现在城乡要素流动不合理、城乡公共资源配置不均衡、城乡产业发展不融合、城乡文化发展不融合、城乡生态保护不平衡等方面。本书分析了新时代城乡融合发展面临的现实困境，并从制约城乡融合发展的体制机制障碍入手，提出了建立健全城乡融合发展体制机制的对策建议，可以为新时代推进城乡融合发展提供一些参考。

第二节 国内外研究现状

城乡发展问题始终是国内外学者关注的热点问题，尤其是工业革命以来，随着工业化城镇化的推进，城乡发展差距逐渐显现，国内外的经济学家、政治学家、社会学家、地理学家等都开始研究这一问题，并提出了一系列关于城乡发展的理论和观点。这些理论和观点对当前我国推进城乡融合发展有着重要的指导意义。

一、国内研究现状

国内学者主要对城乡二元结构、城乡统筹、城乡一体化、城乡融合、城乡融合发展体制机制、乡村振兴等问题展开了研究。

（一）关于城乡二元结构的研究

国内学者主要围绕我国城乡二元结构的产生原因、基本特征、破除路径三方面内容展开研究。

1. 关于我国城乡二元结构的产生原因

有的学者从制度变迁的角度分析了我国城乡二元结构演变的原因。朱志萍指出，我国城乡二元结构内生于农业支持工业的赶超型发展战略和以户籍制度为核心的城乡分割体制，体现了强制性制度变迁的特征；而城乡二元结构的演变，则是强制性制度变迁和诱致性制度变迁共同作用的结果[1]。

有的学者从国家发展战略及影响城乡发展的制度的角度出发，分析了城乡二元结构产生的原因。李迎生指出，新中国成立后实行的粮油供应制度、户籍制度、社会福利制度是我国城乡二元结构形成的主要制度原因。而之所以实行这些制度，一是社会主义工业化起步的客观要求，二是由我国的基本国情决定的[2]。李学认为，国内学者一般把我国城乡二元结构的形成归结为国家重工业赶超战略，但是对这一战略如何导致这一结果缺乏详细的分析。事实上，国家确立赶超战略并不必然导致城乡二元结构的形成，即国家确立赶超发展战略只是观念层面的原因，要实现这种赶超战略，还需要制度来实现。因此，在探讨我国城乡二元结构起源时，我们必须从制度层面进行分析[3]。

白永秀分析了我国城乡二元结构的异质性原因。他认为，一般来说，在经济发展中自然形成了工业部门与农业部门的差距，由此产生了城乡二元结构。但我国城乡二元结构的形成除了这个普适性原因之外，还有自身异质性的原因，如计划经济体制的固化、国有企业战略重组的助推等[4]。

赵伟从政府和市场共同作用的角度分析了我国城乡二元结构产生的原因。他认为，城乡差距是多方面因素造成的。尽管生产力分布的特点从客观上导致了农村在城乡关系中处于不利地位，但不适当的制度和政策不仅

---

① 朱志萍. 城乡二元结构的制度变迁与城乡一体化 [J]. 软科学, 2008, 22 (6)：104-108.

② 李迎生. 我国城乡二元社会格局的动态考察 [J]. 中国社会科学, 1993 (2)：113-126.

③ 李学. 城乡二元结构问题的制度分析与对策反思 [J]. 公共管理学报, 2006, 3 (4)：87-93.

④ 白永秀. 城乡二元结构的中国视角：形成、拓展、路径 [J]. 学术月刊, 2012 (5)：67-76.

同样是重要原因，而且更值得我们去审视和检讨。这些制度和政策因素包括：城乡有别的财政制度、金融制度、公共产品供给制度等①。

2. 关于我国城乡二元结构的基本特征

任保平指出，我国经济结构不仅具有一般性，而且具有特殊性。其总体特征表现为两方面：一是"双层刚性二元经济结构"，即不仅包括城市与乡村的二元经济结构，而且城市内部和乡村内部本身也具有二元经济结构。二是我国的二元经济是转型二元经济，不同于发展经济学主流思想所说的二元经济，是在经济转型过程中，原有的二元经济结构与制度变迁结合在一起形成的特殊的二元经济②。

王国敏认为，我国城乡二元结构有其特殊性，不仅表现为现代工业与传统农业并存的二元经济结构，还表现在城市与农村长期分割的二元社会结构，这一特殊性导致了我国社会经济发展具有"双二元结构"的独特性③。

3. 关于我国城乡二元结构的破除路径

有的学者从综合的角度提出了关于城乡二元结构的破除路径。叶兴庆等人提出了推动城乡二元结构向城乡发展一体化转变的思路与政策建议，即加快构建城乡统一的建设用地市场、就业市场、金融市场体系和公共服务体系④。李迎生认为，从根本上说，只有生产力水平提高了，我国二元社会格局才会彻底改变；从具体实践的角度来看，我国应从加快农业农村发展、推动小城镇建设、促进劳动力向大中城市转移、推进社会福利制度改革等方面着手⑤。

有的学者从制度完善的角度提出了关于城乡二元结构的破除路径。陆学艺和杨桂宏认为，"三农"问题的根源是城乡二元结构问题，解决好"三农"问题的根本途径是破除城乡二元结构。而城乡二元结构体制是由城乡分割的户籍制度、土地制度和财政制度这三大制度形成的庞大的体

---

① 赵伟. 中国的城乡差距：原因反思与政策调整 [J]. 武汉大学学报（哲学社会科学版），2004，57（6）：742-748.

② 任保平. 论中国的二元经济结构 [J]. 经济与管理研究，2004（5）：3-9.

③ 王国敏. 城乡统筹：从二元结构向一元结构的转换 [J]. 西南民族大学学报（人文社科版），2004，25（9）：54-58.

④ 国务院发展研究中心农村部课题组，叶兴庆，徐小青. 从城乡二元到城乡一体：我国城乡二元体制的突出矛盾与未来走向 [J]. 管理世界，2014（9）：1-12.

⑤ 李迎生. 我国城乡二元社会格局的动态考察 [J]. 中国社会科学，1993（2）：113-126.

系，要从根本上破除城乡二元体制，必须从这三大制度入手①。李学认为，破除城乡二元结构，需要树立科学的发展观，正视城乡二元结构问题；改革公共服务二元供给体制，建立农村公共服务财政供给制度；改革土地管理制度，明确农民的土地产权；以户籍制度改革为基础，赋予农民平等的公民权利②。

（二）关于城乡统筹的研究

国内学者主要围绕城乡统筹的内涵、评价指标体系、发展模式、推进策略、关键因素五方面内容展开研究。

1. 关于城乡统筹的内涵

大部分学者从城市与农村相互联系的角度来定义城乡统筹。吴殿廷认为，城乡统筹是把城市和农村作为整体统一筹划，既要发挥城市对农村的辐射作用以及工业对农业的带动作用，又要发挥农村对城市、农业对工业的支持作用，实现城乡共同发展③。陈希玉指出，城乡统筹就是摒弃过去"重城市、轻农村"的传统观念，通过体制机制改革，破除城乡之间的樊篱，把城乡作为一个整体，统筹解决城乡发展过程中面临的各种问题④。刘志澄认为，城乡统筹就是要突破长期以来形成的就农业论农业、就农村论农村、就工业论工业、就城市论城市的城乡分割的二元政策结构和体制结构，把城市与农村放在一个平台上整体推进、分步运作⑤。秦庆武认为，城乡统筹就是把城市和农村作为一个整体，把工业和城市发展中遇到的难题与农业农村发展中遇到的难题结合起来，在城乡互动中解决这些难题⑥。

综合学者们的观点可以看出，他们在论述城乡统筹的内涵时主要强调了三个方面：一是城乡统筹要破除城乡二元结构；二是把城市与农村作为一个整体来考虑，促进城乡协调发展；三是城乡统筹的主体是政府。

---

① 陆学艺，杨桂宏. 破除城乡二元结构体制是解决"三农"问题的根本途径 [J]. 中国农业大学学报（社会科学版），2013，30（3）：5-11.

② 李学. 城乡二元结构问题的制度分析与对策反思 [J]. 公共管理学报，2006，3（4）：87-93.

③ 吴殿廷. 区域经济学 [M]. 2 版. 北京：科学出版社，2009：284.

④ 陈希玉. 论城乡统筹 [J]. 发展论坛，2003（10）：50-52.

⑤ 刘志澄. 统筹城乡发展壮大县域经济 [J]. 农业经济问题，2004（2）：4-6.

⑥ 秦庆武. 统筹城乡发展的内涵与重点 [J]. 山东农业大学学报（社会科学版），2005，7（1）：13-16.

2. 关于城乡统筹的评价指标体系

关于城乡统筹评价指标体系设计的原则，李岳云、陈勇和孙林认为，城乡统筹评价指标体系的设计应遵循科学性、系统性、可操作性的原则①。中国社会科学院农村发展研究所城乡统筹研究课题组提出，设计城乡统筹的评价指标体系应遵循科学性、层次性、适用性、整体性的原则②。田美荣和高吉喜认为，城乡统筹发展的指标体系应体现全面、协调、可持续发展原则，突出城乡关联性原则和操作性原则③。

关于城乡统筹评价指标体系的内容，有的学者从"五位一体"的角度设计了城乡统筹评价指标体系。田美荣和高吉喜设立了社会统筹、政治统筹、经济统筹、环境统筹四个一级指标④。中国社会科学院农村发展研究所城乡统筹研究课题组从指标与城乡统筹发展结果的因果关系出发，将城乡统筹的指标分为能够显示结果的显性指标、反映原因的分析性指标以及连接两者的传导性指标。根据这一设计原则，其还构建了以经济生活、社会结构、社会事业发展、发展导向、市场一体化五个一级指标为主要内容的指标体系。其中，前三项属于显性指标，市场一体化属于传导性指标，发展导向是指从国家层面上看政府对城乡统筹发展的政策倾向，属于分析性指标⑤。

3. 关于城乡统筹的发展模式

根据不同的标准可以将城乡统筹发展模式分为不同的类型。姜太碧根据城乡统筹发展的动力，将城乡统筹发展的模式分为三种：大城市带动的自上而下型、小城镇发展的自下而上型和城乡共同推动的自上自下混合型⑥。

张晖将城乡统筹发展模式分为三种：一是以城市为主导的发展模式，这是一种自上而下的发展模式；二是以乡镇企业为主导的发展模式，这是一种自下而上的发展模式；三是以城乡为整体进行统筹规划的发展模式，

① 李岳云，陈勇，孙林. 城乡统筹及其评价方法 [J]. 农业技术经济，2004 (1)：24-30.
② 中国社会科学院农村发展研究所城乡统筹研究课题组. 统筹城乡发展评价及其政策建议 [J]. 重庆社会科学，2009 (11)：18-26.
③ 田美荣，高吉喜. 城乡统筹发展内涵及评价指标体系建立研究 [J]. 中国发展，2009，9 (4)：62-66.
④ 同③.
⑤ 中国社会科学院农村发展研究所城乡统筹研究课题组. 统筹城乡发展评价及其政策建议 [J]. 重庆社会科学，2009 (11)：18-26.
⑥ 姜太碧. 统筹城乡协调发展的内涵和动力 [J]. 农村经济，2005 (6)：13-15.

这是一种整体式的发展模式①。

蔡之兵、周俭初和祖强对江苏、浙江两省城乡统筹发展道路的不同特征进行定量分析，结果表明，江浙两省的城乡统筹发展道路各具特色。江苏省的城乡统筹发展模式是"在政府主导下的城市带动农村型"发展模式；而浙江省的城乡统筹发展模式是"在市场主导下的农村包围城市型"发展模式。他们还提出，在实际城乡统筹发展过程中，应将这两种模式的优点结合起来，避免完全偏向其中任何一种模式②。

4. 关于城乡统筹的推进策略

有的学者从制度创新的角度提出了城乡统筹发展的对策。张秋指出，正是一系列不合理的制度安排使农民失去了致富的机会，造成城乡差距拉大，阻碍了城乡统筹发展。因此，城乡统筹发展的关键在于深化改革，推进制度创新，实行"制度统筹"。为此，张秋认为，要深化户籍制度、土地制度、社会保障制度等方面的制度改革③。庞凤仙认为，城乡统筹发展要推进制度创新和制度供给：一要明晰农村土地产权，创新土地制度；二要改革就业体制，实现公平就业；三要调整现有教育体系结构，加大对农村教育的投入力度；四要重构城乡社会保障制度，为弱势群体提供最基本的社会保障④。

有的学者从综合的角度提出了城乡统筹发展的对策建议。王国敏指出，推进城乡统筹发展的路径选择在于：建立城乡协调发展机制，建立城乡开放的市场体系，构建有利于农村发展的公共财政体制，积极推进农业产业化⑤。胡进祥认为，城乡统筹发展的政策取向在于：实现城乡平等和增加农民收入；以制度创新为主，以调整分配格局为辅；建立城乡联盟的统一战线⑥。姜作培认为，城乡统筹发展是一项非常复杂的社会系统工程，

---

① 张晖. 我国统筹城乡发展模式的反思及矫正建议 [J]. 中州学刊，2012 (6)：40-44.

② 蔡之兵，周俭初，祖强. 中国城乡统筹发展模式研究：以江浙两省城乡为例 [J]. 江苏社会科学，2014 (3)：76-82.

③ 张秋. 从"制度贫困"到"制度统筹"：城乡统筹发展的路径选择 [J]. 中州学刊，2013 (6)：36-40.

④ 庞凤仙. 我国城乡统筹发展中的制度创新和制度供给 [J]. 生产力研究，2005 (6)：114-115.

⑤ 王国敏. 城乡统筹：从二元结构向一元结构的转换 [J]. 西南民族大学学报（人文社科版），2004，25 (9)：54-58.

⑥ 胡进祥. 统筹城乡发展的三个层面和政策取向 [J]. 农业现代化研究，2004，25 (1)：11-14.

加强政府对城乡关系的宏观调控至关重要。我们要把加快城镇化建设作为城乡统筹发展的切入点；把实现城乡居民充分就业作为城乡统筹发展的着力点；把培育统一市场作为城乡统筹发展的关键点；把调节收入分配作为城乡统筹发展的落脚点①。陆学艺认为，要促进城乡统筹发展，各级党委和政府就要转变发展观点和工作任务，即由农业支持工业转为"以工哺农"；同时，必须对现行的城乡体制机制进行改革，包括户口制度、土地制度、财政金融体制、社会保障体制等。要实现城乡统筹发展的战略任务，就必须从组织上进行落实②。赵伟认为，城乡统筹发展一要加大财政对农业农村的投入力度；二要破除城乡二元体制机制障碍；三要加快农村经济结构调整；四要扭转农村资金不断流出的趋势；五要提高农村社会保障水平；六要推进以人为核心的城镇化；七要进一步改革农村生产关系③。

还有学者从某一角度出发提出了城乡统筹发展的对策，并且都强调了发展县域经济的重要性。李远行通过分析壮大县域经济与城乡统筹发展之间的联系，指出壮大县域经济是实现城乡统筹发展的重要载体，要通过县域经济的繁荣，破解"三农"难题，真正实现城乡优势互补，共同发展④。陈希玉和刘志澄也把发展县域经济作为城乡统筹的切入点⑤⑥。

5. 关于城乡统筹发展的关键因素

关于城乡统筹的关键，学者们从不同角度提出了不同的观点。李佐军认为，城乡统筹发展的关键是改革城乡二元体制，建立城乡统一的制度⑦。姜作培认为，城乡统筹发展问题，说到底是资源配置问题。城乡对资源占有情况决定了城乡协调发展的进程与效果。因此，资源配置是城乡统筹发展的关键⑧。殷光胜从成都市城乡统筹发展的实践出发，认为城乡统筹的

---

① 姜作培.建立城乡统筹发展的政府运作机制 [J].国家行政学院学报，2004 (3)：43-46.

② 陆学艺.破除城乡二元结构实现城乡经济社会一体化 [J].社会科学研究，2009 (4)：12-15.

③ 赵伟.中国的城乡差距：原因反思与政策调整 [J].武汉大学学报（哲学社会科学版），2004，57 (6)：742-748.

④ 李远行.城乡统筹发展的切入点与基本路径 [J].国家行政学院学报，2006 (2)：32-35.

⑤ 陈希玉.论城乡统筹 [J].发展论坛，2003 (10)：50-52.

⑥ 刘志澄.统筹城乡发展壮大县域经济 [J].农业经济问题，2004 (2)：4-6.

⑦ 李佐军.统筹城乡发展的五大对策 [J].理论导报，2008 (2)：9-10.

⑧ 姜作培.资源配置：城乡统筹发展的关键 [J].福建论坛（人文社会科学版），2005 (2)：23-28.

关键是改革城乡发展体制机制①。包宗顺认为，城乡统筹的关键在于激活劳动力、土地、资金三大市场②。陆学艺、王春光和胡建国通过对福建省晋江市的调查研究，认为县域现代化是城乡统筹发展的关键③。杨凤华和栾贵勤认为，发展经济是城乡统筹发展的前提工作，而城乡产业融合发展则是经济发展的核心内容。因此，加快城乡产业融合是城乡统筹发展的关键④。王晓明和张鸣鸣通过对成都市郫都区安德镇的实证分析，得出了"城乡统筹的关键是乡镇产业发展"这一结果⑤。尽管学者们的观点各不相同，但这些观点并没有对错之分，都对我国当前推动城乡融合发展有重要的启示意义。

（三）关于城乡一体化的研究

国内学者主要围绕城乡一体化的内涵、评价指标、动力机制、发展模式、推进策略五方面内容展开研究。

1. 关于城乡一体化的内涵

关于"城乡一体化"这一概念提出的背景和原因，有学者认为，这一概念最先是从实践中来的，而且具有中国特色。例如，张雨林指出，"城乡一体化"的概念并非理论工作者学术论证的产物，而是由实际工作者在改革实践中提出来的。最先使用这一概念的地方是江苏省南部地区⑥。张强指出，"城乡一体化"是一个属于"国产的"提法，是为解决我国的特殊问题而提出来的⑦，是在我国改革实践中形成的概念，蕴含了对我国城乡关系和"三农"问题的深刻认识和理论思考⑧。袁政指出，"城乡一体化"是针对我国城乡二元经济社会分割格局而提出来的，其原意旨在打破

---

① 殷光胜. 统筹城乡发展的关键是统筹城乡体制机制：成都统筹城乡发展的启示 [J]. 中国集体经济，2010（13）：44-45.

② 包宗顺. 城乡统筹：激活三大市场是关键 [J]. 江苏农村经济，2003（11）：18-19.

③ 陆学艺，王春光，胡建国. 县域现代化：城乡统筹发展的关键：福建省晋江市调查 [J]. 红旗文稿，2008（3）：25-27.

④ 杨凤华，栾贵勤. 加快城乡产业融合是城乡统筹发展的关键 [J]. 农业经济，2004（9）：3-5.

⑤ 王晓明，张鸣鸣. 城乡统筹的关键是乡镇产业发展：以成都市郫县安德镇为例的实证分析 [J]. 农村经济，2010（4）：37-41.

⑥ 张雨林. 论城乡一体化 [J]. 社会学研究，1988（5）：25-32.

⑦ 张强. 中国城乡一体化发展的研究与探索 [J]. 中国农村经济，2013（1）：15-23.

⑧ 张强. 城乡一体化：从实践、理论到策略的探索 [J]. 中国特色社会主义研究，2013（1）：93-97.

城乡二元结构，推动城乡融合发展①。

关于对"城乡一体化"这一概念本身的理解，顾益康和邵峰指出，城乡一体化就是要改变计划经济体制下形成的城乡差别发展战略，建立起开放互通、共同繁荣的城乡经济社会发展新格局②。姜作培认为，城乡一体化指的是在我国经济社会发展过程中，将城市与乡村作为一种人类赖以生存的地域实体，实现共同繁荣的过程③。孙中和认为，城乡一体化是指在生产力高度发达条件下，城乡相互融合、相互渗透，实现协调发展的过程④。王开泳等人指出，城乡一体化的内涵，应该是在生产力高度发达的条件下，通过城市和乡村结合实现城乡在经济、社会、文化和生态等方面的协调发展⑤。

关于"城乡一体化究竟是一个过程还是目标，又或是两者兼而有之"这个问题，大多数学者都认为是两者兼而有之。例如，杨荣南指出，城乡一体化既可以视为一个经济社会发展过程，又可以视为城乡发展的结果⑥。李同升和库向阳也认为，城乡一体化既是一个发展过程，又是城乡关系演变的最终目标⑦。

关于对城乡一体化的误解，张雨林则提出，如果认为讲城乡一体化就意味着将两者混同或是拉平，那只能说是对城乡一体化的一种误解⑧。甄峰认为，城乡一体化不是城乡"一样化"和"平均化"。城乡一体化不是要完全消灭城乡差别，因为城市和乡村在自然条件、发展形态等方面存在差别，且这种差别不可能消失。同时，城乡一体化并不会降低城市的地位，而是通过发展乡村，使乡村与城市处于同等地位⑨。

综合学者们的观点可以看出，他们在阐述城乡一体化的内涵时，主要

---

① 袁政. 中国城乡一体化评析及公共政策探讨 [J]. 经济地理，2004，24 (3)：355-360.

② 顾益康，邵峰. 全面推进城乡一体化改革：新时期解决"三农"问题的根本出路 [J]. 中国农村经济，2003 (1)：20-26.

③ 姜作培. 城乡一体化：统筹城乡发展的目标探索 [J]. 南方经济，2004 (1)：5-9.

④ 孙中和. 中国城市化基本内涵与动力机制研究 [J]. 财经问题研究，2001 (11)：38-43.

⑤ 王开泳，陈田，王丽艳，等. 半城市化地区城乡一体化协调发展模式研究：以成都市双流县为例 [J]. 地理科学，2008，28 (2)：173-178.

⑥ 杨荣南. 关于城乡一体化的几个问题 [J]. 城市规划，1997 (5)：41-43.

⑦ 李同升，库向阳. 城乡一体化发展的动力机制及其演变分析：以宝鸡市为例 [J]. 西北大学学报（自然科学版），2000，30 (3)：256-260.

⑧ 张雨林. 论城乡一体化 [J]. 社会学研究，1988 (5)：25-32.

⑨ 甄峰. 城乡一体化理论及其规划探讨 [J]. 城市规划学刊，1998 (6)：28-31.

是从三个方面来把握：一是强调城乡一体化是城乡关系的高级阶段。例如，城乡一体化是建立在生产力高度发达的基础上的（王开泳，2008；孙中和，2001），是城乡复合生态系统演替的顶级状态（杨荣南，1997）。二是把工业与农业、城市与农村作为一个整体，在这一整体中，城市与乡村相互依存、相互促进。三是认为城乡一体化既是一个过程也是一个目标。

2. 关于城乡一体化的评价指标

关于城乡一体化评价指标体系的构建原则，学者们都强调要遵循科学性、可操作性、全面性和可比性的原则。杨荣南认为，确立城乡一体化的评价指标应该遵循三个原则：全面准确、容易理解、便于比较[1]。顾益康和许勇军认为，应充分考虑完备性、可比性和可行性等原则[2]。刘奕玮和郭俊华认为，应该遵循科学性原则、区域性原则和可操作性原则[3]。朱颖认为，应遵循客观性、系统性、可操作性、可比性原则[4]。

关于城乡一体化评价指标体系的内容，大多数学者按照城乡一体化的内容进行指标体系的设计。杨荣南确定了城乡一体化评价指标体系的基本框架，包括五个一级指标：城乡经济融合度、城乡人口融合度、城乡空间融合度、城乡生活融合度和城乡生态环境融合度[5]。顾益康和许勇军在借鉴阿马特亚·森关于社会福利指数研究的基础上，确定了以城乡一体化发展度、城乡一体化差异度和城乡一体化协调度为主要内容的城乡一体化评价指标体系[6]。朱纲、张海鹏和陈方构建的我国城乡一体化指标体系包括经济发展一体化、社会发展一体化、生活水平一体化和生态环境一体化[7]。朱颖以社会行动理论为依据，遵循客观性、系统性、可操作性、可比性原则，建立了包括城乡社会发展融合程度、城乡经济发展融合程度、城乡生态环境融合程度在内的城乡一体化评价指标体系[8]。

关于城乡一体化的评价结果，有的学者对某一地区或几个地区的城乡

---

[1] 杨荣南. 城乡一体化及其评价指标体系初探 [J]. 城市研究, 1997 (2)：19-23.

[2] 顾益康, 许勇军. 城乡一体化评估指标体系研究 [J]. 浙江社会科学, 2004 (6)：95-99.

[3] 刘奕玮, 郭俊华. 城乡一体化评价指标体系的构建及水平测评：以陕西省宝鸡市为例 [J]. 未来与发展, 2013 (3)：66-70.

[4] 朱颖. 城乡一体化评价指标体系研究 [J]. 农村经济与科技, 2008, 19 (7)：51-52.

[5] 杨荣南. 城乡一体化及其评价指标体系初探 [J]. 城市研究, 1997 (2)：19-23.

[6] 顾益康, 许勇军. 城乡一体化评估指标体系研究 [J]. 浙江社会科学, 2004 (6)：95-99.

[7] 朱纲, 张海鹏, 陈方. 中国城乡发展一体化指数 (2014)：以全面建成小康社会为目标 [M]. 北京：社会科学文献出版社, 2016：3-4.

[8] 朱颖. 城乡一体化评价指标体系研究 [J]. 农村经济与科技, 2008, 19 (7)：51-52.

一体化发展水平进行了评价。例如，张国平和籍艳丽对江苏省 13 个市的城乡一体化水平进行了评价，结果表明：第一，经济发展水平对城乡一体化水平影响较大。与江苏省经济发展水平的差异相一致，江苏省城乡一体化水平也呈现出苏南、苏中、苏北逐步降低的区域分布规律。第二，江苏省区域城乡一体化与城镇化水平有很大的相关性。苏州、无锡、南京等城镇化水平较高的城市，城乡一体化水平也较高。宿迁、淮安、连云港、盐城、徐州等城镇化水平相对较低的城市，其城乡二元经济结构也比较突出①。刘伟、张士运和孙久文对 4 个直辖市在 2005—2007 年的城乡一体化总体水平进行了评价。结果发现，它们的城乡一体化发展水平不断提高，且城乡一体化水平的差距不断缩小。其中，北京和上海的城乡一体化发展进程放慢，天津和重庆的城乡一体化发展进程较快②。刘奕玮和郭俊华对宝鸡市的城乡一体化水平进行了测评。分析结果表明，宝鸡市城乡一体化发展进程较快，但各区县的城乡一体化发展水平仍十分不均衡，且各区县城乡一体化指数基本与当地的经济发展水平一致，即经济发展较好的地方，其城乡一体化水平也较高③。董晓峰等人对甘肃省城乡一体化发展水平进行了实证研究。评价结果显示，甘肃省城乡一体化整体水平较低，两极分化现象严重，且与人均国内生产总值（GDP）呈正相关关系④。

　　也有学者对全国城乡一体化发展水平做了评价。例如，焦必方、林娣和彭婧妮分别运用均方差决策法、层次分析法（AHP）、网络分析法（ANP）对 2008 年全国各省（自治区、直辖市）城乡一体化水平进行了比较排序。结果发现，使用这三种方法对城乡一体化进行评价时，评分最高和评分最低的几个地区的排序基本一致⑤。总而言之，很多学者都发现，不管是对某一区域进行的单独评价还是对全国进行的总体评价，城镇化发展水平与城乡一体化发展水平都具有一致性。

---

　　① 张国平，籍艳丽. 区域城乡一体化水平的评价与分析：基于江苏的实证研究 [J]. 南京社会科学，2014（11）：151-156.

　　② 刘伟，张士运，孙久文. 我国四个直辖市城乡一体化进程比较与评价 [J]. 北京社会科学，2010（4）：28-36.

　　③ 刘奕玮，郭俊华. 城乡一体化评价指标体系的构建及水平测评：以陕西省宝鸡市为例 [J]. 未来与发展，2013（3）：66-70.

　　④ 董晓峰，尹亚，刘理臣，等. 欠发达地区城乡一体化发展评价研究：以甘肃省为例 [J]. 城市发展研究，2011，18（8）：31-36.

　　⑤ 焦必方，林娣，彭婧妮. 城乡一体化评价体系的全新构建及其应用：长三角地区城乡一体化评价 [J]. 复旦学报（社会科学版），2011（4）：75-83.

3. 关于城乡一体化的动力机制

关于城乡一体化的动力机制，学者们从不同的角度进行了分析。有的学者将城乡一体化的动力机制作为一个复杂的系统，认为系统中的各个要素联合起来，共同推进了城乡一体化。例如，胡金林运用系统论的方法，认为城乡一体化发展动力机制是一个复杂有机的运作系统。在这一系统中，城乡一体化发展的动力因素可以分为三个：国家经济实力的增强等外部动力因素、乡村城镇化等内部动力因素以及国家政策等环境因素①。也有的学者从政府和市场两个主体出发，认为城乡一体化的动力包括来自政府方面的和来自市场方面的。杨荣南认为，城乡一体化的动力包括乡村城镇化等内部动力和外资的引进等外部动力②。还有的学者从城市和乡村两个主体出发，认为城乡一体化的动力包括来自城市的和来自农村的。例如，甄峰认为，农村发展不能光靠城市辐射，也不能盲目推行农村工业化，而是要把城镇化和农业产业化联合起来③。石忆邵和何书金认为，中心城市具有引导城乡资源和生产要素流动的功能，因而是城乡一体化的发展动力④。

4. 关于城乡一体化的发展模式

有的学者从城乡一体化发展动力的角度出发，对城乡一体化发展模式进行分类。推动城乡一体化发展的动力有很多，如大城市带动、小城镇带动、企业带动、外资带动等。张道政和周小彤指出，从国内外发展实践来看，城乡一体化的发展模式主要有三种：近郊城镇模式、小城镇内生成长模式、复合体发展模式⑤。王开泳等人认为，城乡一体化的发展模式是多样的，有大城市带动型、外资带动型、乡镇企业带动型和个体私营企业带动型⑥。鲁长亮和唐兰将国内城乡一体化的发展模式总结为：以城带乡型、城乡统筹型、工农协作型和乡镇企业带动型⑦。

---

① 胡金林. 我国城乡一体化发展的动力机制研究 [J]. 农村经济, 2009 (12): 30-33.

② 杨荣南. 关于城乡一体化的几个问题 [J]. 城市规划, 1997 (5): 41-43.

③ 甄峰. 城乡一体化理论及其规划探讨 [J]. 城市规划学刊, 1998 (6): 28-31.

④ 石忆邵, 何书金. 城乡一体化探论 [J]. 城市规划, 1997 (5): 36-38.

⑤ 张道政, 周小彤. 城乡一体化的模式、动力和路径：兼及江苏统筹城乡发展的思考 [J]. 唯实, 2010 (5): 65-71.

⑥ 王开泳, 陈田, 王丽艳, 等. 半城市化地区城乡一体化协调发展模式研究：以成都市双流县为例 [J]. 地理科学, 2008, 28 (2): 173-178.

⑦ 鲁长亮, 唐兰. 城乡一体化建设模式与策略研究 [J]. 安徽农业科学, 2010, 38 (3): 1585-1587.

还有的学者从主体功能的角度出发，对城乡一体化发展模式进行分类。任保平和邓文峰认为，西部地区面积广阔，各个地区自然条件和经济发展水平差异大，城乡发展模式也因地而异。其中，都市区、资源富集区、农业区以及生态脆弱区分别形成了不同的城乡一体化发展模式①。

5. 关于城乡一体化的推进策略

有的学者从制度完善的角度提出了城乡一体化的推进策略。顾益康和邵峰提出，推进城乡一体化，需要进一步深化农村产权制度、户籍制度、土地制度、农业经营体制等方面的改革②。魏后凯认为，当前我国经济进入新常态，城乡一体化发展呈现市民化意愿下降、城乡居民收入差距持续缩小等特征。在这一背景下，推进城乡一体化必须全面深化城乡综合配套改革，构建城乡统一的户籍制度、土地管理制度、社会保障制度以及社会治理体系③。

也有的学者从综合性角度提出了城乡一体化的推进策略。杨继瑞认为，由于我国城乡二元经济结构的固有惯性以及"三农"问题的复杂性，只靠某一方面的改革来实现城乡一体化是不可能的。推进城乡一体化是一项综合性工程，需要从制度创新、农业产业化、新型城镇化、新型工业化、农地合理流转等多方面着手④。

（四）关于城乡融合的研究

党的十九大之前，学术界对城乡融合的研究主要围绕马克思恩格斯城乡融合发展思想展开。党的十九大报告提出建立健全城乡融合发展体制机制之后，学术界把乡村振兴与城乡融合联系起来，把建立健全城乡融合发展体制机制作为实施乡村振兴战略的一个重要举措，对乡村振兴战略下如何促进城乡融合发展展开了研究。

1. 关于马克思和恩格斯的城乡融合发展思想

学者们从不同角度出发，对马克思恩格斯城乡融合发展思想的主要内

---

① 任保平，邓文峰. 西部城乡经济社会一体化的功能分类模式及其实现途径 [J]. 宁夏大学学报（人文社会科学版），2010, 32（3）：149-153.

② 顾益康，邵峰. 全面推进城乡一体化改革：新时期解决"三农"问题的根本出路 [J]. 中国农村经济，2003（1）：20-26.

③ 魏后凯. 新常态下中国城乡一体化格局及推进战略 [J]. 中国农村经济，2016（1）：2-16.

④ 杨继瑞. 城乡一体化：推进路径的战略抉择 [J]. 四川大学学报（哲学社会科学版），2005（4）：5-10.

容进行了概括和阐释。刘先江认为，马克思恩格斯城乡融合发展思想主要由三个相互关联的方面构成。第一，城乡融合是城乡发展的必然趋势。第二，城乡融合发展的历史条件包括两方面：一是物质条件，即生产力的高度发达；二是社会条件，即资本主义私有制的消灭。第三，城乡融合发展的基本路径包括：充分发挥城市的作用；把大工业在全国范围内尽可能地平衡分布；大力提升农业生产力，促进农业现代化①。

邬巧飞研究了马克思恩格斯城乡融合发展思想，认为马克思恩格斯城乡融合发展思想的基本内容包括：废除资本主义私有制，扫除城乡对立的根源；发展生产力，且合理布局生产力；重视城市的带动作用，实现城乡良性互动；促进农业和工业的结合，实现产业融合；重视科学技术对城乡融合的积极影响②。

叶昌友和张量指出，马克思主义关于城乡融合的基本观点包括三个：一是生产力的高度发达是走向城乡融合的基础；二是建立新的城乡分工，实行产业结合；三是加强城乡及其产业之间的联系③。

白云朴和惠宁认为，在马克思和恩格斯看来，由生产力水平提高所引起的社会分工是城乡分离的根本原因，资本主义私有制是造成城乡对立的直接原因。要实现城乡融合，我们就需要从三个方面努力：第一，发展生产力，重视农业生产力的提高；第二，消灭私有制，建立合理的制度安排；第三，发挥城市先导作用，走工农结合的道路④。

白永秀和吴丰华分析了马克思恩格斯城乡融合发展思想，认为马克思恩格斯城乡融合发展思想的主要内容包括五个方面：一是城乡分离的基本动因是社会分工的出现；二是城乡对立的直接原因是私有制、阶级和国家的产生；三是城乡关系发展分为城乡依存、城乡分离、城乡融合三个阶段；四是城乡融合是发达社会主义的重要特征；五是城乡融合的动因和条件包括生产力的高度发达和消灭私有制⑤。

吴宝华和张雅光指出，在马克思和恩格斯看来，城乡融合不仅是社会

① 刘先江. 马克思恩格斯城乡融合理论及其在中国的应用与发展 [J]. 社会主义研究，2013 (6)：36-40.

② 邬巧飞. 马克思的城乡融合思想及其当代启示 [J]. 科学社会主义，2014 (4)：142-145.

③ 叶昌友，张量. 论马克思恩格斯的城乡融合思想 [J]. 求索，2009 (12)：54-56.

④ 白云朴，惠宁. 从城乡分离走向城乡融合发展 [J]. 生产力研究，2013 (5)：17-19.

⑤ 白永秀，吴丰华. 中国城乡发展一体化：历史考察、理论演进与战略推进 [M]. 北京：人民出版社，2015：178-181.

生产力发展的必然要求，而且是社会制度安排的必然要求，具有社会选择性。实现城乡融合的途径包括：消灭私有制；重视农业的基础地位；发挥城市的辐射功能；合理布局城乡产业结构①。

2. 关于城乡融合的内涵

郑风田主要从三个方面来阐述城乡融合：一是城市与乡村不再有明显的界限，城中有乡，乡中有村，两者的界限越来越模糊；二是城市与乡村相互取长补短；三是"城乡等值"，即无论在城市或乡村，人们都可以享受到均等化的公共服务②。张孝德和丁立江认为，城乡融合就是建立在城市与乡村价值对等、功能互补基础上的良性互动关系；城乡融合发展之路就是城乡各自发挥其不可替代的功能，推动各种要素双向流动，形成城乡互补共赢、共生发展的新模式③。

可见，学者们在阐述城乡融合的内涵时，主要强调了两个方面：一是城乡融合是城乡发展的高级阶段；二是在城乡融合状态下，城乡之间是地位平等、各有特色、不可替代、互通共荣的关系。

3. 关于城乡融合的推进路径

学者们从当前实施乡村振兴战略的大背景出发，提出了城乡融合发展的路径选择。何红认为，城乡融合发展的实施路径和保障措施在于：推进农村三次产业协调发展；加强乡村基础设施建设；推动城乡要素融合；深化城乡体制机制改革④。范恒山认为，推进城乡融合发展，一要推进城乡统一规划；二要建立城乡利益平等交换机制；三要推动承包地"三权分置"改革；四要强化城镇对农村的支持与带动；五要建立健全城乡融合发展的长效机制⑤。姜长云认为，坚持走城乡融合发展道路，要构建大、中、小城市和小城镇协调发展格局；要发挥国家发展规划对乡村振兴的战略导向作用；要加强对农村三次产业融合发展的政策支持⑥。吕风勇认为，城乡融合既是促进乡村振兴的根本途径，也是乡村振兴战略的关键所在。城

---

① 吴宝华，张雅光. 马克思主义城乡融合理论与农业转移人口市民化 [J]. 思想理论教育导刊，2014 (7)：82-86.

② 郑风田. 利用"城乡融合"新途径实现乡村振兴 [J]. 农村工作通讯，2017 (23)：52.

③ 张孝德，丁立江. 面向新时代乡村振兴战略的六个新思维 [J]. 行政管理改革，2018 (7)：40-45.

④ 何红. 城乡融合发展的核心内容与路径分析 [J]. 农业经济，2018 (2)：91-92.

⑤ 范恒山. 促进城乡融合发展 [J]. 党的文献，2018 (1)：4-5.

⑥ 姜长云. 坚持走城乡融合发展道路 [J]. 经济研究参考，2018 (24)：30-32.

乡融合的前提是做好城乡产业布局和人口结构的统一规划；城乡融合的条件是缩小城乡发展差距；城乡融合的动力是乡村比较优势的充分发挥；城乡融合的途径是生产要素的自由流动；城乡融合的重点是政策正向激励的形成①。陈文胜认为，推进城乡融合发展，一要更新发展理念，把发展理念上升到"四个全面"和"五位一体"的大战略上来；二要激活内生动力，实现乡村自主发展；三要健全体制机制；四要唤醒乡村潜能，重视乡村生态、文化、社会价值；五要大力发展特色小镇②。

有的学者从某一角度出发，提出了推进城乡融合发展的路径。刘明辉和卢飞分析了城乡要素配置与城乡融合发展的关系，并且从城乡要素配置角度提出了促进城乡融合发展的政策思路：其一，把加快农村剩余劳动力的转移与乡村人才振兴结合起来；其二，引导城镇资本流向农村，优化城乡资本配置；其三，促进农村土地有序流转、加强对农村的技术支持③。陈婉馨认为，实施乡村振兴战略，需要对过去的城乡发展政策进行反思，重新思考城市与乡村、农业与工业的关系，改革城乡二元体制机制。为此，要推动城乡要素流动、城乡规划、城乡生态保护等方面的体制机制创新④。盛开认为，建立健全城乡融合发展体制机制和政策体系是实现乡村振兴的主要路径。我们要通过完善体制机制，改变过去人、财、地等生产要素单向流动的局面，推动城乡融合发展。具体而言：一要深化农村土地制度改革，建立健全城乡土地要素平等交换机制；二要改革投融资体制，改变资金由农村单向流向城市的局面；三要畅通人才通道，建立激励机制，扭转农村人才大量流失的局面⑤。

（五）关于建立健全城乡融合发展体制机制的研究

党的十九大报告首次提出要建立健全城乡融合发展体制机制和政策体系。2019 年，中共中央、国务院颁布了《中共中央 国务院关于建立健全城乡融合发展体制机制和政策体系的意见》之后，学术界对建立健全城乡

---

① 吕风勇. 乡村振兴战略的根本途径在于城乡融合 [J]. 中国国情国力，2018 (6)：53-55.
② 陈文胜. 中国迎来了城乡融合发展的新时代 [J]. 红旗文稿，2018 (8)：19-20.
③ 刘明辉，卢飞. 城乡要素错配与城乡融合发展：基于中国省级面板数据的实证研究 [J]. 农业技术经济，2019 (2)：33-46.
④ 陈婉馨. 乡村振兴与城乡融合机制创新研究 [J]. 人民论坛·学术前沿，2018 (3)：74-78.
⑤ 盛开. 以城乡融合发展推动乡村振兴战略 [J]. 调研世界，2018 (6)：64-67.

融合发展体制机制和政策体系这一问题展开了广泛研究。

1. 关于城乡融合发展体制机制存在的问题

乡村振兴战略下之所以要建立健全城乡融合发展体制机制，是因为市场经济条件下，如果放任城乡自由发展，城市的"虹吸效应"会导致乡村逐步走向衰败。为避免乡村衰败，就需要建立健全城乡融合发展体制机制，促进资本、技术、人才等要素在城乡之间的自由流动和平等交换，实现乡村振兴。为此，陈丹和张越提出，建立健全城乡融合发展体制机制和政策体系是实现乡村振兴的根本路径①。

当前城乡二元体制机制依然是阻碍城乡融合发展的主要障碍。具体而言，城乡融合发展究竟面临哪些体制机制障碍，学者们对这一问题进行了探讨。例如，陈炎兵认为，当前城乡融合发展体制机制还不够健全，这主要表现在四个方面：一是城乡要素流动仍存在障碍，人才、土地、资金等要素依然呈现出从农村到城市的单向流动趋势；二是城乡公共资源配置仍不均衡，与城市相比，农村基础设施建设水平和基本公共服务水平仍有待提高；三是农民收入增长长效机制不健全，农民增收后劲不足；四是现代农业产业体系不完善，农业现代化水平有待提高②。

王娟认为，建立健全城乡融合发展发展体制机制面临的困境主要包括城乡规划体制不健全、城乡产业融合发展体制不完善、农业经营体制改革不彻底、农村土地产权制度改革不到位、城镇化健康发展体制不完善等方面③。

刘爱梅和陈宝生认为，城乡融合发展面临的体制机制约束主要包括城乡二元土地制度、城乡二元公共产品供给体制及城乡二元要素投入与发展机制④。

周南指出，城乡二元体制机制障碍主要表现在城乡规划体系不统一、城乡公共资源配置不合理、城乡人口自由流动存在制度性障碍、城乡金融资源配置不合理、城乡融合发展工作机制不完善、城乡土地权能不平等、

① 陈丹，张越. 乡村振兴战略下城乡融合的逻辑、关键与路径 [J]. 宏观经济管理，2019（1）：57-64.

② 陈炎兵. 健全体制机制，推动城乡融合发展 [J]. 区域经济评论，2019（3）：50-53.

③ 王娟. 我国健全城乡发展一体化体制机制：困境制约与策略应对：聚焦供给侧结构性改革背景 [J]. 农村经济，2017（11）：18-22.

④ 刘爱梅，陈宝生. 协调推进新型城镇化与乡村振兴战略的体制对策：基于城乡共享体制建设的视角 [J]. 学习与探索，2019（11）：66-72.

城乡社会治理体系不健全等方面①。

2. 关于建立健全城乡融合发展体制机制的对策建议

学者们从不同角度提出了建立健全城乡融合发展体制机制的对策建议。有的学者从政府和市场的角度出发，提出了建立健全城乡融合发展体制机制。例如，高帆指出，新时代推动城乡融合发展要处理好政府和市场的关系，一方面应深化经济体制改革，发挥市场在资源配置中的决定性作用，提高要素配置效率，为城乡融合发展提供条件；另一方面要发挥好政府的作用，为市场配置资源提供制度保障并推动财政资源和公共产品配置向"三农"倾斜②。也有学者提出，建立健全城乡融合发展体制机制，既要充分发挥市场在资源配置中的决定性作用，利用市场机制推动城乡要素的自由流动和平等交换；也要发挥好政府在推进城乡基本公共服务均等化中的作用，补齐农村基本公共服务短板，让城乡居民共享改革发展成果③。

有的学者从"五位一体"的角度出发，提出了建立健全城乡融合发展体制机制的对策建议。例如，何秀荣认为，建立健全城乡融合发展体制机制的内容应与"五位一体"的总体布局相吻合，与其有关的工作重点包括四个：一是打破城乡分割的管理体制，推动城乡规划一体化；二是建立健全城乡要素流动与公平交换的体制机制，推动城乡经济融合发展；三是建立城乡均等化的基本公共服务体系，推动城乡社会事业融合发展；四是深化农村承包地制度、宅基地制度和集体经营性建设用地入市改革④。陈炎兵认为，为推动城乡融合发展，政府应该建立健全有利于城乡要素自由流动和合理配置的体制机制；建立健全城乡产业融合发展机制；建立健全乡村振兴多元投入保障机制；建立健全农民收入持续增长的利益联结机制⑤。周南认为，为顺应城乡融合发展的大趋势，要坚决破除城乡二元体制机制弊端，建立城乡一体化规划体制、城乡文化交融机制、城乡互通的人口迁移制度、城乡普惠的金融服务体系、现代乡村治理体制以及城乡共治的生

① 周南. 破除城乡二元体制，实现城乡融合发展 [J]. 中国经济导刊，2019 (18)：13-16.

② 高帆. 中国新阶段城乡融合发展的内涵及其政策含义 [J]. 广西财经学院学报，2019 (1)：1-12.

③ 本报评论员. 建立健全城乡融合发展体制机制和政策体系：三论认真学习贯彻党的十九大精神 [N]. 农民日报，2017-11-04 (001).

④ 何秀荣. 建立健全城乡融合发展体制机制的几点思考 [J]. 区域经济评论，2018 (5)：117-119.

⑤ 陈炎兵. 健全体制机制，推动城乡融合发展 [J]. 区域经济评论，2019 (3)：50-53.

态环保制度①。刘爱梅和陈宝生认为，推动城乡融合发展要建立城乡居民共享体制机制，包括城乡共享的农村土地投入与发展机制、城乡统一的公共产品供给体制、城乡共享的要素投入与发展机制以及城乡共享的乡村产业发展机制②。陈晓莉和吴海燕认为，建立健全城乡融合发展体制机制应从七个方面努力：一是建立健全城乡融合规划机制，科学规划乡村发展的软环境和硬环境；二是建立健全城乡要素双向流动机制，促进资本、技术、信息等要素在城乡之间的自由流动；三是深化农村土地制度改革，推进农业基本经营体制创新；四是加强农村人居环境整治，完善城乡生态保护治理机制；五是创新乡村治理机制，提升乡村治理水平；六是重新审视乡村价值，建立乡村文化重建与振兴机制；七是促进各类人才下乡，创新人才培育和使用机制③。孙昌乾认为，城乡二元结构是制约城乡融合发展的主要体制机制障碍，新时代实施乡村振兴战略必须建立健全城乡融合发展体制机制：一要创新农村基本经营体制；二要健全乡村振兴投融资体制；三要创新人才培育与使用机制；四要健全城乡基本公共服务体制机制；五要强化农村工作领导体制机制④。吴小红提出，立足当前城乡融合困境，应该加快构建城乡融合规划机制、探索城乡公共服务体系、构建农村三次产业融合发展体系、健全城乡生态保护机制⑤。陈浴宇认为，重塑城乡关系的关键在于建立健全城乡融合发展体制机制，促进城乡要素双向流动，构筑城乡共同体。具体而言，就是要大力发展乡村新产业，促进城乡经济融合；要推进城乡基本公共服务均等化，促进城乡社会融合；要引导资本、技术等要素向农村集聚，促进城乡资源融合；调整城乡空间格局，促进城乡空间融合；构建城乡一体化生态系统，推动城乡生态融合⑥。谢传会、赵伟峰和程业炳认为，推动城乡融合发展，就是要建立城乡双轮驱动机制，发挥城乡各自的优势，实现城乡功能互补；建立资源平等配置

① 周南. 破除城乡二元体制，实现城乡融合发展 [J]. 中国经济导刊，2019（18）：13-16.

② 刘爱梅，陈宝生. 协调推进新型城镇化与乡村振兴战略的体制对策：基于城乡共享体制建设的视角 [J]. 学习与探索，2019（11）：66-72.

③ 陈晓莉，吴海燕. 创新城乡融合机制：乡村振兴的理念与路径 [J]. 中共福建省委党校学报，2018（12）：54-60.

④ 孙昌乾. 建立健全城乡融合发展的体制机制和政策体系 [J]. 经济研究导论，2019（24）：144-145.

⑤ 吴小红. 加快构建城乡融合发展体制机制 [J]. 农业开发与装备，2019（6）：45-47.

⑥ 陈浴宇. 建立城乡融合发展新体制 [J]. 群众，2018（7）：7-8.

机制，推进城乡基础设施和公共服务均等化；建立要素流动推动机制，推动城乡要素双向流动；建立产业融合创新机制，发展农村新产业新业态；建立土地综合整治机制，实现土地高效利用①。

还有的学者从农业供给侧结构性改革的背景出发，提出了建立健全城乡融合发展体制机制的对策建议。例如，王娟指出，一要健全城乡规划体制，推进城乡规划一体化；二要扩展农业产业链条，推动城乡产业融合；三要鼓励各种新型农业经营主体协调发展，健全农业经营体系；四要改革财政体制，实现城乡资源均衡配置；五要以"还权赋能"为重点，深化农村土地产权制度改革②。

（六）关于乡村振兴战略的研究

党的十九大报告提出实施乡村振兴战略之后，学术界对这一战略展开了广泛探讨。目前，学者们对乡村振兴战略的研究主要围绕它的内涵、意义、提出的原因、路径选择、应避免的误区、对其总要求的理解等方面展开。

1. 关于对乡村振兴战略的理解

就如何理解乡村振兴战略，学者们主要从三个方面展开论述：一是乡村振兴与之前"三农"方针政策相比，它的创新性与发展性何在？二是乡村振兴要振兴的对象是什么？三是乡村振兴战略与其他几个相关概念之间的联系，包括乡村振兴与脱贫攻坚、农业供给侧结构性改革、城镇化等之间的联系。

就乡村振兴战略对之前"三农"方针政策的发展而言，学者们大多认为乡村振兴战略是对之前"三农"方针政策的发展与超越，表明我国城乡发展进入了一个新阶段，农业农村发展也进入了新阶段。陈文胜指出，要从城乡统筹向城乡融合转变、从"四化"同步发展到农业农村优先发展转变、从农业现代化到农业农村现代化转变来理解乡村振兴战略③。罗心欲认为，乡村振兴战略做出了由"四化"同步发展到农业农村优先发展的政策性链接，宣告了由城乡统筹、城乡一体化到城乡融合发展的历史性

① 谢传会，赵伟峰，程业炳. 马克思恩格斯城乡融合思想视域下城乡融合机制构建研究 [J]. 云南农业大学学报（社会科学）2019，13（3）：111-117.
② 王娟. 我国健全城乡发展一体化体制机制：困境制约及策略应对：聚焦供给侧结构性改革背景 [J]. 农村经济，2017（11）：18-22.
③ 陈文胜. 怎样理解"乡村振兴战略" [J]. 农村工作通讯，2017（21）：16-17.

转轨①。

就乡村振兴所涉及的范围而言，学者们大多认为乡村振兴是乡村的全面振兴，包括经济、政治、文化、社会、生态、党的建设等方面。郭晓鸣等人认为，乡村振兴不仅是实现农业现代化，还包括实现农村现代化；不仅包括产业的振兴，还包括文化、教育、社会治理、生态环境等方面的振兴②。韩俊指出，乡村振兴是以农村经济发展为基础的乡村发展水平的整体性提升，是乡村的全面振兴③。

就乡村振兴与城镇化的关系而言，学者们大多认为两者并不矛盾，并不是用乡村振兴战略来取代城镇化战略，乡村与城市是命运共同体，乡村振兴战略与城镇化战略要双轮驱动、共同推进。但是具体而言，学者们对两者关系的认识各有侧重。一部分学者强调，城镇化对乡村振兴有引领作用。例如，黄祖辉（2018）强调城镇化对乡村振兴有引领作用，认为实施乡村振兴战略并非意味着我国城镇化战略将放缓，恰恰相反，应以新型城镇化战略来引领乡村振兴。另一部分学者强调，城镇化与乡村振兴必须共同推进、一起发力。例如，韩俊指出，没有城镇化的发展，"三农"问题是无法解决的，但这并不代表城镇化水平提高了，"三农"问题就迎刃而解了。无论城镇化发展到哪一步，都会有大量农民生活在农村④。乡村振兴战略不是要否定城镇化，也不是要抑制城镇化，乡村振兴与城镇化不是非此即彼的关系⑤。陈锡文强调，我国城镇化仍在继续，乡村振兴不能取代城镇化。他指出，实施乡村振兴战略，决不排斥城镇化进程。我国推进现代化必须在城镇化和乡村振兴这两个方面同时发力⑥。

就乡村振兴与社会主义新农村建设的关系而言，学者们大多认为乡村振兴是社会主义新农村建设的升级版（李周，2018；张晓山，2017；许经勇，2018）。当然，也有学者提出不同意见。例如，韩俊指出，不能简单地讲乡村振兴战略是新农村建设的升级版，它的内涵更为丰富，是新时代做好

---

① 罗心欲. 基于本体性逻辑的乡村振兴战略内涵辨识 [J]. 江汉学术, 2018, 37 (3): 71-77.

② 郭晓鸣, 张克俊, 虞洪, 等. 实施乡村振兴战略的系统认识与道路选择 [J]. 农村经济, 2018 (1): 11-20.

③ 韩俊. 强化乡村振兴制度性供给 [N]. 北京日报, 2018-03-12 (014).

④ 根据韩俊在 2018 年清华大学三农论坛上的发言整理而成.

⑤ 韩俊. 乡村振兴与城镇化不是非此即彼的关系 [J]. 环境经济, 2018 (5): 32-33.

⑥ 陈锡文. 陈锡文：实施乡村振兴战略决不是排斥城镇化 [EB/OL]. (2018-03-30) [2024-05-17]. http://opinion.caixin.com/2018-03-30/101228875.html.

"三农"工作的总抓手①。

就乡村振兴与脱贫攻坚的关系而言，韩俊指出，打好脱贫攻坚战，本身就是实施乡村振兴战略的重要内容；摆脱贫困是实现乡村振兴的前提；乡村振兴战略的实施则有利于巩固脱贫成果，为实现农民富裕奠定基础②。刘奇指出，脱贫攻坚主要是为我国第一个百年奋斗目标打基础，乡村振兴是为我国第二个百年奋斗目标打基础③。吴宝国指出，脱贫攻坚战略和乡村振兴战略互相支撑，两者都是我国为实现"两个一百年"奋斗目标确定的国家战略。前者立足实现第一个百年奋斗目标，后者着眼于第二个百年奋斗目标。一方面，脱贫攻坚为乡村振兴奠定物质基础；另一方面，乡村振兴巩固脱贫攻坚成果④。

就乡村振兴战略与农业供给侧结构性改革的关系而言，韩俊指出，深入推进农业供给侧结构性改革是实施乡村振兴战略必须要着力推进的一项重要任务⑤。陈锡文指出，农业供给侧结构性改革主要是对农业生产状况而言的，是产业兴旺的重要内容。因此，农业供给侧结构性改革只是乡村振兴战略的一个组成部分⑥。王文强指出，乡村振兴战略是一个长期性战略，是实现全面现代化过程中始终需要贯彻的战略；农业供给侧结构性改革则是乡村振兴战略的一个重要途径和突破口⑦。

2. 关于乡村振兴战略提出的原因

关于乡村振兴战略提出的原因，学者们主要从其理论逻辑、特殊国情、现实背景、国际借鉴四个方面来阐述。其中，理论逻辑主要从工业化城镇化发展的客观规律、城乡融合的历史趋势等角度来阐述；特殊国情主要从我国是一个农业大国，同时也是一个农民大国的角度来阐述；现实背景主要从当前经济下行压力大、社会主要矛盾发生转化、实现现代化等角

---

① 韩俊.强化乡村振兴制度性供给 [N].北京日报，2018-03-12（014）.

② 韩俊.乡村振兴与城镇化不是非此即彼的关系 [J].环境经济，2018（5）：32-33.

③ 刘奇.怎样实现乡村"聚变"[EB/OL].（2018-04-02）[2024-05-17].https://finance.china.com/zlpsym/11176434/20180402/32262938.html.

④ 吴宝国.将乡村振兴战略融入脱贫攻坚之中 [N].鄂州日报，2018-01-18（006）.

⑤ 韩俊.农业供给侧结构性改革是乡村振兴战略的重要内容 [J].中国经济报告，2017（12）：15-17.

⑥ 徐辉冠.专访陈锡文：乡村振兴战略背后的历史发展规律 [J].理论导报，2018（4）：29-31.

⑦ 王文强.王文强：湖南落实乡村振兴战略的突破口 [EB/OL].（2017-11-17）[2024-05-21].https://www.hnzk.gov.cn/zt/20171116/article/7063.html.

度来阐述；国际借鉴主要从发达国家建设乡村的背景及取得的成效，以及拉美国家由于没有解决好城镇化发展中所产生的农村衰落问题而产生的严重后果两个方面来阐述。学者们从上述众多原因中的几点出发，重点论述乡村振兴战略提出的原因。

陈锡文指出，现阶段必须实施乡村振兴战略的两方面原因在于：从基本国情来看，我国人多地少、农业人口众多，决定了乡村不能衰败；从经济社会发展的阶段性特征来看，我国经济发展进入"新常态"，社会主要矛盾发生变化，农村"空心化"等特征决定了必须实施乡村振兴战略①。李国祥指出，要从决胜全面建成小康社会、吸取世界各国现代化过程中出现的乡村衰落的教训、破解我国现代化过程中农业农村发展滞后的现实难题三个方面来理解实施乡村振兴战略的意义②。叶兴庆指出，乡村振兴战略的实施是解决发展不平衡不充分问题的需要、是满足人民日益增长的美好生活需要的需要、是具备条件启动实施的国家战略、是对其他国家经验教训的借鉴③。郭晓鸣等人分析了实施乡村振兴战略的理论逻辑和现实逻辑，认为乡村振兴战略的提出契合了工业化城镇化与城乡关系演变规律，着眼于农村发展不平衡不充分和全面实现国家现代化的现实④。王亚华和苏毅清指出，乡村振兴战略的提出，既是对过去农业农村发展战略的提升，也是对乡村衰落这一世界性难题的及时响应⑤。孔祥智认为，实施乡村振兴战略是实现农业农村现代化的需要，是为了满足城乡居民对美好生活的需要⑥。陈龙认为，乡村振兴战略是化解新时代主要矛盾、建设社会主义现代化强国、打破现代化进程中乡村衰落铁律、深化城乡发展规律、破解城乡二元格局的必然选择⑦。孙海燕和孟宪生认为，走乡村振兴道路

---

① 陈锡文. 从农村改革四十年看乡村振兴战略的提出 [J]. 行政管理改革, 2018 (4)：19-23.

② 李国祥. 实施乡村振兴战略是我党在推进现代化中的伟大创举 [J]. 农村工作通讯, 2017 (21)：18.

③ 叶兴庆. 实现国家现代化不能落下乡村 [J]. 中国发展观察, 2017 (21)：10-12.

④ 郭晓鸣, 张克俊, 虞洪, 等. 实施乡村振兴战略的系统认识与道路选择 [J]. 农村经济, 2018 (1)：11-20.

⑤ 王亚华, 苏毅清. 乡村振兴：中国农村发展新战略 [J]. 中央社会主义学院学报, 2017 (6)：49-55.

⑥ 孔祥智. 产业兴旺是乡村振兴的基础 [J]. 农村金融研究, 2018 (2)：34.

⑦ 陈龙. 新时代中国特色乡村振兴战略探究 [J]. 西北农林科技大学学报（社会科学版）, 2018 (3)：55-62.

是顺应新的历史方位研判的必然要求，是应对社会主要矛盾变化的现实需要，是构建现代化经济体系的重要引擎①。

也有学者从某一角度出发，重点阐述了乡村振兴战略提出的原因。例如，温铁军指出，乡村振兴战略的提出是为了应对当前的输入型危机。当前我国面临着输入型危机，为了应对这一危机，国家需要通过投资来刺激经济增长，而乡村振兴战略就是国家通过对农村的大规模投资来带动经济发展②。

3. 关于实施乡村振兴战略的意义

关于实施乡村振兴战略的意义，学者们主要论述了乡村振兴战略提出的理论意义和实践意义，其中理论意义主要体现在乡村振兴战略集中体现了习近平总书记关于"三农"工作的重要论述，丰富和发展了中国化马克思主义的"三农"理论；实践意义则表现在其有利于从根本上解决"三农"问题、建设现代化经济体系、弘扬中华优秀传统文化、满足人民美好生活需要等方面。张红宇从集中体现了习近平总书记关于"三农"工作的重要论述、充分顺应了农民群众对美好生活的向往、深刻反映了实现强国梦的必然要求三个方面概括了实施乡村振兴战略的时代意义③。范建华认为，乡村振兴战略的实施有利于从根本上解决"三农"问题、弘扬中华优秀传统文化、保障国家粮食安全④。曾福生和蔡保忠认为，乡村振兴战略的提出对建设现代化经济体系、建设美丽中国、传承中华优秀传统文化、健全现代社会治理格局和实现全体人民共同富裕具有重大意义⑤。

4. 关于乡村衰落的原因

关于我国乡村衰落的原因，学者们从不同的角度进行了分析。有的学者从政府和市场两个角度进行分析。例如，姜德波和彭程认为，我国乡村衰落现象既是市场经济运行的结果也是历史积淀的问题，还是国家在发展战略方面过分偏重工业和城市的结果⑥。

---

① 孙海燕，孟宪生. 中国特色社会主义乡村振兴道路的实现理路 [J]. 理论导刊，2018 (5)：64-69.

② 温铁军. 温铁军：乡村振兴的现实意义 [EB/OL]. (2018-03-26) [2024-05-21]. http://www.zgxcfx.com/zhubiantuijian/108766.html.

③ 张红宇. 理解把握乡村振兴战略的时代意义 [J]. 农村工作通讯，2018 (8)：16-21.

④ 范建华. 乡村振兴战略的时代意义 [J]. 行政管理改革，2018 (2)：16-21.

⑤ 曾福生，蔡保忠. 以产业兴旺促湖南乡村振兴战略的实现 [J]. 农业现代化研究，2018 (2)：179-184.

⑥ 姜德波，彭程. 城市化进程中的乡村衰落现象：成因及治理："乡村振兴战略"实施视角的分析 [J]. 南京审计大学学报，2018 (1)：16-24.

有的学者从工业化城镇化发展的客观规律、体制机制障碍和市场机制三个方面进行了综合分析。例如，付翠莲指出，当前农业农村发展不平衡不充分的原因有：一是受工业化进程中工农及城乡关系演变规律的影响；二是由于农业农村为支持工业化和城镇化做出了巨大牺牲；三是市场机制作用下，农村各要素不断流失导致城乡差距不断拉大①。

还有的学者从要素流动的角度分析城乡发展不平衡的原因。例如，张占斌和黄锟指出，我国要素市场建设相对滞后，城市资源要素"下乡"存在各种壁垒，使得我国资源要素长期向城市单向聚集，从而导致我国城乡发展差距不断拉大②。

综合学者们的观点可以得出结论，即当前我国城乡发展不平衡是多种因素共同作用的结果：一是工业化发展客观规律使然；二是受到国家重工业优先发展战略和城市偏向政策的影响；三是市场机制作用的结果；四是当前体制机制障碍阻碍了城乡要素自由流动从而导致城乡差距不断拉大。

5. 关于实施乡村振兴战略的路径选择

关于如何实施乡村振兴战略，学者们从不同角度提出了不同的推进路径。有的学者从乡村振兴的总要求出发，提出了实施乡村振兴战略的路径。例如，孙海燕和孟宪生提出，实现乡村振兴，要以健全现代农业发展体系为根本动力、以完善乡村治理体系为有力支撑、以文化复兴为重要灵魂、以和谐化的农村生活共同体为主要依托、以绿色发展为坚实基础③。邢成举和罗重普认为，乡村振兴战略应该按照"20字方针"④进行规划。为此，他们提出了实施乡村振兴战略的五大路径：①发展农业新业态；②做好乡村能源结构工作；③弘扬乡村优秀传统文化；④创新乡村治理体系；⑤做好脱贫攻坚和低收入群体增收工作⑤。

有的学者从制度完善的角度，提出了乡村振兴战略的实施路径。例如，张红宇认为，实施乡村振兴战略要进一步深化农村改革，包括深化农

---

① 付翠莲. 新时代以城乡融合促进乡村振兴：目标、难点与路径 [J]. 通化师范学院学报，2018（1）：1-8.

② 张占斌，黄锟. 引导资源要素向农村流动 [N]. 学习时报，2018-03-30（002）.

③ 孙海燕，孟宪生. 中国特色社会主义乡村振兴道路的实现理路 [J]. 理论导刊，2018（5）：64-69.

④ 乡村振兴战略实施的"20字方针"即产业兴旺、生态宜居、乡风文明、治理有效、生活富裕。

⑤ 邢成举，罗重普. 乡村振兴：历史源流、当下讨论与实施路径：基于相关文献的综述 [J]. 北京工业大学学报（社会科学版），2018（5）：8-17.

村土地制度改革、加快推进农业经营制度改革、深入推进农村集体产权制度改革等①。

有的学者从综合的角度出发，构建了实施乡村振兴战略的框架。例如，罗必良认为，实施乡村振兴战略，"人、地、钱"是主线，体制机制是保障，要素流动和产业融合是路径，城乡分工体系和新型农业体系是核心，协调平衡发展是目标②。彭万勇、王竞一和金盛提出，实施乡村振兴战略，必须有效处理四大任务：①以农业供给侧结构性改革为主线振兴乡村；②以牢牢端稳饭碗为底线振兴乡村；③以农业全要素改革为抓手振兴乡村；④以人才队伍建设为驱动振兴乡村③。

有的学者从当前乡村发展面临的障碍出发，在总结新农村建设经验教训的基础上，提出了实施乡村振兴战略的具体措施。例如，朱启臻通过梳理乡村振兴战略的障碍因素，提出通过扭转单向城镇化趋势，建立城乡要素双向流动机制；认识乡村学校的重要性，完善乡村教育体系；克服土地流转与规模经营的盲目性，把握农业发展规律；深刻认识农家院落价值，深化乡村宅基地制度改革等方面来实施乡村振兴战略④。

6. 关于实施乡村振兴战略应避免的误区

有的学者从综合的角度提出了实施乡村振兴战略应该避免的误区，这些误区涉及政府与市场的关系、政府与农民的关系、乡村振兴与城镇化的关系、新型农业经营主体与小农户的关系、乡村发展中的普遍性与特殊性的关系、乡村发展的短期利益与长远利益之间的关系等。叶敬忠指出，乡村振兴不是"去小农化"、不是乡村过度产业化、不能盲目推进土地流转、不能消灭农民生活方式的差异、不应轻视基层的"三农"工作⑤。李国祥指出，要避免把现代农业建设完全等同于乡村振兴，把现代农业发展与乡村振兴彻底割裂，把推动乡村振兴与推进新型城镇化对立起来，只注重培育新型农业经营主体而忽视小规模农户的参与，只注重树立"典型"、让

① 张红宇. 实施乡村振兴战略需进一步深化农村改革 [J]. 农村经营管理, 2017 (11): 1.
② 罗必良. 明确发展思路，实施乡村振兴战略 [J]. 南方经济, 2017 (10): 8-11.
③ 彭万勇，王竞一，金盛. 中国"三农"发展与乡村振兴战略实施的四重维度 [J]. 改革与战略, 2018 (5): 55-60.
④ 朱启臻. 当前乡村振兴的障碍因素及对策分析 [J]. 人民论坛·学术前沿, 2018: 21-27.
⑤ 叶敬忠. 乡村振兴战略：历史沿循、总体布局与路径省思 [J]. 华南师范大学学报（社会科学版），2018 (2): 65-70.

少数乡村"亮化"而忽视全面乡村振兴等倾向①。

针对目前出现的乡村分化，学者们强调，乡村振兴应该是对广大一般农村的雪中送炭，而不是对少数富裕村庄的锦上添花。贺雪峰认为，必须注意当前农村地区的分化、农户的分化与农民个人生命周期的分化。实施乡村振兴战略不是要对发展较好的乡村进行锦上添花式的建设，而是要为广大中、西部地区一般农村雪中送炭；也不是要为具备进城能力的农民提供更多利益，而是要为不具备进城能力的农民提供在农村的良好生产生活条件。乡村振兴战略尤其不能为城市富人下乡提供市场通道②。郭晓鸣与贺雪峰的观点一致，他也强调，乡村振兴战略的实施绝不能单纯是选择性的锦上添花；相反，乡村振兴应更加关注乡村衰退严重的地区③。

还有学者指出，由于我国各个乡村经济基础、地理条件等差异较大，相关部门在制订乡村振兴发展规划时应该避免"一刀切"，要分类指导、因地制宜。郑风田和杨慧莲指出，由于我国幅员辽阔、地理与文化环境多样，各个村庄之间具有异质性特征。在实施乡村振兴战略时，很难笼统地、不加区分地分析村庄振兴与发展的适应性策略，而要在深刻理解村庄异质性特征的基础上制定差异化的乡村振兴策略④。韩俊指出，乡村分化是一个必然趋势，要根据不同乡村的发展条件，制订具有前瞻性的村庄发展规划。乡村规划要做到分类指导、精准施策，避免"一刀切"⑤。

7. 对乡村振兴总要求的理解

有的学者将乡村振兴的总要求与社会主义新农村建设的总要求进行了对比。例如，廖彩荣和陈美球认为，乡村振兴战略的总要求体现了我国经济已由高速增长阶段转向高质量发展阶段的特征，体现了农业农村发展的新阶段、新任务和新要求⑥。叶兴庆认为，党的十六届五中全会提出的新农村建设的总要求是在我国刚刚实现总体小康、迈入全面建成小康社会新

---

① 李国祥. 推动乡村振兴需要避免的一些倾向 [J]. 农村工作通讯，2018 (8)：44.

② 贺雪峰. 关于实施乡村振兴战略的几个问题 [J]. 南京农业大学学报（社会科学版），2018, 18 (3)：19-26.

③ 郭晓鸣. 乡村振兴战略的路径选择与突破重点 [J]. 中国乡村发现，2018 (1)：90-95.

④ 郑风田，杨慧莲. 村庄异质性与差异化乡村振兴需求 [J]. 新疆师范大学学报（哲学社会科学版），2019 (1)：57-64.

⑤ 韩俊. 乡村振兴要循序渐进地撤并一批衰退村庄 [J]. 农村工作通讯，2018 (7)：52.

⑥ 廖彩荣，陈美球. 乡村振兴战略的理论逻辑、科学内涵与实现路径 [J]. 农林经济管理学报，2017, 16 (6)：795-802.

征程的背景下提出来的，当时提出的新农村建设目标既要鼓舞人心又不能让人感到高不可攀。如今乡村振兴战略提出的总要求是在我国进入新时代且社会主要矛盾发生变化的背景下提出来的，这一目标需要与国家现代化目标对标。从"生产发展"到"产业兴旺"，要求农业农村经济更加全面繁荣发展；从"生活宽裕"到"生活富裕"，要求持续促进农民增收；从"村容整洁"到"生态宜居"，要求促进农业农村可持续发展；从"管理民主"到"治理有效"，要求健全现代乡村治理新体系。"乡风文明"虽然保留了字面上的一致，但是要求更高了①。

也有学者论述了乡村振兴总要求之间的联系。例如，党国英指出，生活富裕的前提是产业兴旺，生活富裕、产业兴旺也是乡风文明与治理有效的重要基础，生活富裕、产业兴旺与生态宜居水平的提高也有密切关系②。

二、国外研究现状

国外关于城乡关系的研究主要有空想社会主义者对未来城乡发展的设想、城乡经济二元结构理论、城乡空间二元结构理论、城市分散发展理论等。

（一）空想社会主义者对未来城乡发展的设想

早在 16 世纪，英国空想社会主义者托马斯·莫尔就在《乌托邦》一书中描绘了一个城乡融合发展的理想王国。在这一王国里，人人平等，农村没有固定的居民，种地由城市居民轮流进行，收割也由所有城市居民一起完成。社会财产实行公有制和按需分配，农村人可以直接到城市获取工业品，城市市民也可以直接到农村获取农业品。莫尔描绘的这一王国实际上是对当时英国圈地运动背景下农民土地被侵占所导致的流离失所状况的批判和反映。虽然他描绘的乌托邦只是一个空想，但是却提供了一个城乡融合发展的雏形。

19 世纪，随着资本主义国家工业化的发展，资本主义国家内部城乡之间的矛盾也日益尖锐，空想社会主义者对资本主义社会进行了批判，并提出未来要建立一个城乡一体化社会的构想。傅立叶（1827）设想未来将建设一个"法郎吉"的社会，欧文（1979）则构建了一个"新协和村"的理想社会。他们所构建的都是一个城乡融合发展、人人平等且按需分配的

---

① 叶兴庆. 新时代中国乡村振兴战略论纲 [J]. 改革，2018（1）：65-73.
② 党国英. 乡村振兴长策思考 [J]. 农村工作通讯，2017（21）：214-215.

理想社会。

但由于时代发展局限，空想社会主义者只是看到了城乡对立产生的种种不和谐局面并设想了一个城乡融合发展的未来社会。又因为他们没有找到城乡对立的根源，也没有找到未来实现城乡融合发展的路径，所以他们的这些想法只是一种空想。值得肯定的是，他们已经表达了一种城乡之间要实现协调发展的思想，为后来的城乡发展理论提供了借鉴。

（二）城乡经济二元结构理论

1954 年，刘易斯在其论文《劳动无限供给条件下的经济发展》中首次提出二元经济发展模型。他将发展中国家的经济分为两个部门：一个是传统农业部门；另一个是现代工业部门。而工业部门在经济发展中处于主导地位，发展中国家应该集中精力优先发展工业，让农村剩余劳动力向城市转移，等农村剩余劳动力转移完毕，发展中国家也就实现了经济的整体提升，经济发展就由"二元"转化成"一元"。刘易斯模型提出之后，拉尼斯和费景汉对其进行了发展，其主要贡献在于肯定了农业在经济发展中的重要地位，认为农业不仅可以为工业提供劳动力，还可以为工业提供农产品①。如果排斥农业部门的发展，最终也会影响工业的发展，因此他们强调农业与工业应该平衡发展。

20 世纪 60 年代末至 70 年代初，发展中国家出现了城市失业与农村劳动力向城市转移两者并存的现象，这是传统的二元经济结构模型无法解释的。这时，托达罗提出了"预期收入"的概念，用来解释这一现象。托达罗提出，只要预期收入大于农村平均收入，农村人口就会向城市转移，但预期收入不等于实际收入。为了将城市失业控制在一定范围，托达罗主张通过制定乡村发展战略、提高农村人口的收入水平来抑制大量农村人口向城市转移。

1967 年，美国经济学家乔根森在《剩余农业劳动力和二元经济发展》一文中提出了不同于刘易斯模型的一个二元经济结构模型，把二元经济的研究重点由剩余农业劳动转向了剩余农业产出②。与刘易斯的观点不同，乔根森认为，经济发展的关键不在于农业部门向工业部门提供源源不断的

---

① RANIS, FEI. A theory of economic development [J]. American economic review, 1961, 51 (4): 533-565.

② JORGENON. Surplus agricultural labor and the development of a dual economy [J]. Oxford economic papers, 1967 (19): 450-471.

剩余劳动力，而在于农业剩余产品的增加。而劳动力在农业部门与工业部门的分工决定了农业劳动剩余，如果农业劳动力不足，就不会有农产品剩余，那么所有人就必须在农业部门就业。只有出现了农产品剩余，才可能让部分农业劳动力离开农业部门到工业部门就业。此外，乔根森认为，农业部门中不存在零值劳动力，任何农业劳动力的投入都会增加农业产出。

（三）城乡空间二元结构理论

1950年，佩鲁在其发表的《经济空间：理论与应用》一文中提出了"增长极"这一概念，并提出了不同于地理空间的经济空间。佩鲁指出，经济增长并不是同时出现在所有地区，而是以不同强度首先出现在一些增长极上，其次是通过不同渠道向其他地区扩散，从而带动整个经济的发展[1]。之后，佩鲁又在1961年出版的《二十世纪的经济》一书中对增长极理论进行了详细阐述。佩鲁认为，经济增长并不是均衡地分布在每一个地方，如果某地区经济增长较快，不仅能够促进本地的经济增长，还能带动周围其他地区经济增长，那么这个地区就是增长极。国家应该把有限的资源放到这些经济发展潜力较大的增长极，通过增长极的发展带动其他地区的发展。按照这一理论，在城市与乡村的发展中，城市就是增长极，因此国家应该将有限的资源放到城市，优先发展城市，通过城市的发展带动农村的发展。

美国经济学家阿尔伯特·赫希曼在《不发达国家中的投资政策与"二元性"》一文中提出了"极化—涓滴效应"理论，后又在《经济发展战略》一书中对这一理论做了详细阐述。赫希曼认为，经济发展是不均衡的，这种地区之间的发展不平衡是经济增长的伴生物和前提条件，而长期的地理渗透作用会减少这种发展不平衡[2]。他将经济相对发达的地区称为"北方"，经济发展相对较慢的地区称为"南方"。北方的发展会对南方的发展产生两种影响：一是由于北方就业机会多、工资水平高、投资机会多、回报率高，会吸引南方的资金和人才向北方流动，从而加速南方的落后，拉大南、北方之间的差距，这就是"极化效应"；二是北方的经济发展会产生辐射作用，带动南方经济发展，从而缩小南、北方经济差距，这

---

① PERROUX. Economic space: theory and applications [J]. Quarterly journal of economics, 1950, 64 (1): 89-104.

② TIERS MONDE. A. O. hirschman, the strategy of economic development [J]. Ekonomisk tids krift, 1958, 50 (199): 1331-1424.

就是"涓滴效应"。在城乡关系中,城市就属于北方,乡村则属于南方,城市的发展不断吸取农村的人才、资金,对农村产生"极化效应",同时城市的发展也会带动乡村发展,产生"涓滴效应"。国家应该采取措施加强城市对农村的"涓滴效应",促进城乡共同发展。

缪尔达尔在《经济理论和不发达地区》一书中提出了"地理上的二元经济"结构,并用循环累积因果理论解释了城市对周边农村的双重影响,即"扩散效应"和"回波效应"①。缪尔达尔认为,受市场作用的影响,城市由于基础条件较好不仅刚开始发展较快,而且以后也会发展得越来越快;相反,农村由于各方面条件较差,受到各种制约,发展会越来越慢。因此,市场的作用是会拉大而不是缩小城乡差距,这就是"循环累积因果"理论。与赫希曼一样,缪尔达尔也将经济发展过程中城市对农村的影响分为两类:一类是城市因为良好的发展基础而吸引农村各要素向城市流动,从而产生了拉大城乡差距的"回波效应";另一类是城市发展到一定阶段后产生了各种"城市病"而使城市的优势逐渐弱化,各要素开始向农村流动,从而促进农村经济发展的"扩散效应"。缪尔达尔认为,在经济发展过程中,国家应该实施不平衡发展战略,一方面优先发展城市,通过城市的发展来带动农村的发展;另一方面,也要采取措施支持农村地区的发展。

"中心—外围"理论由美国经济学家约翰·弗里德曼于1966年在《区域发展政策》一书中提出②。1969年,弗里德曼在其著作《极化发展理论》中,又进一步将这一理论用于分析城乡之间的非均衡发展。他解释了一个区域如何从相互孤立的发展变为相互联系但是不平衡的发展,并最终到相互联系且平衡发展的过程(Friedmann,1967)。弗里德曼认为,任何一个区域都可以分为中心区和边缘区,其中中心区是社会经济活动的聚集区,边缘区是中心区四周的区域。在整个区域中,中心区处于主导地位,边缘区处于被支配地位:一方面,中心区从边缘区汲取生产要素并产生大量创新,促进中心区的发展;另一方面,创新又会向边缘区扩散,促进边缘区的发展。弗里德曼将这一理论用于分析城乡关系,则城市就是中心区,农村就是边缘区:一方面,城市从农村汲取资源并促进自身发展;另

---

① MYRDAL. Economic theory and under-developed regions [M]. New York and London:Harper & Brothers Publishers,1957.

② HUBERT. Friedmann,regional development policy. Acase study of Venezuela [J]. Revue tiers monde,1968,9(34):502-504.

一方面，城乡人口的流动以及政府制定的政策也会促进城市与农村共同发展，最终边缘区和核心区的界限会逐渐模糊直至消失。

（四）城市分散发展理论

19世纪末，针对英国出现的城市人口拥挤、生态环境恶化等问题，英国城市学家霍华德于1898年出版了《明日：一条通往真正改革的和平道路》一书，提出了他的田园城市理论。所谓"田园城市"，实质就是城市与乡村的结合体。霍华德认为，城市与乡村都有各自的优缺点，城市的优点在于就业机会多、工资高、基础设施完善，缺点是工作压力大、时间长、上班距离远；乡村的优点在于空气质量佳、生态环境好，缺点是工资低。为此，国家应该把城市的优点与农村的优点结合起来，建立一个"田园城市"。此外，霍华德认为，城市人口过多会引起城市环境恶化，因此城市的规模必须加以限制，如果超过了一定范围，就需要建立新的城市。霍华德的这一理论还被英国以及欧洲其他一些国家所实践。

20世纪30年代，美国建筑师F. L. 赖特提出"广亩城市"的设想。赖特认为，现代拥挤的城市已经难以满足人们的需要了，而交通条件的改善为建立分散的城市提供了可能。他在1932年出版的《消失中的城市》中提到，未来城市应当是无所不在又无所在的。在《宽阔的田地》一书中，赖特正式提出了"广亩城市"的设想。所谓"广亩城市"，就是把集中的城市分散在一个地区性农业的网格上，形成一个分散的、低密度的城市网络。赖特认为，分散的城市是未来社会发展的必然趋势。人们不需要刻意地去建设"广亩城市"，因为"广亩城市"将自己建造自己，并且完全是随意的。

1942年，沙里宁出版了《城市：它的发展、衰败与未来》一书，并阐述了他的有机疏散理论。该理论主张通过疏散大城市的方法来解决由城乡拥挤而产生的各种"城市病"。沙里宁认为，城市的过度集中会产生交通拥挤、住房紧张、环境恶化等一系列"城市病"，进而导致城市衰败，解决这一问题的办法就是通过疏散城市使城市得到长期稳定的可持续发展。具体而言，有机疏散理论主张，重工业和轻工业应该布局在城市外围，城乡中心应该增加绿地，日常生活的区域应该集中布置，不经常活动的区域应该分散开来，这样可以缓解交通紧张。

1989年，美国著名城市学家芒福德在其著作《城市发展史：起源、演变与前景》中指出，"城与乡，不能截然分开，城与乡，同等重要，城与乡，应当有机结合在一起，如果问城市与乡村哪一个更重要的话，应该说自然环境比人工环境更重要"①。芒福德主张通过建立"区域城市"来分散大城市的压力，"区域城市"既可以缓解交通拥挤、人口膨胀、环境恶化等各种"城市病"，还可以满足人们对大自然的需求，使荒郊野外也成为城市的一部分。

20世纪末，亚洲一些城市周边出现了城市与乡村融合发展的现象，加拿大地理学家麦吉发现了这一现象，并于1991年在《亚洲城乡一体化区域的出现：扩展一个假设》一文中将这一城乡融合发展的区域称为"Desakota reigion"。"Desakota"的意思是"城乡一体化"，麦吉用这个词来描述城市周边出现的城乡交接地带。麦吉通过对亚洲一些地区的研究发现，在城市的周边出现了城市与乡村界限日益模糊的城乡交接地带，这一区域融合了城市和乡村的特点，已经不是严格意义上的"城市"或"乡村"，而是两者融合的产物。麦吉的Desakota模型对传统的以大城市为主导的单一城市化发展模式提出了挑战，认为可以实现城乡之间的融合发展。

三、简要评述

以上总结了国内外学者关于城乡关系、城乡统筹、城乡一体化、城乡融合、乡村振兴战略等问题的研究，这些研究成果丰硕，对当前我国推进城乡融合发展有重要的借鉴意义，但已有研究成果也存在一些不足。未来，我们还要不断完善现有理论，以更好地指导实践。

（一）国内研究的贡献和不足

1. 国内研究对我国城乡发展的贡献和不足

国内学者对城乡二元结构、城乡统筹、城乡一体化、城乡融合等问题展开了研究，其中对城乡统筹、城乡一体化、城乡融合某些方面的研究存在一定的重合性。比如，三者在评价指标、动力机制、发展模式、推进策略等方面存在一定的共性。这一方面是由于三者本身就存在很大的共性，另一方面是因为学者在对这三者进行研究时，不是每个人都对这三个概念做了明确区分，有些研究是将这几个概念混合在一起使用的。但是总体来看，国内研究范围广、成果丰硕，主要表现在三个方面：第一，对我国城乡二元结构的特殊性进行了研究。新中国成立后，受国家发展战略及计划

---

① 芒福德. 城市发展史：起源、演变与前景 [M]. 倪文彦，等译. 上海：中国建筑工业出版社，1989：6.

经济体制的影响，我国城乡发展具有明显的政府主导型特征，形成了不同于西方国家的城乡二元结构，即我国不仅存在西方国家普遍存在的城乡二元经济结构，还存在特殊的城乡二元社会结构。随着工业化城镇化水平的提高，我国逐渐加大对农业、农村、农民的支持力度，先后提出城乡统筹、城乡经济社会发展一体化、城乡发展一体化、城乡融合等战略，但是在推进城乡融合发展的过程中，依然存在政府主导性较强、市场作用发挥不充分的问题，也没有激发乡村发展的内生动力，这使得我国城乡二元结构仍然没有从根本上消除。第二，对城乡统筹发展和城乡一体化发展的模式、评价指标体系、动力、推进路径等问题进行了总结，为当前研究城乡融合发展问题奠定了基础。第三，对如何推进城乡融合发展提出了有价值的政策主张，包括如何创新体制机制、如何处理好政府和市场的关系、如何处理好城镇化与乡村振兴的关系等。

　　但已有研究仍然存在一些不足：一是对"城乡统筹""城乡一体化""城乡融合"三者的概念界定不足。任何一个概念的提出都基于一定的时代背景，都是为了解决一定的现实问题。"城乡统筹""城乡一体化""城乡融合"三者在相关文献中提出的时间不同，背景也不相同，对它们的理解一定要回到它们提出的时代背景中去，与当时我国城乡发展现状结合起来进行考察。二是鲜有从马克思主义政治经济学的视角对新时代城乡融合发展的理论进行阐释的。当前学术界主要从西方经济学的相关理论如城乡二元经济结构理论来解释我国城乡融合发展问题，而我国城乡融合是根据我国的特殊国情提出来的，具有浓厚的中国特色，不能简单地用西方经济学来解释，必须用中国特色社会主义政治经济学来解释。三是对城乡融合发展所涉及的很多问题的研究还不深入。虽然"城乡融合"很早就被提出来了，但"建立健全城乡融合发展体制机制"的首次提出是在党的十九大报告中。当前关于城乡融合发展的很多问题的研究还不深入，如究竟应该如何建立健全城乡融合发展体制机制，以及如何推动城乡要素合理流动和公共资源均衡配置；如何准确把握城乡融合发展中政府和市场的角色定位，处理好两者的关系；我国地域辽阔，各个地区在经济发展水平、历史文化传统、地形地貌特征等方面存在较大差异，各地应该如何根据自身的特点选择适合自己的城乡融合发展模式等。

　　2. 国内研究关于乡村振兴战略的贡献和不足

　　当前，国内对如何理解乡村振兴战略、乡村振兴战略提出的原因及背景、实施乡村振兴战略的意义、乡村衰落的原因、乡村振兴面临的困难和挑战、乡村振兴战略的实施路径、实施乡村振兴战略应避免的误区、如何理解乡村振兴战略的总要求等问题展开了研究，成果颇丰，主要体现在四个方面：第一，从理论和现实两个角度分析了乡村振兴战略提出的原因及背景。关于乡村振兴战略提出的理论原因，学者们主要从工业化城镇化发展的客观规律以及城乡关系演变的一般趋势两个角度展开。关于乡村振兴战略提出的现实背景，学者们主要从我国社会主要矛盾的转换、社会主义现代化的实现、经济发展进入新常态、农业农村发展不充分等角度来论述。第二，对当前农业农村发展面临的各种挑战进行了归纳和分析。很多学者都认为，当前我国乡村发展面临的挑战是综合性、复杂性和深层次的。农村落后的表现在于农村人口空心化、农业现代化水平不高、农村产业发展落后、乡村传统文化衰落、乡村治理困难、乡村生态环境破坏等方方面面。鉴于我国农村发展面临的多重挑战，实施乡村振兴战略也要多管齐下，推动乡村全面振兴。第三，对如何实施乡村振兴战略提出了一系列有价值的政策主张。这些政策建议涉及乡村振兴的方方面面，包括如何解决"人、地、钱"的问题、如何按照乡村振兴的总要求促进乡村全面振兴、如何处理好政府和市场的关系、如何深化农村土地制度改革、如何促进小农户与现代农业发展有机衔接等。第四，从多个角度总结了实施乡村振兴战略应注意的一些问题和应避免的一些误区，包括正确处理政府与市场的关系、政府与农民的关系、乡村振兴与新型城镇化的关系、培育新型农业经营主体与扶持小农户的关系、乡村发展中的普遍性与特殊性的关系、乡村发展的短期利益与长远利益的关系等。这些研究为之后的研究奠定了基础，对今后如何实施乡村振兴战略具有重要的借鉴意义。

但由于乡村振兴不仅是一个新课题，还是一个宏大的课题。当前关于乡村振兴战略的研究还有待深入。本书认为，仍有以下问题需要我们进一步探究：第一，随着中国特色社会主义进入新时代，很多学者提出我国城乡发展也进入了新阶段。这一判断的依据是什么？当前我国城乡发展与之前相比存在哪些质的变化？第二，乡村振兴必须充分发挥市场的作用，但所有领域都让市场决定，解决不了乡村衰败难题，甚至可能会加剧城乡发展不平衡。因为市场经济条件下，各要素具有趋利性。那么，在实施乡村振兴战略的过程中，应该如何处理好政府和市场的关系？政府和市场的区分不在于两者孰强孰弱，而在于两者的边界划分，即哪些领域应该让市场起决定性作用，哪些领域应该让政府发挥作用。第三，《乡村振兴战略规划（2018—2022 年)》把当前乡村分为集聚提升类、城郊融合类、特色保护类和搬迁撤并类四种，提出要分类推进乡村发展。那么，针对这四类不同类型的乡村，每一类具体应该采取什么对策，学术界还未展开深入研究。第四，我国农村数量庞大，要了解我国农村发展的整体状况，需要数据支撑，少数个案代表不了当前农村发展的整体状况。这方面由于统计难度大，单靠个人力量难以对我国乡村展开全面的调查与研究，因此当前研究对我国乡村发展的整体情况还缺乏准确、全面、客观的认识和把握。第五，乡村振兴不仅是一个理论问题，还是一个实践问题。当前乡村发展究竟面临哪些困境，如何具体地实施乡村振兴战略，靠想是想不出来的，必须深入乡村，开展调查研究，了解乡村发展的客观情况和农民的真实想法及需求。比如，乡村振兴战略提出之后，各地采取了哪些措施？效果如何？仍存在哪些困难？农民对乡村振兴有哪些想法和建议？了解这些问题必须深入实际。但当前理论界对乡村振兴的调查研究不多，因此我们迫切需要对乡村振兴展开全面性的调查研究。

（二）国外研究的贡献和不足

1. 国外研究对城乡二元经济结构理论的贡献和不足

国外城乡二元经济结构理论对城乡对立的根源以及如何实现城乡一体化进行了研究，揭示了发展中国家城乡对立的理论根源，并提出了一些政策建议，为促进发展中国家工业化与城市化发展、缩小城乡差距、实现城乡一体化提供了理论指导和实践指导。刘易斯（1954）将发展中国家的经济分为工业部门和农业部门，认为经济发展的关键在于农业为工业提供源源不断的剩余劳动力。拉尼斯和费景汉（1961）在刘易斯模型的基础上，对刘易斯模型进行了发展，肯定了农业在经济发展中的重要作用，认为农业除了为工业提供剩余劳动力之外，还提供农产品，因此必须重视农业部门的发展。乔根森（1967）则提出了一个不同于刘易斯的二元经济结构模型，对二元经济理论做出了重要贡献。与刘易斯不同，乔根森认为，经济发展的关键不在于农业剩余劳动力的转移，而在于农业剩余产品的增加。托达罗则分析了城市失业问题，认为要减少城市失业，不能靠扩大城市就业，而必须发展农村。发展经济学家们提出的很多政策建议都被一些发展中国家所采纳，并在实践中产生了良好的效果。以我国为例，刘易斯模型强调农村剩余劳动力向城市转移，改革开放以来，随着户籍制度的放开，我国不断推进农村劳动力向城镇转移，这在增加农民收入、改善农民生活、解决"三农"问题上起了重要作用。拉一费模型和托达罗模型都强调农业农村的重要性，自 2004 年以来，中央连续出台以"三农"为主题的中央一号文件，不断加大"强农、支农、惠农"力度，彻底改变了农业农村贫穷落后的面貌。可见，二元经济结构理论在理论和实践中都产生了重要影响。

但是任何理论的产生都有一定的时代背景和地域背景，不可避免地受到理论家所处时代和地域的影响，会带有一定的局限性。刘易斯模型忽视了农业在经济发展中的重要地位，关于劳动力无限供给的假定也不符合现实，且难以解释城市失业现象。拉尼斯和费景汉也忽视了城市失业问题。乔根森关于粮食需求收入弹性为零的假定在实际中并不存在。此外，国外二元经济结构理论都建立在完善的市场经济体制和完备的要素市场的基础上，但是很多发展中国家的市场经济体制并不完善。在实际过程中，城乡要素流动不仅会受到经济因素的影响，还会受到政策、制度、文化等因素的影响，要比二元经济理论所描述的过程复杂得多。尤其在我国，从新中国成立到改革开放之前，计划经济体制始终居于主导地位，改革开放后才逐渐开始市场化改革，且改革进程较慢，直到党的十四大才确立了建立社会主义市场经济体制的改革目标。可见，长期以来，我国市场体系不健全，政府在要素配置中起着重要作用，国家政策对城乡发展起着主导作用，因此城乡二元经济结构理论不完全适用于我国，我国城乡发展的特殊性决定了对我国城乡关系的研究必须从我国实际出发。

2. 国外研究对城乡空间二元结构理论的贡献和不足

城乡空间二元结构理论认为，经济发展不是均衡地分布在所有区域，核心区或增长极的经济发展水平超过了其他地区，它们具有强大的经济实力，对周边区域的经济发展具有扩散作用。国家通过找准经济增长极或核心区，充分培育它们的发展能力，提升它们的经济发展水平，可以带动其他地区的发展，从而实现经济发展的整体提升。在城市与乡村的发展中，城市属于核心区或增长极，即赫希曼所说的"北方"，农村则属于落后地区，即赫希曼所说的"南方"。城市的发展对农村的发展会产生两种效应："涓滴效应"和"极化效应"。"涓滴效应"即城市发展会带动农村发展，"极化效应"即生产要素会从农村流向城市，从而拉大城乡差距。但是最终，"涓滴效应"会大于"极化效应"。所以城乡空间二元结构理论强调支持城市的发展，通过城市的带动作用来促进乡村发展。这一理论在实践中被一些发展中国家所采用，发展中国家将有限的资源用于支持城市发展，实施城市优先的发展战略，从而尽快改变了落后面貌，实现了经济发展水平的提升。

但城乡空间二元结构理论也有一定的缺陷。它过分强调城市的主导作用，对农村的重视不够，一些学者认为它属于"城市偏向"理论。尤其是随着工业化水平和城市化水平的提高，城市偏向的发展战略必须适时做出改变。如果一味地强调城市的发展而忽视农村的发展，会导致城乡差距不断拉大，最终也会影响现代化目标的实现。

3. 国外研究对城市分散发展理论的贡献和不足

从 16 世纪到 20 世纪，国外学者都对未来城乡发展趋势做了预测，并提出了实现城乡融合发展的具体模式。莫尔早在 16 世纪就设想了一个城乡融合发展的社会，可以称得上一个伟大的设想。虽然受时代局限，他没有科学地揭示城乡发展的客观规律，但是他设想的城乡融合发展的社会在当时看来，已经是一个伟大的设想。19 世纪末，霍华德基于伦敦城市扩张所造成的环境恶化、住房紧张等问题，提出了田园城市理论，强调从科学、健康的角度来建设城市，城市规模不能无限扩大，发展到一定程度后必须加以限制。城市与农村要结合起来，让人们既可以享受到城市生活的便利，也能感受到农村的魅力。这一理论对当前仍有重要指导意义，如当前各地在制订城乡发展规划时都会考虑城市的承载力，避免城市无限扩张。但是这一理论也有局限性，它的目的主要是解决由于城市扩张所产生的各种"城市病"，而农村景观只是解决城市问题的一种辅助手段。如今我们不仅将农村作为城市发展的附属，更强调农村与城市地位平等。麦吉（1991）提出的 Desakota 模式有别于传统西方国家以大城市为主导的单一城市化模式，它强调城市与乡村是相互作用、相互影响、相互依存的关系。Desakota 模型至今都有很重要的影响，如当今我国已不再单一强调城镇化，而是把乡村振兴与城镇化结合起来，共同推进以实现城乡融合。总而言之，国外学者从不同角度出发，将城市与乡村联系起来，提出了不同的城乡融合发展模式，有些还在实践中被采纳，具有较强的可操作性。

第三节 相关概念界定

一、城市与农村

"城市"一词在汉语中可以分为"城"和"市"两个字。其中,"城"是指城墙,主要功能是防御;"市"即市场,是商品买卖的地方。最初,"城"和"市"作为两个词并没有联系到一起,后来,"市"随着商品经济的发展设立到了人口比较集中的城内或城边,"城"与"市"才结合起来,称为"城市"。

关于"城市"的概念,不同学科的学者们也给出了不同的定义。经济学认为,城市是经济活动集中的地方,是市场交换的中心。人口学认为,城市就是人口高度密集的地方。地理学认为,城市是建筑物和基础设施密集的地区,是一种本质上不同于农村的空间聚落①。城市社会学创始人路易斯·沃思将城市定义为"社会异质个体的相当大的、密集的、永久性的居住部落",并强调城市的特征主要是"一种生活方式的都市性"②。

与城市相对应,农村或乡村是指以农业生产为主、人们居住比较分散的地方。袁镜身认为,乡村是相对于城市而言的,是农业生产者居住和从事农业生产的地方,所以又称为农村,它不仅包括村庄也包括集镇③。

关于城市和农村的界定,学者们从不同角度出发,可以有不同的界定标准。经济学按照市场、要素、产业等的聚集程度来划分城市和乡村。地理学按照人口和房屋分布的密度来界定城市和乡村。从实践上看,国务院于 1955 年颁布的《国务院关于城乡划分标准的规定》提出,按照市级行政机构所在地、常住人口的数量、居民中非农业人口数量三个条件中的任意一个作为城乡划分的标准。

基于以上各种划分标准,本书将城市与农村做了如下界定:城市是指主要从事第二、第三产业,人口分布较为集中并产生了城市文明的区域;农村是指主要从事农业及与农业相关的产业、人口分布较为分散并形成了

---

① 尤建新. 城市定义的发展 [J]. 上海管理科学, 2006, 28 (3): 67-69.

② Wirthl. Urbanism as a way of life [J]. American journal of sociology, 1938, 44: 320-321.

③ 袁镜身. 当代中国的乡村建设 [M]. 北京: 中国社会科学出版社, 1970.

乡村文明的区域。

二、农村与乡村

有学者认为农村与乡村等同，如著名学者杨懋春曾指出，农村社会和乡村社会等同，"以村为中坚""以集镇区为范围"①。袁镜身也指出，由于乡村主要以农业和农业劳动者为主，所以也可以称为农村②。也有学者认为"农村"与"乡村"这两个概念不完全等同，如秦志华指出，农村和乡村既有重合部分又有差异，差异主要表现为农村强调以农业为主要产业的产业区域范畴，而乡村则注重与城市社会生活方式相区别的区域概念③。

本书认为，农村与乡村基本上是等同的，只是在侧重点上略有差异：农村是从产业形态来讲的，强调农村以农业为主；乡村则是从文化方面来讲的，强调乡村具有与城市文明不同的文明形态。中央提出乡村振兴战略而非农村振兴战略，也暗含了对乡村文明以及我国乡村优秀传统文化的重视。关于"乡村振兴"为什么不叫"农村振兴"，有学者提出，农村更突出农村是搞农业的地方，是农民生产生活的地方，乡村振兴更突出地域概念，不光是农业，乡村不能只搞农业，而且乡村今后也不光是农民生产生活的地方（韩俊，2018）。

三、城乡关系

关于城乡关系的内涵，目前学术界尚无一个统一的、权威的说法，更多的是不同学科从各自角度对城乡关系做出的界定。例如，经济学将城乡关系视为工业与农业的关系，政治学将城乡关系定义为支配与从属的关系，社会学将城乡关系视为农民与市民的关系等④。

学者们研究最多的是城乡经济关系。例如，杜志雄和张兴华指出，城乡关系从理论上讲，就是反映一个国家发展水平的城市现代工业与农村传统农业二元并存的经济社会结构问题⑤。朱启臻认为，城乡关系是指连接

① 杨懋春. 近代中国农村社会之演变 [M]. 台北：台北巨流图书公司，1980.
② 袁镜身. 当代中国的乡村建设 [M]. 北京：中国社会科学出版社，1970.
③ 秦志华. 中国乡村社区组织建设 [M]. 北京：人民出版社，1995：38.
④ 马远军，张小林，李凤全，等. 我国城乡关系研究动向及其地理视角 [J]. 地理与地理信息科学，2006（3）：78-84.
⑤ 杜志雄，张兴华. 世界农村发展与城乡关系演变趋势及政策分析 [J]. 调研世界，2006（7）：9-10.

农村与城市这两个相异社区之间的互动关系；通过这一关系，城市与乡村以人、财、物、信息交流的方式，相互作用、相互制约、相互影响①。就内容而言，城乡关系包括的内容非常丰富，即城乡经济关系、城乡文化关系、城乡社会关系等②。就特征而言，城乡关系具有综合性、复杂性、互动性和历史性等特征③。

综合学者们的观点，本书将城乡关系界定为城市和乡村在经济、政治、文化、社会、生态等方面存在的相互依存、相互影响、相互促进、相互制约的关系。其中，城乡经济关系是城乡关系中最主要的关系，主要表现为工农关系。但当今城乡之间已经不只是包括经济之间的联系，城乡之间文化、社会、生态等方面的联系也越来越紧密，因此本书界定的城乡关系是广义上的城乡关系。

四、城乡统筹、城乡一体化与城乡融合

关于城乡统筹、城乡一体化、城乡融合之间的区别和联系，学者们也表达了各自的看法。很多学者都认为，城乡统筹与城乡一体化虽然都强调城市与乡村共同发展，但两者是有区别的。城乡一体化是一种长远目标，城乡统筹则是实现城乡一体化的手段和方法；城乡一体化是结果，城乡统筹是过程（赵彩云，2008；郭翔宇，2008；杨翼，2013；顾益康 等，2004）。

关于城乡统筹与城乡融合的关系，学者们大都达成了共识，认为城乡融合是对城乡统筹的发展和超越。姜长云指出，城乡统筹主要强调政府对资源的统筹分配，城乡融合则主要强调城乡之间的良性循环和相互渗透④。刘守英认为，城乡统筹主要解决城乡发展差距太大的问题。在城乡统筹中，政府占主导，市场力量不足，对城乡共生共荣关系的认识也不足，因此城乡统筹没有解决农村衰败的难题。城乡融合就是要解决政府在"统"的方面太强、市场作用偏弱的问题，强调通过打破城乡二元体制、发展农村要素市场来实现城乡共同繁荣⑤。张孝德和丁立江认为，在城乡统筹的

---

① 朱启臻. 农村社会学 [M]. 2版. 北京：中国农业出版社，2007：140.
② 刘豪兴. 农村社会学 [M]. 2版. 北京：中国人民大学出版社，2008：454.
③ 同①.
④ 姜长云. 建立健全城乡融合发展的体制机制和政策体系 [J]. 区域经济评论，2018（3）：114-116.
⑤ 刘守英. 刘守英：乡村振兴与城乡融合：城乡中国阶段的两个关键词 [EB/OL]. (2017-10-23) [2024-06-03]. http://www.aisixiang.com/data/106548.html.

背景下，城市与乡村存在着一种不平等的关系，一直是城市高高在上统筹乡村。城乡融合则强调城乡地位平等、功能互补、良性互动，摒弃城市"富大哥"、乡村"穷小弟"的传统观念①。

关于城乡融合与城乡一体化的关系，部分学者认为，城乡融合是对城乡一体化的超越。例如，吕风勇认为，城乡一体化强调城市与乡村的无差别，甚至有些淡化乡村的独特价值；城乡融合则是把城市与乡村看成两个平等的主体，强调两者在保持自身差异的基础上实现共生共荣②。郑风田认为，城乡一体化强调以城带乡，但城市具有强大的吸引力，把各要素都吸引到城市去了，结果导致城乡发展不平衡；城乡融合则是一条新途径，是通过改变过去资源单向流动的状况来实现城乡互通有无，你中有我，我中有你③。也有学者认为，不能简单地把城乡融合作为对城乡一体化的代替和超越。例如，魏后凯认为，城乡一体化是最终目标，而城乡融合是一种状态和过程；实现了城乡融合，也就意味着实现了城乡发展的一体化目标④。

本书分别对城乡统筹、城乡一体化、城乡融合三者的区别和联系进行了阐述。

城乡统筹与城乡融合的区别和联系（见表1-1）：第一，两者的发展阶段不同。从两者提出的时间和背景来看，2002年党的十六大第一次提出统筹城乡经济社会发展，当时我国城镇化率只有39.09%⑤，农业税还没有取消，农村基础设施仍然落后，新型农村合作医疗制度刚刚建立。经过十多年的城乡统筹，城乡发展进入新阶段，2017年我国城镇化率已经达到58.52%，农村基础设施逐渐完善，农村社会保障水平逐步提高。城乡发展出现了新特征，城镇化速度放缓，农民工出现回流，有些发达城市周边还出现了逆城镇化，这时提出城乡融合发展，就是要在继续推进城镇化的同时，促进乡村振兴，实现城市与乡村、城市文明与乡村文明共同繁荣。可见，城乡融合是城乡发展的更高级阶段。第二，对城乡关系的认识不同。在城乡统筹的背景下，城乡地位是不平等的，城市和工业处于主导地位，

① 张孝德，丁立江. 面向新时代乡村振兴战略的六个新思维 [J]. 行政管理改革，2018 (7)：3-5.

② 吕风勇. 乡村振兴战略的根本途径在于城乡融合 [J]. 中国国情国力，2018 (6)：53-55.

③ 郑风田. 利用"城乡融合"新途径实现乡村振兴 [J]. 农村工作通讯，2017 (23)：51.

④ 魏后凯. 深刻把握城乡融合发展的本质内涵 [J]. 农业农村发展，2020：5-8.

⑤ 根据2002年的国家统计局年度统计数据计算所得。

第一章 绪论 ⎪ 47

农村和农业处于附属地位。在城乡融合的背景下，城乡之间是地位平等、功能互补、不可替代、共生共荣的关系。第三，对农业农村的价值认识和功能定位不同。在城乡统筹的背景下，农村主要是农民生活的场所，农民主要从事农业工作，农业主要是粮食生产，因此它主要强调农村的经济与社会功能。在城乡融合的背景下，农村不仅可以发展农业，还可以发展农产品加工业、乡村旅游、电子商务等第二、第三产业；农村不仅是农民生活的地方，也是城市人放松、学习、旅游的地方，它更强调农村的生态、文化价值。第四，两者的实现手段不同。城乡统筹的主体是政府，它强调政府通过统筹配置资源来缩小城乡差距；城乡融合不仅要发挥政府在农业农村优先发展中的作用，还要发挥市场在资源配置中的决定性作用，通过市场手段实现土地、劳动力、资本等要素在城乡之间的自由流动。第五，两者的目标导向不同。城乡统筹的目标是实现全面建成小康社会，城乡融合则着眼于社会主义现代化国家的实现。第六，城乡统筹强调加大对农业农村的支持力度，补齐农业农村的短板；而城乡融合不仅强调补齐农业农村的短板，还要激发农业农村发展的内生动力，发挥农业农村的独特优势。

表1-1　城乡统筹与城乡融合的区别和联系

比较项目		城乡统筹	城乡融合
区别	城乡地位和城乡关系的认识	城乡地位不平等，城市和工业处于主导地位，农村和农业处于附属地位	城乡是地位平等、功能互补、不可替代的关系
	对农业农村价值和功能的认识	主要强调农业农村的经济和社会功能	更加强调农业农村的生态、文化价值
	实现手段	强调政府通过统筹配置资源来缩小城乡差距	不仅要发挥政府在农业农村优先发展中的作用，还要发挥市场在资源配置中的决定性作用
	发展目标	发展城市的同时兼顾乡村，避免城乡差距过大，进而实现全面建成小康社会	实现城乡共同繁荣和社会主义现代化

表1-1（续）

	比较项目	城乡统筹	城乡融合
联系	在促进城乡发展的思路和方法上	两者都强调把农业与工业、城市与农村作为一个整体统筹谋划	
	在内容上	都涉及城乡经济、政治、文化、社会、生态等方面	
	在政策的连续性上	从城乡统筹到城乡融合，既有继承也有发展，不仅反映了中国共产党关于城乡发展政策的一脉相承，也体现了中国共产党对城乡关系认识的深化与升华	

城乡统筹与城乡一体化的区别和联系：城乡统筹是一种手段，城乡一体化则是城乡统筹的目标。城乡统筹是一个过程，而城乡一体化既可以理解为一个过程，也可以理解为一个结果。

城乡一体化与城乡融合的区别和联系：两者都是城乡发展的高级阶段，都是现代化的重要目标，但两者的侧重点稍有不同，城乡一体化更强调缩小城乡差距，而城乡融合更强调城乡优势互补、相互交融。

三者的联系在于：第一，在促进城乡发展的思路和方法上，它们都强调把农业与工业、城市与农村联系起来，作为一个整体统筹谋划，用整体的、联系的观点而不是局部的、孤立的方法解决城乡发展不平衡问题。第二，从内容上看，它们都涉及城乡经济、政治、文化、社会、生态等方面。第三，从政策的连续性上看，从城乡统筹到城乡一体化再到城乡融合，既有继承也有发展。这不仅反映了中国共产党关于城乡发展政策的一脉相承，也体现了中国共产党对城乡关系认识的深化与升华。

鉴于此，本书将城乡统筹、城乡一体化、城乡融合做如下界定：城乡统筹是要改变过去"重城市、轻农村"以及城乡分治的观念，通过政府统筹配置资源，发挥城市对农村的辐射作用以及工业对农业的反哺作用，改变城乡二元结构，实现城乡协调发展；城乡一体化是把工业与农业、城市与农村、农民与市民作为一个整体，统筹谋划，实现城乡在规划布局、产业发展、公共服务、居民权益、环境保护等方面的一体化；城乡融合是指在城乡地位平等、功能互补的基础上，促进各要素在城乡之间的合理流动和公共资源在城乡之间的均衡配置，实现城乡共同繁荣。城乡融合的基本特征包括三个方面：一是城乡地位平等、功能互补、不可替代，这是实现城乡融合的前提。国家要实现现代化，既需要发挥城市在集聚经济、促进就业等方面的功能，也需要发挥农业农村在保障国家粮食安全、传承历史文化、维持生态平衡等方面的功能。虽然现代化进程中城市与农村承担着不同功能，但两者的地位平等，不可替代。二是资本、技术、土地、人才等要素在城乡之间合理流动和平等交换，这既是城乡融合的首要特征，也是实现城乡融合的关键。乡村衰败的主要原因就在于乡村难以留住资本、人才等要素，要实现城乡融合发展就必须促进各要素在城乡之间双向流动。三是城乡公共资源均衡配置，这既是城乡融合发展的内在要求，也是中国特色社会主义城乡融合的特色所在。我国城乡融合发展的最终目标是让城乡居民共享城乡改革的成果，让城市居民与农村居民在获取基础设施、教育资源、医疗资源、就业资源、社会保障资源等公共资源时拥有平等的机会和权利。

五、乡村振兴

乡村振兴战略的提出，有着强烈的问题导向，它是在中国特色社会主义进入新时代，同时农业农村发展也进入新阶段的背景下，为从根本上解决"三农"问题、满足人民美好生活需要以及实现国家现代化而提出来的，是新时代"三农"工作的总抓手。就乡村振兴的总要求而言，党的十九大报告有明确的概括，即产业兴旺、生态宜居、乡风文明、治理有效、生活富裕。就乡村振兴的内容而言，与它的总要求相对应，乡村振兴是指乡村的全面振兴，包括经济、政治、文化、社会、生态以及党的建设等方面。就乡村振兴的总目标而言，乡村振兴是要实现农业农村现代化。与社会主义新农村建设相比，乡村振兴是社会主义新农村建设的升级版，它的要求更高、内涵更广。就乡村振兴战略的时间跨度而言，它是一场持久战而不是突击战，它着眼于社会主义现代化强国的实现，是未来数十载而不是未来三五年"三农"工作的总指针。

鉴于此，本书将乡村振兴战略做如下界定：乡村振兴战略是在中国特色社会主义进入新时代以及农业农村发展进入新阶段的背景下，为实现农业农村现代化的总目标而提出的促进乡村经济、政治、文化、社会、生态全面振兴的战略。

第四节　研究思路和研究方法

一、研究思路

本书的研究主题是城乡融合，主线是中国特色社会主义新时代为什么要推进城乡融合发展，以及怎样推进城乡融合发展。本书认为，当前我国存在的体制机制障碍是影响城乡融合发展的主要因素，因此本书重点从体制机制的角度来分析城乡融合问题，遵循的逻辑思路是"理论分析—经验借鉴—现状分析—对策建议"。首先，本书分析了马克思主义城乡关系理论及国外学者关于城乡关系的相关理论，为本书的研究提供了理论基础。其次，本书对新中国成立以来城乡关系的演进历程做了梳理，总结了我国城乡关系演进的基本特征和经验教训，以期为新时代推进城乡融合发展提供经验启示。再次，本书对国内外城乡融合发展的典型实践做了分析，总结了它们推进城乡融合发展的共同经验，这为新时代推进城乡融合发展提供了经验借鉴；同时，也分析了新时代城乡融合发展面临的现实困境及体制机制障碍。最后，本书提出了建立健全新时代城乡融合发展体制机制的对策建议。

二、研究方法

本书以习近平新时代中国特色社会主义思想为指导，以"四个全面"为战略布局，以"新发展理念"为价值引领，以辩证唯物主义和历史唯物主义为根本方法，综合采用了文献研究、归纳与演绎、理论研究与实地调研相结合等方法，对新时代城乡融合发展问题进行了研究。

（1）文献研究法。一是研究经典文献，深挖马克思主义经典作家、中国化马克思主义以及国外学者关于城乡关系的理论；二是梳理了经济学、地理学、政治学、社会学等不同学科对城乡关系、我国城乡发展历程、国内外城乡发展经验、乡村振兴战略、城乡融合发展等问题的研究，准确把握学术研究的最新进展，为本书的研究奠定基础；三是深刻理解不同时期中国共产党关于城乡发展的政策文件，了解不同时期城乡发展的阶段性特征，梳理各个时期不同政策的出台背景、取得成效，总结中国共产党处理城乡关系的经验教训，全面了解我国城乡发展历程。

（2）归纳与演绎法。在总结发达国家城乡融合发展的共同经验时，本书运用了科学的归纳方法；同时，本书使用演绎方法将发达国家城乡融合发展的共同经验运用于我国城乡融合发展的实践，根据我国特殊国情进行了改造和创新。

（3）理论研究与实地调研相结合的方法。本书不仅对城乡融合发展的一般规律进行了理论探索，在生产力和生产关系的矛盾运动中揭示了未来城乡融合发展的必然趋势；而且对当前乡村振兴战略下各地开展的城乡融合发展实践进行了实地调研，通过深入访谈，获取第一手资料，了解当前城乡融合发展存在的问题，以期提出有针对性、可行性的对策建议。

第五节　研究的重难点、可能的创新点及不足

一、研究的重难点

本书的研究重点在于：一是分析新时代城乡融合发展面临的现实困境及体制机制障碍。当前我国城乡发展依然面临城乡要素流动不合理、城乡产业发展不融合、城乡公共资源配置不均衡、城乡居民收入不均衡、城乡文化发展不融合、城乡生态保护不平衡等现实困境。本书对当前城乡发展面临的这些现实困境进行了详细分析，并分析了这些现实困境背后的原因，即当前我国城乡发展不平衡主要是受到了各种体制机制的约束，包括城乡二元户籍制度、土地制度、财政体制、金融体制等。二是提出建立健全新时代城乡融合发展体制机制的政策建议。我国城乡发展不平衡既与市场经济条件下各生产要素为追求利润最大化不断从农村流向城市有关，也与当前我国仍然存在的制度壁垒和政策壁垒有关。为推动城乡融合发展，我国必须破除这些体制机制障碍，建立健全城乡融合发展体制机制。本书提出，要建立健全城乡要素合理流动体制机制、城乡功能互补耦合体制机制以及城乡公共资源均衡配置体制机制。

本书的研究难点在于：一是对我国城乡关系演进的阶段划分。我国城乡发展具有明显的中国特色，受国家发展战略和政策影响较大。但我国城乡关系演进史并不等于城乡政策史，因为城乡发展不仅受到政策等主观因素的影响，还受到市场等客观因素的影响，且政策制定的初衷与现实效果也存在差距。如何综合考虑各种因素，对我国城乡关系的历史演进做一个

阶段划分，是一个难点。二是分析我国城乡关系演进的原因。我国城乡关系演进受国家发展战略和政策影响较大，但是不能简单地将城乡关系演进的原因归结于重工业优先发展战略和城市偏向政策，更应该考虑国家发展战略背后的原因以及这些战略和政策是如何影响城乡关系的，对这一问题的分析是一个难点。三是提出建立健全城乡融合发展体制机制的对策建议。我国城乡发展不平衡既与市场经济条件下各生产要素为追求利润最大化不断从农村流向城市有关，也与当前我国仍然存在的制度壁垒和政策壁垒有关。但凡改革，就会面临各种困难，如何把握改革的力度，将其与经济发展的速度和社会的可承受度统一起来；如何在农村人口持续外流的情况下吸引人才返乡；如何吸引社会资本下乡并实现企业与农民的利益共享；如何深化农村宅基地制度、承包地制度、集体经营性建设用地入市改革，在保障农民土地权益的基础上激活农村土地要素，为资本、人才、技术等要素下乡提供载体等，这些问题都是难点。

二、可能的创新点及不足

本书可能的创新点在于：一是当前理论界主要从经济学、社会学、管理学、地理学等学科视角来研究城乡融合发展问题，本书则以马克思主义理论为指导，将新时代城乡融合发展置于建设社会主义现代化强国、推动国家治理体系和治理能力现代化、实现中华民族伟大复兴和全体人民共同富裕的视野中加以考察，突出了对新时代城乡融合发展的"中国特色"和"社会主义"本质规定性的研究。例如，本书从生产力和生产关系、经济基础和上层建筑矛盾运动的原理来分析城乡融合问题，认为城乡融合是未来经济社会发展的必然趋势。而当前我国城乡发展不平衡既受到经济发展水平这一客观条件的制约，也与当前仍存在的体制机制障碍有关。因此，未来我国推进城乡融合发展既要大力发展生产力，也要改革阻碍城乡要素双向流动的体制机制障碍，为城乡要素双向流动和公共资源均衡配置创造条件。此外，本书认为，新时代城乡融合发展的最终目标不在"物"而在"人"，即城乡融合不是要实现经济效益最大化而是要满足人民对美好生活的向往，实现全民共享和共同富裕。二是从要素维度、功能维度和资源配置维度出发，概括了城乡融合的三个基本特征。首先，城乡地位平等、功能互补、不可替代，这是实现城乡融合的前提。一个国家要实现现代化既需要发挥城市在集聚经济、促进就业等方面的功能，也需要发挥农业农村在保障国家粮食安全、传承历史文化、维持生态平衡等方面的功能。虽然现代化进程中城市与农村承担着不同功能，但两者地位平等，不可替代。其次，各要素在城乡之间合理流动和平等交换，这是城乡融合的首要特征，也是实现城乡融合的关键。乡村衰败的主要原因就在于乡村难以留住资本、技术、人才等要素，要解决乡村衰败难题、实现城乡融合发展就必须促进各要素在城乡之间双向流动。最后，城乡公共资源均衡配置，这既是城乡融合发展的内在要求，也是中国特色社会主义新时代城乡融合发展的价值导向和特色所在。我国城乡融合发展的最终目标是让城乡居民共享城乡改革的成果，让城市居民与农村居民在获取基础设施、教育资源、医疗资源、就业资源、社会保障资源等公共资源时拥有平等的机会和权利。三是基于以上概括的城乡融合三个基本特征，从要素维度、功能维度和资源配置维度提出了建立健全城乡融合发展体制机制的政策建议。首先是建立健全城乡功能互补耦合体制机制，包括建立健全城乡产业融合发展体制机制、乡村文化发展体制机制和城乡生态环境保护体制机制；其次是建立健全城乡要素合理流动体制机制，包括建立健全城乡人才双向流动体制机制、城乡资金合理配置体制机制和城乡土地要素平等交换体制机制；最后是建立健全城乡公共资源均衡配置体制机制，包括建立健全城乡基础设施一体化发展的体制机制和城乡基本公共服务普惠共享的体制机制。

本书的研究不足在于：一是对相关理论的掌握深度不够。本书对马克思主义经典作家、中国化马克思主义以及国外学者关于城乡关系理论的理解还不够深入，有些内容还停留在总结层面。此外，本书对国外城乡融合发展前沿理论的追踪仍显不足。二是由于城乡融合涉及城乡产业发展、城乡规划、城乡基础设施和基本公共服务、城乡文化、城乡生态环境等各个方面，影响城乡融合发展的因素也很多，如一国的经济发展水平、国家发展战略、制度环境、政策环境等。但由于篇幅有限，本书重点分析了影响城乡融合发展的体制机制障碍，存在分析不够全面的问题。三是我国地域辽阔，各个地方城乡发展现状也存在较大差异。真正实现城乡融合发展不仅要对我国城乡发展现状有个宏观的把握，还需要了解各地乡融合发展实践中面临的具体问题。本书主要从普遍性视角对城乡融合发展问题展开研究，存在个案分析不够的问题。

第二章 城乡关系的相关理论

随着中国特色社会主义进入新时代，我国社会主要矛盾已经发生转化，城乡发展不平衡、乡村发展不充分已经成为我国实现现代化的最大障碍。作为世界上人口众多的发展中国家，我国城乡问题更具尖锐性、复杂性、特殊性，要准确把握我国当前城乡发展的阶段性特征，理性判断我国城乡融合发展面临的机遇和挑战，有效解决我国城乡发展过程中面临的各种难题，必须有科学的理论做支撑。为此，本章对城乡关系的相关理论进行梳理，在借鉴已有研究成果的基础上，结合我国城乡发展实际来解决我国城乡融合发展过程中的重大现实问题。

第一节 经典马克思主义的城乡关系理论

马克思、恩格斯、列宁、斯大林等马克思经典作家始终高度关注城乡问题，他们把城乡关系视为错综复杂的社会生活中影响全局的重要环节，并从自己所处的时代出发，结合当时的历史条件对城乡关系问题做出了深入思考，提出了城乡关系的相关理论，这些理论对当前我国推进城乡融合发展有重要的指导意义。

一、马克思恩格斯的城乡融合发展思想

马克思和恩格斯将辩证唯物主义及历史唯物主义作为研究城乡关系的方法论基础，科学揭示了城乡发展的一般规律，分析了城乡对立的根源，并提出了消灭城乡对立的条件，形成了系统的马克思恩格斯城乡融合发展思想。其城乡融合发展思想在《1844年经济学哲学手稿》《德意志意识形

态》《共产党宣言》等一系列经典著作中均有涉及，并为后来的马克思主义者研究城乡问题奠定了基础。概括而言，马克思恩格斯城乡融合发展思想的主要内容包括以下五个方面：

（一）城乡关系演变的三个阶段：城乡混沌一体—城乡分离与对立—城乡融合

马克思、恩格斯认为，随着生产力水平的不断提高以及社会分工的发展，城乡关系要经历城乡混沌一体到城乡对立再到城乡融合三个阶段。其中，城乡融合阶段是对之前城乡混沌一体阶段的扬弃。

城市的产生是生产力发展到一定阶段的产物。在人类社会早期，人类生存主要以采集和狩猎为主，人类活动主要在土地上进行，这时城市还没有出现，也无所谓城市和乡村的区别。后来随着生产力水平的不断提高，出现了剩余产品和社会分工，城市才从农村中分离出来，但是此时还谈不上城乡对立。工业革命以后，农业劳动生产率大大提高，农产品大大增加，不仅可以满足农业生产者的需要，而且可以为非农业生产者提供农产品。这就使得一部分人可以从农业劳动中脱离出来，专门从事非农业生产，也就出现了农业劳动和工商业劳动的分工，从而引起城市和乡村的分离。随着工业革命的深入，工业化水平和城市化水平逐渐提高，城市成为经济发展的中心，城乡差距不断拉大，城乡对立的程度也越来越深。当城乡对立发展到一定阶段，就会阻碍生产力水平的进一步提高，这时，城乡关系就会由分离向融合转变。

（二）城乡分离的原因：社会分工和私有制

马克思、恩格斯认为，城乡分离是生产力与生产关系发展到一定阶段的产物。从生产力方面来看，城乡分离是随着生产力水平提高和社会分工出现而产生的。社会分工是反映社会生产力水平的一个重要标志。通常情况下，生产力水平越高，社会分工也就越细。正如马克思所言："一个民族的生产力发展的水平，最明显的表现于该民族分工的发展程度。"[①] 伴随着第二次社会大分工，一部分农业劳动者开始从农业中分离出去，专门从事工商业生产，且随着生产的发展，专门从事工商业劳动的人口越来越多，为了生产的方便，他们通常会聚集在一起，这样，就形成了早期的城市，进而引起了城乡分离。就像马克思所言："一个民族内部的分工，首先引起

---

① 马克思，恩格斯. 马克思恩格斯选集：第1卷 [M]. 中共中央马克思恩格斯列宁斯大林著作编译局，译. 北京：人民出版社，2012：147.

工商业劳动同农业劳动的分离，从而引起城乡的分离和城乡利益的对立。"① 从生产关系方面来看，城乡分离产生的制度根源是私有制。私有制条件下，生产资料归私人所有，这就使得这部分生产资料占有者可以不劳动而直接占有无产者的劳动成果，而无产者迫于生活压力，只能出卖劳动来换取生活资料。因此，马克思指出，"城市和乡村的分离还可以看作资本和地产的分离，看作资本不依赖于地产而存在和发展的开始"②；"城乡之间的对立只有在私有制的范围内才能存在"③。可见，马克思和恩格斯是从生产力与生产关系矛盾运动中得出了城乡分离具有必然性的论断。

（三）城乡对立的表现

马克思和恩格斯认为，城乡对立主要表现在四个方面：首先，城乡差距拉大。生产和分工的发展引起了工商业劳动和农业劳动的分离，促使越来越多的农业人口转向工商业就业，大量资金从农村流向城市，进而导致城市越来越繁荣，农村越来越衰败，城乡差距不断拉大。正如马克思所言："城市已经表明了人口、生产工具、资本、享受和需求的集中这个事实；而在乡村则是完全相反的情况：隔绝和分散。"④ 其次，各种"城市病"产生。一是大量人口涌入城市，导致住房紧张。恩格斯在《论住宅问题》中指出，"而今天所说的住房短缺，是指工人的恶劣住房条件因人口突然涌进大城市而特别恶化"⑤。二是各种流行病蔓延。人口大量涌入城市引起了住房紧张，使得城市最破旧的地方也能找到租赁者，而这些人口拥挤的破旧地区则最容易滋生各种流行病，正如"挤满了工人的所谓的'恶劣的街区'，是不时光顾我们城市的一切流行病的发源地"⑥说的那样。再次，土地肥力被破坏，进而影响农业生产。一是由于在资本主义农业生产关系中，土地所有权和使用权是分离的，租用土地的资本家由于租期有限，通常不会对土地进行长期投资；相反，为了在租期获得最大利润，他们往往采取措施拼命掠夺土地，导致土壤肥力不断下降。二是大量农村人

---

① 马克思，恩格斯. 马克思恩格斯选集：第1卷［M］. 中共中央马克思恩格斯列宁斯大林著作编译局，译. 北京：人民出版社，2012：147-148.

② 同①：185.

③ 同①：184.

④ 同③.

⑤ 马克思，恩格斯. 马克思恩格斯选集：第3卷［M］. 中共中央马克思恩格斯列宁斯大林著作编译局，译. 北京：人民出版社，2012：216.

⑥ 同⑤：213.

口转移到城市，使得城市人口越来越多，而农村人口相对而言越来越少，也就是进行农业生产的人少了，但粮食的需求量却成倍增长，为了解决人口增长与土地数量有限之间的矛盾，就产生了各种掠夺土地的行为，土地还来不及恢复就又被用于生产。正如 19 世纪德国化学家李比希提出的观点，即人们从土壤中取走的物质没有以肥料形式归还给土壤，使得土地长期处于"失肥"状态。马克思肯定了李比希的观点，指出李比希从自然科学的角度证明了现代农业的消极性。马克思进一步指出，"在一定时期内提高土地肥力的任何进步，同时也是破坏土地肥力持久源泉的进步"①。最后，人的异化和畸形发展。社会分工不仅造成了城市与乡村的分离，而且造成了城市人口和乡村人口的分离，使城市人和农村人都成为"受局限的动物"。马克思指出，"城乡之间的对立是个人屈从于分工、屈从于他被迫从事的某种活动的最鲜明的反映，这种屈从把一部分人变为受局限的城市动物，把另一部分人变为受局限的乡村动物"②；"城市和乡村的分离……使城市居民受到各自的专门手艺的奴役……如果说农民占有土地，城市居民占有手艺，那么，土地也同样占有农民，手艺也同样占有手工业者"③。在这里，马克思之所以将城市人称为"城市动物"，农村人称为"乡村动物"，是因为人类已经成为生产工具的附属品，每天重复地进行简单且单调的工作，以前工人支配机器的情况反过来了，如今变成了机器支配工人。所以，工人已经不再是一个真正意义上的完整的人，他失去了自我，劳动也失去了自主性和能动性，完全沦为机器的奴隶，也就是说人被异化了。

（四）消灭城乡对立的条件

马克思和恩格斯认为，一方面，城乡对立是随着生产力水平的提高而出现的；另一方面，城乡对立也会随着生产力的进一步发展而消灭。城乡对立是生产力有了一定发展但又没有达到高度发达条件下的产物，它将随着生产力的进一步发展而逐渐被消灭。而消灭城乡对立的条件有两个：一是消灭城乡对立要以高度发达的生产力为前提，这是消灭城乡对立的物质

---

① 马克思. 资本论：第 1 卷 [M]. 中共中央马克思恩格斯列宁斯大林著作编译局，译. 北京：人民出版社，2004：579-580.

② 马克思，恩格斯. 马克思恩格斯选集：第 1 卷 [M]. 中共中央马克思恩格斯列宁斯大林著作编译局，译. 北京：人民出版社，2012：184.

③ 马克思，恩格斯. 马克思恩格斯全集：第 26 卷 [M]. 中共中央马克思恩格斯列宁斯大林著作编译局，译. 北京：人民出版社，2014：309.

条件。在《德意志意识形态》中，马克思、恩格斯指出，"消灭城乡之间的对立，是共同体的首要条件之一，这个条件又取决于很多物质前提，而且任何人一看就知道，这个条件单靠意志是不能实现的"①。第二，消灭私有制并建立社会主义公有制，这是消灭城乡对立的制度条件。在私有制条件下，生产资料仍然归私人所有，旧的分工体系依然存在，城市在经济上依然处于统治地位，农村则处于被统治地位，城乡之间依然处于尖锐对立的状况。尤其在私有制高度发展的资本主义社会，城乡对立也达到了最尖锐的地步。"资本主义社会不能消灭这种对立；相反，它必然使这种对立日益尖锐化"②。只有消灭私有制，让人民共同占有生产资料，才能实现人的自由全面发展和城乡融合。因此，马克思、恩格斯在《共产党宣言》中指出，"通过城乡的融合，使社会全体成员的才能得到全面发展——这就是废除私有制的主要结果"③。

（五）消灭城乡对立的具体途径

在马克思、恩格斯看来，城乡融合是随着生产力提高和私有制消灭而出现的必然结果，它并不是一种空想。那么，消灭城乡对立有哪些具体的途径呢？关于这一问题，马克思、恩格斯没有进行直接、系统的论述，但是他们在很多地方都间接地谈到了这个问题。总体来看，马克思、恩格斯认为，消灭城乡对立的途径主要有：充分发挥城市的辐射作用和带动作用、把工业和农业结合起来、让人口尽可能地在全国平均分布、广泛应用科技等。这一是要充分发挥城市的辐射作用和带动作用。在资本主义生产方式下，城市处于绝对的统治地位，对农村具有双重效应：一方面，城市可以改变农业生产方式，使农民变为雇佣工人，造成农民的贫困；另一方面，城市的发展在客观上也会促进城乡交流，改变农村的封闭状况，促进农村发展进步。马克思、恩格斯曾指出，"城市的繁荣也使农业摆脱了中世纪的最初的粗陋状态"④。在这里，马克思、恩格斯则强调要发挥城市对农

---

① 马克思，恩格斯. 马克思恩格斯选集：第1卷 [M]. 中共中央马克思恩格斯列宁斯大林著作编译局，译. 北京：人民出版社，2012：185.
② 马克思，恩格斯. 马克思恩格斯选集：第3卷 [M]. 中共中央马克思恩格斯列宁斯大林著作编译局，译. 北京：人民出版社，2012：223.
③ 马克思，恩格斯. 马克思恩格斯文集：第1卷 [M]. 中共中央马克思恩格斯列宁斯大林著作编译局，译. 北京：人民出版社，2009：689.
④ 马克思，恩格斯. 马克思恩格斯文集：第2卷 [M]. 中共中央马克思恩格斯列宁斯大林著作编译局，译. 北京：人民出版社，2009：222.

村的辐射作用和带动作用，通过使用先进技术改造农业、促进农村人口向城镇转移等手段实现城乡融合发展。二是要把工业和农业结合起来。城乡分离的一个重要原因是工业与农业的分离。为了改变城乡分离的状况，马克思和恩格斯认为，要优先改变工业与农业分离的状况。他们在《共产党宣言》中明确指出，"把农业和工业结合起来，促使城乡对立逐步消灭"①。而工业和农业结合起来的前提是把生产资料集中起来，把农村的土地和城市的生产资料集中起来，归全体人民共同所有。三是要将工业均衡地分布在全国各地，改变之前城市聚集大量工业而农村产业发展落后的状况，推动城乡融合发展。四是要让人口尽可能地在全国平均分布。资本主义的发展促进了工业的繁荣，大量人口从农村转移到城市，这不仅造成了城市住房紧张、环境恶化、疾病蔓延等问题，也使农村人口处于孤立和愚昧的状态。为此，马克思和恩格斯指出，要促进城乡人口流动，促进人口在城乡之间合理布局，缩小城乡在产业发展、居民收入等方面的差距，进而实现城乡融合发展。五是要广泛应用科技。首先，科技的发展会促进工业和城市的发展。科技的发展会加快工业化进程，使工业普遍采用先进技术，提高工业生产率。与此同时，城市化作为工业化的载体也得到了极大发展。其次，科技会改变传统农业。正像科技改变了工业一样，科技也会改变农业，提高农业生产效率。最后，科技将促进城乡融合发展。科技不仅改变了城市，也改变了农村，还打破了城乡界限，加强了城乡联系。因此，马克思、恩格斯认为，水力、电力等先进技术的使用，"如果在最初它只是对城市有利，那么到最后它必将成为消除城乡对立的最强有力的杠杆"②。

二、列宁的城乡协调发展思想

列宁继承了马克思恩格斯城乡融合发展思想，并结合俄国的实践对其进行了发展，形成了列宁的城乡协调发展思想。

以十月革命为分界线，列宁对城乡关系的研究大致可以分为两个阶段：十月革命前，列宁主要研究俄国城乡关系问题，科学地阐明了资本主义私有制是俄国城乡对立的根源；十月革命后，列宁主要结合俄国社会主

---

① 马克思，恩格斯. 马克思恩格斯选集：第1卷［M］. 中共中央马克思恩格斯列宁斯大林著作编译局，译. 北京：人民出版社，2012：422.

② 马克思，恩格斯. 马克思恩格斯选集：第4卷［M］. 中共中央马克思恩格斯列宁斯大林著作编译局，译. 北京：人民出版社，2012：556.

义建设实际，提出了一系列关于城乡发展的措施和办法。其中，战时共产主义时期①采取的余粮收集制、实物配给制、全部工业国有化以及排斥商品关系等措施不利于城乡发展。随着战时共产主义政策的缺点日益暴露，列宁开始探索实行新经济政策。新经济政策的实行大大改善了城乡关系，促进了城乡发展。在这一探索过程中，列宁的城乡协调发展思想也日趋完善和成熟。列宁的城乡协调发展思想主要包括以下四个方面：

（一）城乡分离是资本主义发展的必然产物

关于城乡对立产生的根源，马克思和恩格斯认为，城乡分离是社会分工和私有制的产物。列宁继承了马克思和恩格斯的观点，他指出，"资本主义生产方式由于它的本性，使农业人口同非农业人口比起来不断减少"②；"城市比乡村占优势是有了商品生产和资本主义的一切国家的共同的必然的现象"③。可见，列宁认为城乡分离是随着商品生产和资本主义生产方式的出现而产生的。

首先，资本主义经济的发展导致工业与农业分离。列宁认为，随着资本主义经济的发展，社会分工水平越来越高，从而使工业与农业的分离程度也越来越高。"在小商品生产中，手工业者还未完全从农民蜕变出来……在工场手工业中这种脱离已经很明显……大机器工业彻底完成了这种改造，使工业与农业完全分离"④。

其次，列宁认为，资本主义经济的发展使农民离开农业和农村，流向工业和城市，进而导致工业人口越来越多，农业人口相对而言越来越少。其原因在于：一是资本主义条件下，工人的情况要好于农民，这就导致大量农民转向工业和城市。"一切资本主义国家所特有的现象，在俄国也已经成为普遍的事实：工业工人的情况比农业工人的情况要好些（因为在农业中，除了资本主义的压迫外，还有前资本主义的剥削形式的压迫）。因此，人们从农业逃向工业"⑤。二是社会分工和资本主义的发展导致农业人

---

① 战时共产主义亦称"军事共产主义"，是俄罗斯苏维埃联邦社会主义共和国（简称"苏俄""苏维埃俄国"）在 1918—1921 年实行的经济政策。

② 列宁. 列宁全集：第 2 卷 ［M］. 中共中央马克思恩格斯列宁斯大林著作编译局，译. 北京：人民出版社，2013：196.

③ 同②.

④ 列宁. 列宁全集：第 3 卷 ［M］. 中共中央马克思恩格斯列宁斯大林著作编译局，译. 北京：人民出版社，2013：501-502.

⑤ 同④：239.

口相对减少。"城市人口增加而对比之下农村人口减少……正是反映了资本主义规律的普遍现象"①。可见，列宁认为，农业人口相对越来越少是资本主义社会的普遍规律。

（二）资本主义的发展促进了城乡交流

首先，资本主义的发展促进了工厂村、工商业村等未被列为城市的新工业中心的形成，这有利于促进城乡交流、缩小城乡差距。工厂村和工商业村是资本主义由城市向乡村扩展的产物。随着资本主义的发展，资本家已经不满足于只在城市建工厂，为了增加利润，他们把工厂建到了农村，吸引周边的农民来工厂工作，改变了之前村庄的闭塞状态，促进了村与村之间以及城市与乡村之间的交流，也把城市先进的文明带到了农村。正如列宁所言，"不仅在俄国，而且在一切国家，资本主义的发展都引起了未被正式列为城市的新工业中心的形成"②；"这种村庄和城市一样，把人口从乡村吸引过来"③。其次，资本主义的发展为农业提供了先进技术，有利于提高农业生产效率。资本主义的发展会对农业发展产生双重影响：一方面，资本主义的发展使得大量农村人口流入城市，造成土地无人耕种的消极影响；另一方面，资本主义机器大工业能够制造现代农业生产所需要的先进机械装备，从而提高农业生产率。最后，资本主义的发展推动了交通运输业的发展，促进了城乡交流。随着资本主义机器大工业的发展，铁路、公路等公共交通迅速发展起来，促进了工农业产品的交换，也促进了城乡交流。

（三）城乡协调发展的重要载体——工农联盟

为了取得革命胜利并巩固苏维埃政权，列宁主张将无产阶级同农民团结起来，建立城乡工农政治军事联盟。"俄国无产阶级作为统治阶级的当前主要任务，就是要正确地规定并实行一些必要的办法，以便领导农民，同农民结成巩固的联盟"④。虽然工农政治军事联盟在革命战争年代发挥了重要作用，但随着俄国从革命战争时期转向经济建设时期，光靠工农政治

---

① 列宁. 列宁全集：第4卷［M］. 中共中央马克思恩格斯列宁斯大林著作编译局，译. 北京：人民出版社，2013：127.

② 列宁. 列宁选集：第1卷［M］. 中共中央马克思恩格斯列宁斯大林著作编译局，译. 北京：人民出版社，2012：207.

③ 同②：207.

④ 列宁. 列宁全集：第42卷［M］. 中共中央马克思恩格斯列宁斯大林著作编译局，译. 北京：人民出版社，2017：4.

军事联盟已经难以适应新的要求，且经济联盟是政治军事联盟的基础。因此，列宁此时又主张建立城乡工农经济联盟，加强城乡之间的交流与合作，促进工农业产品的流通。列宁指出，"没有经济联盟，军事联盟就无法维持。我们不是靠空气过活的；没有经济基础，我们和农民的联盟就绝对不能长期维持"①。

（四）消灭城乡分离的途径

列宁从生产力和生产关系的角度提出了消灭城乡分离的根本途径，即消灭资本主义制度和大力发展生产力。第一，消灭资本主义制度是消灭城乡对立的制度条件。列宁用辩证唯物主义的方法来分析资本主义社会的城乡发展。列宁认为，一方面，与之前相比，资本主义时期的城市更加繁荣，城乡交流更为频繁；另一方面，资本主义社会也存在局限性，即资本主义时代，城乡对立无法消除。肯定资本主义时期城乡发展的历史进步性与承认资本主义时期城乡对立无法消除这一局限性并不矛盾。列宁认为，资本主义改变了农业生产方式，提高了农业生产技术，这是资本主义所产生的客观影响，但并不是资本家的本意。资本家在农村进行农业生产，是为了获得廉价的土地和劳动力，是建立在剥削农民的基础之上的。不论资本主义发展到哪一步，都无法改变这一事实。因为只要资本主义仍然建立在私有制基础上，城市对农村进行剥削的制度基础就依然存在。只有改变资本主义制度本身，消灭资产阶级对无产阶级、城市对农村剥削的制度基础，才能实现城乡融合发展。第二，大力发展生产力是消灭城乡对立的物质条件。消灭资本主义制度只是消除了城乡对立的制度基础，要实现城乡融合，还需要一定的经济基础。为此，国家就需要大力发展生产力。发展生产力与消灭资本主义制度分别从生产力和生产关系两个层面为实现城乡融合奠定基础。这一点上，列宁也继承了马克思、恩格斯的观点。在列宁所处的时代，电气是先进生产力的代表，"电气化将把城乡连接起来"②。这里，列宁所说的电气化其实就是指科学技术。

列宁不仅从生产力和生产关系两个方面分析了消灭城乡对立的根本途径，而且提出了消灭城乡对立的具体路径。第一，发展交通运输。列宁认

<hr />

① 列宁. 列宁全集：第42卷［M］. 中共中央马克思恩格斯列宁斯大林著作编译局，译. 北京：人民出版社，2017：51.

② 列宁. 列宁全集：第30卷［M］. 中共中央马克思恩格斯列宁斯大林著作编译局，译. 北京：人民出版社，1957：303.

为，公共交通是促进工农、城乡交流的物质基础，要实现城乡融合发展，必须有发达的交通做保障。第二，促进农村人口向城市转移。列宁认为，既然城市在城乡关系中始终处于主导地位，那么只有把农村人口转移到城市，让农业人口与非农业人口混合起来，才能消除城乡对立。第三，利用商品和货币关系促进城乡发展。按照传统的社会主义观点，社会主义社会是不存在商品、货币和市场的。十月革命后，列宁按照传统马克思主义的观点实行了战时共产主义政策，但战时共产主义政策实行后产生了很多弊端。为此，列宁开始转向实行新经济政策，主张利用商品和商品关系，促进工农业产品的流通，从而促进城乡发展。

三、斯大林的城乡结合发展思想

斯大林继承了列宁的城乡协调发展思想，并结合苏联的社会主义实践，对列宁城乡协调发展思想进行了丰富和完善，形成了斯大林的城乡结合发展思想。斯大林城乡结合发展思想的内容主要包括以下四个方面：

（一）关于消灭城乡对立的思想

斯大林认为，消灭城乡对立，应该从以下三个方面着手：第一，大力发展生产力。城乡对立是生产力发展到一定阶段的产物，同时，又是生产力还没有达到高度发达条件下的表现。随着生产力水平的进一步提高，城乡对立会向城乡融合方向转变。因此，为了消灭城乡对立，国家就必须把提高生产力发展水平作为根本方向。这一点，斯大林继承了马克思、恩格斯、列宁的观点。同时，在列宁和斯大林所处的时代，电气化是科技发展水平的突出表现。因此，列宁和斯大林都强调实行电气化，即"必须实行电气化计划，因为这是农村接近城市和消灭城乡对立的手段"①。第二，消灭资本主义制度，建立社会主义制度。斯大林认为，资本主义社会实行生产资料私有制，这就为资本家剥削穷人、城市剥削乡村提供了制度条件。只有消灭资本主义制度，建立社会主义制度，才能消灭城乡对立。而随着社会主义制度的建立，城乡对立也会消失。斯大林指出，"随着资本主义和剥削制度的消灭，随着社会主义制度的巩固，城市和乡村之间、工业和农

---

① 斯大林. 斯大林选集：上卷［M］. 中共中央马克思恩格斯列宁斯大林著作编译局，译. 北京：人民出版社，1979：355.

业之间利益上的对立也必定消失"①。第三，制定正确的工农业产品价格政策。斯大林认为，要实现城乡协调发展，就必须制定正确的工业品和农产品的价格政策，尽可能地消灭工农业产品价格"剪刀差"，这样才能保证工业与农业、城市与乡村的协调发展。

值得注意的是，斯大林认为，城乡融合是城市和乡村拥有同等的生活条件，而不是消灭城乡差别。城乡融合不是城乡一样，不是不允许城乡之间存在任何差别，因为城乡之间的本质差别虽然可以消灭，但是城乡之间的非本质差别是永远存在的。"由于工业和农业中的工作条件有差别，工业和农业之间的某种差别无疑是会存在的，虽然是非本质的"②。城乡融合也不是要消灭城市，因为城市作为经济文化中心，任何时候都发挥着重要作用。"不仅大城市不会毁灭，并且还要出现新的大城市"③。可见，斯大林认为，城乡融合并不是要消灭城市，而是要达到这样一种状态，即城市与乡村拥有同样水平的生活条件。

（二）关于工业化建设的思想

斯大林在《关于苏联经济状况和党的政策》中详细阐述了他关于工业化建设的思想，其主要内容有四点：①发展重工业是为了维护国家安全和独立。作为一个新生的社会主义国家，苏联成立之初就面临着来自资本主义世界的各种威胁和挑战。为了巩固新生的苏维埃政权，斯大林强调要重视工业尤其是重工业的发展。工业化的任务是"要在这种发展中保证受资本主义国家包围的我国在经济上的独立，使我国不致变成世界资本主义的附属品"④。斯大林还以印度为例，指出印度的工业隶属于英国的工业，导致印度受制于英国，受制于帝国主义。②工业化的基础和中心是发展重工业。工业是国民经济中最重要的物质生产部门之一，是国民经济的主导产业。工业包括的部门非常广泛，有钢铁工业、化工工业、纺织工业、煤炭工业等。"不是发展任何一种工业都是工业化。工业化的中心，工业化的

---

① 斯大林. 斯大林选集：下卷 [M]. 中共中央马克思恩格斯列宁斯大林著作编译局，译. 北京：人民出版社，1979：557.

② 同①：560.

③ 同①：558.

④ 斯大林. 斯大林选集：上卷 [M]. 中共中央马克思恩格斯列宁斯大林著作编译局，译. 北京：人民出版社，1979：462.

基础，就是发展重工业"①。之所以要优先发展重工业，是由苏联当时所处的国内国际环境所决定的。为巩固新生政权，苏联在1928—1932年实行了第一个五年计划，第一个五年计划完成后，苏联初步建立起较为完善的国民经济体系。从此，苏联也开始由农业国向工业国转变。③发展工业需要优先发展农业。斯大林继承了列宁关于发展工业就需要优先发展农业的思想。他认为，"要发展工业，至少要有三个前提：第一，要有国内市场，而目前我们的国内市场主要是农民市场；第二，要在农业中有较为发达的原料生产；第三，要使农村能分出必要数量的农产品来供给工业，供给工人"②。可见，斯大林并没有将工业发展与农业发展对立起来，而是把发展农业作为发展工业的必要前提，强调两者相互依存、相互促进。④农业为工业提供积累。工业发展需要资金，斯大林列举了世界各国获得工业资本积累的四种途径：第一种是英国靠掠夺殖民地获得资本；第二种是德国靠发动对法战争获得战争赔款；第三种是旧俄国在受奴役的条件下出让经营权获得借款；第四种是靠本国节约来为工业发展提供资金。斯大林认为，前两种办法与苏维埃政权的性质不符，第三种办法会使俄国走上半殖民地道路，因此只能选择第四种办法③。本国节约的办法有很多种，其中一个重要方法就是通过工农业产品价格"剪刀差"来为工业提供积累资金。所谓"剪刀差"，斯大林指出，就是"农民在购买工业品时多付一些钱，而在出卖农产品时少得一些钱"，也叫作"为迅速发展我国工业而使资金从农业'流入'工业"④。斯大林认为，实行"剪刀差"政策不仅是工业发展的需要，也是提高农业生产率的需要，因为提高农业生产效率、发展现代农业需要工业为其提供先进的生产设备。

（三）关于农业集体化的思想

第一，农业集体化是促进工业发展的必然要求。工业发展需要农业为其提供市场。为了给工业提供市场，国家就需要发展集体农业。因为在小农经济条件下，农业生产规模较小，农民不需要广泛使用农业机械。为此，斯大林主张走农业集体化道路。第二，农业集体化是苏联农业发展的

---

① 斯大林. 斯大林选集：上卷［M］. 中共中央马克思恩格斯列宁斯大林著作编译局，译. 北京：人民出版社，1979：462.

② 同①：460.

③ 同①：464.

④ 同③.

必然方向。科技化水平和机械化水平是反映农业现代化水平的重要指标。为了促进农业现代化，国家必须提高农业机械化水平和科技化水平。但是在小农经济的基础上，农业机械难以得到有效推广。为此，国家必须促进小农经济向大经济转变。那么，如何改造小农经济呢？斯大林认为，主要有两种方法：一种是资本主义道路；另一种是社会主义道路，即集体化道路。走资本主义农业发展道路，不仅会使大量农民失去土地，成为雇农，而且会造成农村社会两极分化，威胁苏联社会稳定。而农业集体化是通过实行生产资料公有制，将农民联合起来的方式来扩大农业经营规模、提高农业生产效率。也就是说，资本主义农业发展道路是通过让农民破产的方式来实现农业规模经营，是通过损害农民利益来提高农业生产效率。而社会主义农业发展道路则可以实现共同富裕与规模经营的双赢。第三，农业集体化有利于消灭城乡对立。斯大林认为，在小农经济条件下，农业生产效率低，农民收入低。实行农业集体化之后，大量农业机械可以应用于农业生产，这样既提高了农业生产效率，也增加了农民收入。

（四）关于工农结合的问题

斯大林认为，工农结合问题是关系苏联生存的根本性问题。工农结合的经济基础是工农经济联系。一方面，工业发展离不开农业，需要农业为其提供原料和产品市场；另一方面，农业发展也离不开工业，需要工业为其提供生产设备。没有工业为农业提供先进的机器设备，农业发展就会停留在低水平线上。工业与农业、城市与农村的这种天然联系决定了苏联在制定政策时，不能就工业谈工业、就农业谈农业，而必须把两者结合起来，统筹安排，实现工业与农业、城市与农村的共同发展。斯大林指出，"不能把工业跟农业分割开来，这两个基本经济部门的发展，必须循着使它们在社会主义经济中互相配合互相结合的路线进行"①。可见，斯大林特别强调工农政策的一体性。

第二节　中国化马克思主义的城乡关系理论

新中国成立以来，以毛泽东同志、邓小平同志、江泽民同志、胡锦涛

---

① 斯大林. 斯大林全集：第8卷［M］. 中共中央马克思恩格斯列宁斯大林著作编译局，译. 北京：人民出版社，1954：254-255.

同志、习近平同志为主要代表的中国共产党人，从我国特殊国情出发，立足社会主义初级阶段这一基本国情，针对不同时期城乡发展的特征，对我国城乡发展做出了符合时代要求的理论创新和实践探索，形成了中国化马克思主义的城乡关系理论。这些理论成果对当前推进城乡融合发展有着重要的指导意义。

一、毛泽东的城乡兼顾思想

革命与建设时期，以毛泽东同志为主要代表的中国共产党人立足我国特殊国情，科学把握工农关系、城乡关系，对我国城乡发展进行了开创性探索，形成了毛泽东的城乡兼顾思想，丰富和发展了马克思主义城乡发展理论。毛泽东的城乡兼顾思想对当前我国实施乡村振兴战略、推进城乡融合发展有着重要的指导意义。具体来说，毛泽东的城乡兼顾思想的内容主要包括以下四个方面：

（一）以城市为中心，城乡兼顾

革命时期，毛泽东将重心放在了农村，这并不意味着其不重视城市的发展。他明确指出，"革命的最后目的，是夺取作为敌人主要根据地的城市"[①]。党的七届二中全会后，其工作重点由乡村转移到了城市。不过，以城市为中心也不意味着毛泽东忽视农村，毛泽东强调，"城乡必须兼顾，必须使城市工作和乡村工作，使工人和农民，使工业和农业，紧密地联系起来"[②]。可见，毛泽东深刻认识到城市与农村是相互联系、相互促进、相互依存的两个主体，任何一方的存在都是以另一方的存在为前提的。城市的发展受到农村发展的制约，如果没有农业为城市居民提供农产品，为工业提供原料，城市和工业也很难顺利发展；同样，如果我国缺乏发达的城市经济与工业体系，只有农村、农业，那么我国要实现繁荣富强也不可能。因此，毛泽东采取了城乡兼顾的发展战略。

（二）优先发展重工业，工农并举

实现民族独立和国家富强是无数中国人的梦想，也是毛泽东的梦想。抗日战争和解放战争的胜利，使中国实现了民族独立，中国人民从此站起来了，但国家富强的梦想还未实现。新中国成立初期，我国面临着严峻的国内国际环境。从国内来看，整个国家呈现一穷二白、百废待兴的面貌。

---

① 毛泽东. 毛泽东选集：第 2 卷 [M]. 北京：人民出版社，1991：636.

② 毛泽东. 毛泽东选集：第 4 卷 [M]. 北京：人民出版社，1991：1427.

从国际环境来看，一方面，局部战争仍然存在，世界还不太平；另一方面，以美国为首的西方国家对我国经济上进行封锁、政治上进行孤立。为了巩固新生政权，尽快改变积贫积弱的国家面貌，真正实现国家独立富强，我国就必须尽快建立起完善的国家工业体系。在借鉴苏联发展经验的基础上，我国走上了优先发展重工业的道路。

1953 年，我国制订了第一个五年计划，并提出了过渡时期总路线，开始了大规模的工业化建设。但我国农业人口众多、工业基础极其薄弱，无法为自身提供积累，为此，国家采取了农业支持工业的办法，通过工农业产品价格"剪刀差"将农业剩余转移到工业。不过，"一五"时期虽然优先发展重工业，但是同时也注重工农并举。毛泽东在《关于正确处理人民内部矛盾的问题》中提出工农业并举发展，即"发展工业必须和发展农业同时并举，工业才有原料和市场，才有可能为建立强大的重工业积累较多的资金……这样，看起来工业化的速度似乎慢一些，但是实际上不会慢，或者反而可能快一些"①。因此，"一五"时期，工农业发展大体协调。

（三）正确处理"农、轻、重"的关系，提出"农业就是工业"的命题

苏联在工业化建设过程中忽视了农业和轻工业的发展，造成"农、轻、重"比例失调，最终也影响了重工业的可持续发展。毛泽东汲取了苏联模式的经验，1956 年他在《论十大关系》中指出，"重工业是我国建设的重点……但是决不可以因此忽视生活资料尤其是粮食的生产"②。毛泽东还进一步强调，"我们现在发展重工业可以有两种办法，一种是少发展一些农业、轻工业，一种是多发展一些农业、轻工业。从长远观点来看……后一种办法会使重工业发展得多些和快些"③。在这里，毛泽东深刻分析了工业与农业之间的辩证关系，指出了农业发展关系到工业的长远利益，如果忽略工农业发展的客观规律，过度剥夺农业和农民，最终一定会影响工业的长远发展。1957 年 1 月，毛泽东在省市自治区党委书记会议上的讲话中提出了"农业就是工业"的独特命题，并督促全党一定要重视农业。

（四）走农业合作社道路

马克思和恩格斯将发展合作社看作向社会主义乃至向共产主义过渡的中间环节，主张利用合作社引导农民走社会主义道路。毛泽东继承了马克思

---

① 毛泽东. 毛泽东文集：第 7 卷 [M]. 北京：人民出版社，1999：241.

② 同①：24.

③ 同①：25.

恩格斯城乡融合发展思想，认为分散的个体农业经济是落后的，只有把分散的农民组织起来，走农业合作化道路，才能解放农业生产力。早在 1927 年，毛泽东在《湖南农民运动考察报告》中就强调，"农民为了经济自卫，必须组织合作社，实行共同买货和消费"①。1951 年，在《中共中央关于农业生产互助合作的决议》中，毛泽东提倡广大农民"组织起来"，并指出互助组发展的前途就是农业集体化。两年后，毛泽东在中共中央政治局会议上再一次明确了要进行农业社会主义改造、实现农业合作化的决心。

此外，毛泽东还结合我国实际对马克思恩格斯城乡融合发展思想进行了继承与发展。毛泽东的农业合作化思想具有典型的中国特色，如农业合作化遵循自愿互利、典型示范的原则；循序渐进地采用互助组、初级社、高级社的递进步骤；采用符合中国特点的限制富农的独特方式，使得合作化运动中农村秩序井然，没有发生大规模的动乱。

农业合作化发展到后期，尤其是 1955 年下半年，由于对我国经济文化的落后状况以及由此决定的向社会主义过渡的艰巨性和长期性缺乏足够认识，全国的农业合作化发展出现了过快过急的倾向，我国农业合作化也不可避免地出现了缺点和偏差。但总体来看，毛泽东的农业合作化思想为我国农业现代化道路的探索积累了宝贵的经验和教训。

二、邓小平的城乡互动思想

党的十一届三中全会之后，以邓小平同志为主要代表的中国共产党人在继承马克思、恩格斯、列宁等马克思主义经典作家城乡发展理论的基础上，总结了以毛泽东同志为主要代表的中国共产党人在处理城乡关系上的经验教训，确立了改革开放的基本国策，加大城市改革力度和农村改革力度，形成了城乡互动思想。邓小平的城乡互动思想主要包括以下五个方面：

（一）农业是根本，农村是基础

邓小平一直强调农业农村在我国经济社会发展中的基础性地位，主要表现在三个方面：首先，邓小平多次强调，农业是根本，任何时候都不能忽视农业生产。"农业是根本，不要忘掉。"②"农业搞不好，工业就没有希

---

① 毛泽东. 毛泽东选集：第 1 卷 [M]. 北京：人民出版社，1991：38.
② 邓小平. 邓小平文选：第 3 卷 [M]. 北京：人民出版社，1993：22-23.

望。"① 既然农业是根本，那么如何促进农业发展呢？邓小平认为，应该从两方面着手，一方面是制定科学合理的政策，调动农民进行农业生产的积极性；另一方面要靠科学，要"适应科学种田和生产社会化的需要"②，发展适度规模经营，提高农业现代化水平。其次，农村稳定是社会稳定的基础。1984 年，邓小平强调，"中国有百分之八十的人口住在农村，中国稳定不稳定首先要看这百分之八十稳定不稳定"③。最后，农民富裕是共同富裕的前提。对我国而言，农民占全国人口的绝大多数，只有农民富裕起来，才谈得上共同富裕。因此，邓小平强调，"农民没有摆脱贫困，就是我国没有摆脱贫困"④。

（二）工农业相互支援

邓小平认为，工业与农业、城市与农村是相互联系、相互支持、相互促进的。工业与农业要相互支援，这不仅可以有效缩小城乡差距，还可以巩固工农联盟。邓小平认为，工业支援农业是工业的重大任务。早在 1962 年，邓小平在《怎样恢复农业生产》中就指出，"农业要恢复……一个方面是把农民的积极性调动起来……另一个方面是工业支援农业"⑤。1975 年，邓小平在《关于发展工业的几点意见》中又提道："工业支援农业，促进农业现代化，是工业的重大任务。"⑥ 同时，农业也要反过来支援工业。"农副产品的增加，农村市场的扩大，农村剩余劳动力的转移，会强有力地推动工业的发展"⑦。邓小平关于工业与农业相互支援的思想揭示了工业与农业、城市与农村相互促进、协调发展的关系，是对毛泽东工农业并举思想的继承、丰富和发展。

（三）农业发展"两个飞跃"的思想

1990 年 3 月 3 日，邓小平在与中央领导人谈话时指出，"中国社会主义农业的改革和发展，从长远的观点看，要有两个飞跃。第一个飞跃，是废除人民公社，实行家庭联产承包为主的责任制……第二个飞跃，是适应科

---

① 邓小平. 邓小平文选：第 1 卷 [M]. 北京：人民出版社，1994：322.
② 邓小平. 邓小平文选：第 3 卷 [M]. 北京：人民出版社，1993：355.
③ 同②：65.
④ 同②：237.
⑤ 同①：322.
⑥ 邓小平. 邓小平文选：第 2 卷 [M]. 北京：人民出版社，1994：28.
⑦ 同②：78.

学种田和生产社会化的需要，发展适度规模经营"①。农业发展"两个飞跃"思想是邓小平在尊重农业发展客观规律的基础上，从我国特殊国情出发，借鉴发达国家农业现代化发展的成功经验，既考虑当下农业发展的客观现实，又着眼于未来农业发展的方向而提出的中国特色农业现代化道路的战略构想，是对马克思恩格斯城乡融合发展思想和毛泽东农业合作化道路的继承、创新和发展，至今仍然指导着我国农业现代化发展。就其内容而言，"第一个飞跃"与"第二个飞跃"之间是紧密联系的。首先，"第一个飞跃"是"第二个飞跃"的基础和前提。没有"第一个飞跃"，就无法解放农业生产力，提高粮食产量，解决全国人民的温饱问题，进而也就无法实现之后的适度规模经营。其次，"第二个飞跃"是"第一个飞跃"的前进方向。随着农业科技化、机械化、信息化水平的提高，传统农业发展方式和经营方式已经无法适应现实需要，必须发展适度规模经营，提高农业生产效率和竞争力。可见，"两个飞跃"思想既对当下农业发展现状有着清醒认识，又对未来农业发展方向提出了科学判断。

（四）发展乡镇企业

乡镇企业的兴起，是我国农民的伟大创造，在发展农业现代化、促进农民就业和增收、缩小城乡差距、带动小城镇发展等方面都发挥着重要作用。邓小平对乡镇企业的发展持充分肯定态度，即"在农村改革中，我们完全没有意料到的最大的收获，就是乡镇企业发展起来了，突然冒出搞多种行业，搞商品经济，搞各种小型企业，异军突起"②。

首先，邓小平认为，乡镇企业的发展有利于解决农村剩余劳动力的就业转移问题。随着家庭联产承包责任制的实行，大量农村劳动力得到释放，在我国人多地少的基本国情下，如何解决剩余劳动力的就业问题，是摆在党和国家面前的一个重大问题。智慧的农民开辟了一条在农村办企业的路子，有效解决了农村剩余劳动力的就业转移问题。邓小平充分肯定了人民群众的这一伟大创造，他指出，"乡镇企业的发展……解决了占农村剩余劳动力百分之五十的人的出路问题"③。同时，"就业问题是解决了，城镇基本上没有待业劳动者了；人不再外流，农村的人总想往大城市跑的

---

① 邓小平. 邓小平文选：第3卷［M］. 北京：人民出版社，1993：355.

② 同①：238.

③ 同①：238.

情况已经改变"①。其次，乡镇企业的发展有利于提高农业现代化水平。乡镇企业的发展，有利于改善农业基础设施，提高农业物质装配水平，促进农产品加工与流通，促进农业产业化经营，从而可以提高农业现代化水平。"乡镇企业反过来对农业又有很大帮助，促进了农业的发展"②。最后，乡镇企业促进了小城镇的发展。1987年，邓小平在《改革的步子要快》中又指出，"农民不往城市跑，而是建设大批小型新型乡镇"③。可见，小城镇作为乡镇企业的重要载体，也会随着乡镇企业的发展而不断壮大。

（五）通过改革促进城乡发展

改革开放前，为支持工业化发展，我国制定了城乡二元户籍制度、人民公社制度和统购统销制度，无形中在城乡之间设置了制度壁垒，对城乡互动交流造成了阻碍。改革开放后，以邓小平同志为主要代表的中国共产党人大力推进城乡改革，主张通过改革，消除城乡互动的制度障碍，促进城乡协调发展。改革的主要内容有四个：一是改革农村经济体制，实行家庭联产承包责任制。这就赋予了农民更充分的生产自主权，大大激发了农民的生产积极性，促进了农业发展。二是改革农村政治体制，废除人民公社，建立乡政府，同时由农民民主选举产生村委会，这就把农民从严格限制其生产生活自由的人民公社中解放出来，农民获得了更多的民主权利。三是改革城乡二元户籍制度，逐渐允许劳动力自由流动。大量农民流入城市，既促进了城市发展，也为发展现代农业创造了条件，同时还实现了农民增收。四是放权让利，扩大企业自主权。这就增强了企业的市场意识，使企业发展更具生机和活力，改善了企业的经营状况。可见，邓小平反复强调改革的作用，认为"改革也是解放生产力"④，将改革作为促进城乡协调发展的根本动力。

三、江泽民的城乡统筹发展思想

20世纪80年代末至90年代初，国内国际环境发生了一系列重大变化。从国际形势来看，东欧剧变、苏联解体，社会主义运动遭遇前所未遇的挫折；从国内局势来看，我国正处于从计划经济体制向社会主义市场经

---

① 邓小平. 邓小平文选：第3卷［M］. 北京：人民出版社，1993：25.
② 同①：252.
③ 同①：238.
④ 同①：370.

济体制转变的关键时期，工业化城镇化快速推进，农业农村发展则相对缓慢，城乡发展差距不断拉大。面对这些现实问题，如何在新的历史条件下继续推动城乡发展成为我国面临的重大课题。以江泽民同志为主要代表的中国共产党人从我国改革开放和社会主义现代化建设的全局出发，在继承毛泽东、邓小平城乡发展思想的基础上，提出了城乡统筹发展思想。江泽民的城乡统筹发展思想主要包括以下三个方面：

（一）始终高度重视"三农"问题

进入 21 世纪以来，随着市场经济体制改革的不断深入，我国"三农"问题日益凸显，江泽民对此予以高度重视。江泽民强调，要把"三农"问题置于整个国家发展战略的位置来考量，并指出"农业、农村和农民问题始终是关系我们党和国家全局的根本问题"①。

具体而言，首先，江泽民把农业与整个经济社会发展全局联系起来，认为农业发展关系到整个国民经济的发展。1995 年 3 月，江泽民在江西考察时指出，"工业和其他事业的发展在很大程度上都要取决农业的发展水平和提供的条件……农业必须始终放在整个经济工作的首位"②。其次，江泽民始终关注农村问题，认为农村稳定直接关系到国家稳定，即"没有农村的全面进步，就不可能有我国整个社会的全面进步"③。他在 1990 年的农村工作会议上指出，"我国十一亿人口，八亿多在农村。农村稳定了，农民安居乐业了，也就从根本上保证了我们国家和社会全局的稳定"④。再次，江泽民始终关心农民问题，认为"没有农民的小康，就不可能有全国人民的小康"⑤。针对 21 世纪以来城乡发展差距大、农民增收难、农民负担重等问题，江泽民强调，"在加快改革开放和经济发展的形势下……对农民的切身利益和生产积极性，不能损害、挫伤，一定要采取坚决措施，切实加以保护"⑥。为了保障农民利益，增加农民收入，江泽民积极推进农村税费改革，减轻农民负担；转变扶贫发展方式，由救济式扶贫转向开发式扶

---

① 中共中央文献研究室. 十五大以来重要文献选编：下 [M]. 北京：人民出版社，2003：2431.

② 江泽民. 论社会主义市场经济 [M]. 北京：中央文献出版社，2006：209.

③ 江泽民. 江泽民文选：第 1 卷 [M]. 北京：人民出版社，2006：259.

④ 中共中央文献研究室. 十三大以来重要文献选编：中册 [M]. 北京：人民出版社，1991：1158.

⑤ 江泽民. 江泽民文选：第 1 卷 [M]. 北京：人民出版社，2006：259.

⑥ 江泽民. 论社会主义市场经济 [M]. 北京：中央文献出版社，2006：50-51.

贫，增强农民的自我发展能力，引导农民脱贫致富。总之，江泽民站在改革开放和现代化事业大局的高度来考虑"三农"问题，形成了具有中国特色的"三农"发展理论，这些理论对当下实施乡村振兴战略依然具有很强的指导意义。

（二）大力发展小城镇

改革开放以来，随着农村改革不断深入，农业生产力水平不断提高，农村富余劳动力问题也开始显现出来。为了解决这个问题，中国农民在实践中自发创办了乡镇企业，通过就地就近办企业办工厂来吸纳农村剩余劳动力。实践证明，乡镇企业是中国农民的伟大创造，是增加农民收入、促进农村工业化、缩小城乡差距的行之有效的举措。邓小平对乡镇企业给予了大力支持和高度肯定，而乡镇企业的发展离不开小城镇这一载体。江泽民充分认识到发展小城镇的重要性，并将发展乡镇企业与发展小城镇结合起来，强调要充分发挥小城镇在转移农业剩余劳动力、促进农业现代化发展中的作用，把发展小城镇作为"带动农村经济和社会发展的一个大战略"①。

但是小城镇在快速发展的过程中也出现了一些值得注意的问题。例如，一些地方不顾客观条件和经济社会发展规律，盲目扩张城镇规模，搞低水平重复建设；小城镇建设缺乏长远规划；小城镇基础设施不配套，影响城镇整体功能的发挥；等等。为了引导小城镇健康有序发展，江泽民强调，"发展乡镇企业应注意同建设小集镇结合起来，要适当集中，上水平，上台阶"②。江泽民的小城镇发展思想是中国特色城镇化理论的重要组成部分，不仅为新时期增进城乡互动、促进城乡协调发展提供了思想指引，也对当下我国继续推进新型城镇化建设和城乡融合发展有重要的指导意义。

（三）统筹城乡经济社会发展

20世纪末和21世纪初，随着我国改革开放的不断发展和市场经济体制改革的深入推进，我国城乡发展差距不断拉大，"三农"问题日益凸显，并且成为全面建成小康社会的短板。为全面建成小康社会，系统解决"三农"领域的各种难题，江泽民站在整个国民经济发展和现代化建设全局的高度，突破了以往就"三农"论"三农"的思维局限，提出了"统筹城

---

① 中共中央文献研究室. 十五大以来重要文献选编：上 [M]. 北京：人民出版社，2000：569.

② 中共中央文献研究室. 江泽民论有中国特色社会主义：专题摘编 [M]. 北京：中央文献出版社，2002：134-135.

乡经济社会发展"的新战略,为解决"三农"问题提供了新思路。

具体而言,江泽民将农业与工业、农村与城市作为一个整体,用城乡互动、城乡统筹的思路来解决"三农"难题。一方面,江泽民强调通过走中国特色城镇化道路来解决"三农"问题。例如,将农村剩余劳动力的转移与推进小城镇建设这个大的战略结合起来,将农民就业结构调整和城市产业结构调整结合起来,在城乡互动发展中解决"三农"问题。另一方面,农村富余劳动力向非农产业和城镇转移本身就是工业化发展和城镇化发展的必然趋势。也就是说,"三农"问题的有效解决在客观上也推动了我国城镇化进程。例如,转移农村剩余劳动力提高了我国城镇化水平;增加农民收入扩大了市场需求,促进了工业发展。可见,江泽民在继承马克思主义城乡发展思想的基础上,结合我国实际,走出了一条适合中国国情的城乡发展道路,形成了统筹城乡经济社会发展思想,也丰富了马克思主义城乡关系理论。

四、胡锦涛的城乡一体化发展思想

党的十六大以来,以胡锦涛同志为主要代表的中国共产党人站在全面建成小康社会、加快推进中国特色社会主义伟大事业的历史高度,着眼于我国工业化城镇化发展成就突出与农业农村发展落后同时并存的现实国情,总结我国和世界其他国家处理工农关系、城乡关系的经验教训,在继承马克思主义经典作家以及毛泽东、邓小平、江泽民城乡发展理论的基础上,提出了一系列推进城乡一体化发展的新理念和新思路,形成了具有完整体系的城乡一体化发展思想,推动了我国城乡发展的理论创新和实践创新。

总的来说,胡锦涛城乡一体化发展思想以制度创新为动力,以"以工促农、以城带乡"为基本手段,以工业反哺农业、城市支持农村和"多予、少取、放活"为基本方针,以建设社会主义新农村为主要任务,以缩小城乡差距,实现城乡发展规划、产业布局、基础设施、公共服务、居民权益等一体化为主要目标,把城市与农村、工业与农业作为一个整体,站在国民经济发展全局的角度来研究和解决"三农"问题。其内容主要包括以下四个方面:

(一)解决好"三农"问题是全党工作的重中之重

胡锦涛非常重视"三农"问题,强调要把解决好"三农"问题作为全党工作的重中之重,并指出这是现代化进程中必须长期坚持的一个重大方针。2003年1月8日，胡锦涛在中央农村工作会议讲话中指出，"必须更多地关注农村、关心农民、支持农业，把解决好农业、农村、农民问题作为全党工作的重中之重"①。2005年中央一号文件再次重申要坚持把解决好"三农"问题作为全党工作的重中之重。胡锦涛还强调，"三农"工作不仅是全党工作的重中之重，还是各级政府工作的重中之重。把"三农"问题作为重中之重，不是只停留在口头和文件中的一句空话，而是在具体实践中有着实实在在的要求。为贯彻落实这一要求，以胡锦涛同志为主要代表的中国共产党人坚持"多予、少取、放活"的基本方针，制定了一系列"强农""惠农""支农"政策，推进社会主义新农村建设，促进了农业农村全面发展。

（二）提出"两个趋向"的重要论断

2004年，胡锦涛在党的十六届四中全会第三次全体会议的讲话——《做好当前党和国家的各项工作》中提出了著名的"两个趋向"的重要论断，揭示了工业化发展的一般规律以及世界各国在工业化发展过程中处理工农关系、城乡关系的普遍做法。同时，这一论断也符合我国现实国情。新中国成立后，为巩固新生政权，维护国家安全，我国实行重工业优先发展战略。为了支持重工业发展，我国还制定了统购统销制度、户籍制度和人民公社制度，这三项制度为尽快建立起国家工业体系提供了制度保障，但同时也影响了农业农村的正常发展，从而导致农业农村发展落后。进入21世纪以来，国家工业化和城镇化都已达到较高水平，而农业农村发展则相对滞后；同时，工业和城市也具备了反哺农业农村的能力和条件。为此，在2004年年底召开的中央经济工作会议上，胡锦涛进一步指出，"我国总体上已到了以工促农、以城带乡的发展阶段。我们应当顺应这一趋势，更加自觉地调整国民收入分配格局，更加积极地支持'三农'发展"②。在这一判断的指引下，我国加大了对农业农村的支持力度，取消了农业税，在农村建立起了新型农村合作医疗制度、新型农村社会保障制度，实行义务教育"两免一补"的政策，提高了农村基本公共服务水平。总之，胡锦涛关于"两个趋向"的重要论断是对世界各国工业化发展一般规律的总结，符合我国城乡发展现实，为制定城乡发展政策提供了理论支撑。

---

① 中共中央文献研究室. 十六大以来重要文献选编：上［M］. 北京：中央文献出版社，2005：12.

② 中共中央文献研究室. 科学发展观重要论述摘编［M］. 北京：中央文献出版社，2008：46.

（三）实行"多予、少取、放活"的方针

2002 年 1 月召开的中央农村工作会议上，胡锦涛提出，新阶段增加农民收入总的指导思想是"多予、少取、放活"。2007 年，中央一号文件提出要实行工业反哺农业、城市支持农村和"多予、少取、放活"的方针。其中，"多予"就是加大对农业农村的投入力度；"少取"就是减轻农民负担；"放活"就是搞活农村经营机制，给予农民更多的自主权。在"多予、少取、放活"基本方针的指引下，国家推进农业农村领域的各项改革，加大对农业农村的投入力度，如实行"两减免、三补贴"的政策、推进农村税费改革、搞活和完善农村经营体制、改革征地制度、建立健全城乡一体化体制机制等，这些改革措施大大改善了农民生活以及城乡关系。

（四）建设社会主义新农村

2005 年 10 月，胡锦涛在党的十六届五中全会上提出建设社会主义新农村的任务，并指出社会主义新农村建设的总要求是"生产发展、生活宽裕、乡风文明、村容整洁、管理民主"。这个总要求是一个有机整体，既包括发展农村生产力，又包括完善农村生产关系，是社会主义现代化建设"四位一体"① 总体布局在"三农"领域的具体体现。随后在 2006 年的中央一号文件中，胡锦涛进一步对社会主义新农村建设的基本原则、主要任务等问题做了具体部署，为各地推进社会主义新农村建设指明了方向。胡锦涛关于社会主义新农村建设的重要论述，是对改革开放以来我国城乡发展思想的继承和发展，为 21 世纪做好"三农"工作和推动城乡统筹发展提供了科学指引。

五、习近平总书记关于城乡融合发展的重要论述

党的十九大报告明确指出中国特色社会主义进入新时代，我国社会主要矛盾已经转化为人民日益增长的美好生活需要和不平衡不充分的发展之间的矛盾，而我国发展不平衡不充分的问题在乡村表现最为突出，且农业农村现代化仍然是我国实现社会主义现代化的短板。为顺利实现第二个百年奋斗目标，以习近平同志为核心的党中央立足我国特殊国情，科学研判我国城乡发展的新趋势新特点，顺应时代要求提出了一系列推进城乡融合发展的新理念、新思想、新战略，不仅为新时代城乡融合发展提供了理论

---

① "四位一体"是以胡锦涛同志为主要代表的中国共产党人提出的中国特色社会主义事业总体布局，即社会主义经济建设、政治建设、文化建设与社会建设"四位一体"。

指南，也为全球解决城乡发展难题贡献了中国智慧。习近平总书记关于城乡融合发展的重要论述是一个内容完备的有机整体，其主要内容包括以下六个方面：

（一）城乡融合发展的核心目标：实现人们对美好生活的向往

唯物史观认为，社会发展的核心是人的发展，人类所有实践活动的最终目的是满足人类自身的需要。中国共产党始终坚持马克思主义唯物史观，坚持发展为了人民这一马克思主义政治经济学的根本立场。习近平总书记认为，城乡发展的最终目的是提高人民生活水平，让人民共享城乡改革的伟大成果，这也是社会主义国家城乡融合发展区别于资本主义国家城乡融合发展的本质特征。资本主义国家的城乡融合发展带有资本主义价值观念的色彩，而社会主义国家的城乡融合发展则服务于社会主义的价值目标。换言之，资本主义国家之所以要推进城乡融合发展，是因为衰败的乡村无法满足工业和城市对资源和市场的需求，从而进一步制约了工业和城市的发展，违背了资本增值的逻辑。因此，资本主义国家需要通过城乡融合发展来实现资本不断增值的目的。社会主义国家的城乡融合发展则超越了资本增值的逻辑，即资本增值的最终目的不在于资本而在于人，在于满足人的需要。

为了满足人民日益增长的美好生活需要，不管是新型城镇化建设还是乡村振兴，习近平总书记都强调保障人民权益，这也充分体现了以人民为中心的发展思想。首先，乡村振兴的根本目的是满足农民对美好生活的向往。习近平总书记认为，"'三农'问题的核心是农民问题，农民问题的核心是增进利益和保障权益问题"[1]。为了保障农民权益，习近平总书记大力推进农村改革，如农村宅基地"三权分置"改革以及农村集体经营性建设用地入市改革就是围绕保障农民土地权益、增加农民财产性收入展开的。其次，新型城镇化的核心是人的城镇化。习近平总书记多次强调，城镇化不是土地城镇化而是人口城镇化；要注重提高城镇化发展质量而不是盲目追求城镇化发展速度；要加快户籍制度改革，全面实行居住证制度，实现城镇基本公共服务覆盖常住人口；等等。这些都是为了提高人民生活水平、满足人民对美好生活的向往。由此可见，习近平总书记关于城乡融合发展的重要论述处处体现着以人民为中心的发展理念。

---

① 习近平. 之江新语 [M]. 杭州：浙江人民出版社，2007：102.

（二）城乡融合发展的根本路径：全面深化改革

回顾我国改革开放以来的历史可以发现，正是在不断深化改革的过程中，我国各项事业取得了全面进步。新时代推进中国特色社会主义事业继续前进，依然要依靠改革。习近平总书记非常重视改革开放在中国特色社会主义发展中的作用，强调改革开放是当代中国最鲜明的特色、是决定中国命运的关键抉择。在党的十八届三中全会上，习近平总书记对新时代全面深化改革做出了顶层设计，描绘了全面深化改革的新蓝图，提出了新目标，为新时代我国全面深化改革提供了行动指南。

具体到城乡发展领域，习近平总书记认为，新时代推进城乡融合发展要敢于创新，打破要素双向流动的体制机制弊端，建立健全城乡融合发展的体制机制和政策体系。为此，围绕资本、土地、人才等要素流动，习近平总书记提出，要积极推进城乡户籍制度、土地制度、财政制度等制度改革，推动城乡融合发展：一是积极推进农村土地制度改革，维护农民土地权益；二是深化户籍制度改革，全面实行居住证制度；三是加大财政体制改革力度，加大财政对"三农"的投入力度，为乡村振兴提供资金保障。这些制度改革打破了要素下乡的制度壁垒，为实现城乡要素双向流动和城乡融合发展提供了制度保障。

（三）城乡融合发展的实质：要素平等交换和公共资源均衡配置

长期以来，城乡要素双向流动存在体制机制障碍，公共资源配置也存在明显的城市偏向，这造成了城乡要素单向流动、城乡发展权利不对等、城乡居民权益不平等等问题，进而影响了城乡融合发展。为此，习近平总书记提出，要建立健全城乡融合发展体制机制和政策体系，推进城乡融合发展。但是，城乡融合发展并不是要实现乡村城市化，也不是要消除城乡差异。因为城乡差异是客观存在、不能消除且也不应该消除的，城乡发展的最终目的是实现城乡居民发展机会均等化，即让人们不论生活在农村还是城市，都能拥有平等获得高质量的教育资源、就业资源、社会福利资源的权利，都能享受到现代物质文明成果。而要实现这一最终目标，一方面要推动城乡要素双向流动，提高资源配置效率，提高城乡发展的质量和水平；另一方面则是要促进公共资源均衡配置，加大对农业农村的投入力度，让城乡发展成果惠及全体人民，提高城乡发展的公平性和普惠性。从这个意义上说，城乡融合发展的实质就是城乡要素合理流动和公共资源均衡配置。

第一，促进城乡要素合理流动就是要发挥市场在资源配置中的决定性作用，破除城乡二元体制机制弊端，建立公平开放透明的市场规则，推动劳动力、土地、资金等要素按市场规律等价交换，提高资源配置效率，推进城乡主体权利平等化。为此，习近平总书记从促进劳动力要素、土地要素、资金要素流动入手，积极推进城乡要素流动体制机制改革。一是劳动要素方面，习近平总书记提出，要推进农业转移人口市民化，保障农业转移人口在城镇的基本权益。二是土地要素方面，习近平总书记强调，要充分保障农民土地权能，赋予农民更充分的财产权利。针对农民承包经营权不充分的问题，习近平总书记提出，要推进承包地"三权分置"改革，赋予农民对承包地占有、使用、收益、流转及承包经营权抵押、担保权能。针对农民宅基地上的住房产权不完整的问题，习近平总书记提出，要推进农村宅基地"三权分置"改革，适度放活宅基地使用权，使农民获得宅基地与房产转让收益。三是资金要素方面，针对大量资金从农村流向城市、农业流向工业，导致农业农村发展资金不足、农民"贷款难"等问题，习近平总书记提出，要建立财政投入"三农"保障机制，完善农村金融服务体系，建立社会资本入乡激励机制等，为乡村振兴提供资金支持。

第二，实现公共资源均衡配置，就是要发挥政府的作用，扭转过去资源配置上的城市偏向，加大对农业农村的投入力度，实现城乡基础设施和公共服务均等化，让城乡居民共享现代物质文明成果，促进社会公平正义。为此，习近平总书记提出，要健全农业支持保护体系，形成支持保护农业的长效机制，从根本上保护粮食主产区和种粮农民的积极性；补齐农村基础设施建设短板，实现城乡基础设施一体化发展；建立城乡教育资源均衡配置机制，推动教育资源向农村地区尤其是农村贫困地区倾斜，实现优质教育资源城乡共享；深化医疗卫生体制改革，健全乡村医疗卫生服务体系；完善城乡居民基本医疗保险制度、大病保险制度和养老保险制度，实现城乡居民社会保障一体化等。

（四）城乡融合发展的主线：处理好政府和市场的关系

在推进城乡融合发展的过程中，习近平总书记强调，要处理好政府和市场的关系，建立市场与政府相互配合的体制机制，推动城乡要素合理流动和公共资源均衡配置。首先，习近平总书记强调，要充分发挥市场在资源配置中的决定性作用。党的十八届三中全会将原来的市场在资源配置中起基础性作用改为决定性作用，这是对我国市场经济体制改革实践的升华，是一个重大的理论创新。所谓"决定性"作用，就是指市场在社会生产领域的资源配置中处于主体地位，对于生产、流通、消费等各环节的商品价格拥有直接决定权。习近平总书记指出，"市场决定资源配置是市场经济的一般规律，市场经济本质上就是市场决定资源配置的经济"①。我国在处理城乡关系的问题上存在过政府干预过多、过强的问题，要素流动还存在一些体制机制障碍，这既容易损害市场主体的利益，也容易降低资源配置效率。随着中国特色社会主义进入新时代，我国城乡发展也进入了新阶段，城乡联系越来越密切，城市与乡村的界限也越来越模糊，新时代推动城乡融合发展必须推进市场化改革，建立健全城乡融合发展体制机制，为资本、土地、技术等要素合理流动创造条件。其次，市场在资源配置中起决定性作用并不是起全部作用。习近平总书记提出，市场起决定性作用的同时"要更好发挥政府作用。政府不是退出、不作为，而是政府和市场各就其位"②。市场经济条件下，资本、技术、人才等要素为实现利润最大化，会逐渐从农村流向城市，造成城乡差距不断拉大的"极化效应"，这也是市场配置资源的一个不足。为实现城乡融合发展，就要发挥政府这只"看得见的手"的作用，弥补市场调节的不足，创造条件积极引导各要素向农村流动。为此，习近平总书记提出，要坚持农业农村优先发展、促进人才返乡回乡、吸引社会资本投资农业农村、加大财政对"三农"领域的投入力度、补齐农村在基础设施和公共服务方面的短板等。可见，政府的作用主要是弥补市场配置资源的缺陷，政府与市场的区别不是孰强孰弱，而是在不同岗位各司其职、相互配合，共同促进要素双向流动，实现城乡融合发展。

（五）城乡融合发展的两翼：新型城镇化建设与乡村振兴

习近平总书记从我国特殊国情出发，认为实现城乡融合发展，既要推进新型城镇化建设，也要促进乡村振兴。将两者结合起来，双轮驱动，是走中国特色社会主义城乡融合发展道路的必然要求。2017年，习近平总书记指出，"要顺应城乡融合发展大趋势，坚持新型城镇化和乡村振兴两手

---

① 中共中央文献研究室. 十八大以来重要文献选编：上 [M]. 北京：中央文献出版社，2014：499.

② 习近平. 习近平：政府和市场各就其位 [EB/OL]. (2013-11-25) [2024-05-21]. https://news.12371.cn/2013/11/25/ARTI1385376219512623.shtml.

抓"①。2018年两会期间，习近平总书记在参加广东代表团审议时再次强调了这一观点，他指出，"一方面，要继续推动城镇化建设。另一方面，乡村振兴也需要有生力军……城镇化、逆城镇化两个方面都要致力推动"②。

之所以要把城镇化和乡村振兴结合起来，这是因为：首先，从城市和乡村的功能来看，两者承担着不同功能，地位平等，不可替代。城市承担着集聚经济、促进就业的功能，乡村则承担着传承文化和维持生态平衡的功能。其次，从我国特殊国情来看，我国农村人口众多，即使城镇化率达到70%，仍有4亿~5亿人生活在农村，因此任何时候都必须把乡村建设好。再次，从世界各国城镇化发展的一般规律来看，城镇化发展到一定阶段后会出现逆城镇化现象。因此，我们要顺应逆城镇化发展趋势，不失时机地推动乡村振兴。最后，从城镇化与乡村振兴的关系来看，一方面，两者相互支持、相互促进。工业和城市的发展需要农业农村提供原材料、土地、劳动力等要素；反过来，乡村振兴也离不开城市的辐射和带动。另一方面，两者相互补充，共同致力于实现城乡融合和国家现代化。多年来，我国通过大力推进工业化和城镇化，促进农村剩余人口向城镇转移，解决了农民就业和增收的难题，提高了农业现代化水平，但同时也带来了农村人口空心化、农业劳动力老龄化、农村凋敝化等问题。这些问题单靠城镇化是无法解决的，必须从农业农村本身着手才能解决。为此，党的十九大报告提出实施乡村振兴战略，这不是要否定城镇化，恰恰相反，是为了将城镇化与乡村振兴结合起来，共同为解决农业农村发展难题和实现国家现代化服务。具体来看，城镇化是通过转移农业剩余人口为农业现代化和农民市民化创造条件，乡村振兴是通过建设乡村实现农民就地市民化和农业农村现代化。总之，新时代城乡融合发展既不是城镇化主导下的城乡发展，也不是单一乡村振兴战略下的城乡发展，而是城镇化与乡村振兴双轮驱动下的城乡发展。

（六）城乡融合发展的根本保证：党的领导

中国共产党的领导是中国特色社会主义最本质的特征，是中国特色社会主义制度的最大优势，也是中国特色社会主义各项事业顺利前进的根本保证。这既是对历史的反思，也是对现实的总结。从历史经验来看，中国

---

① 王仁宏，曹昆. 中央农村工作会议在北京举行［N］. 人民日报，2017-12-30（001）.
② 刘艳丽. 习近平到广东代表团参加审议［EB/OL］.（2018-03-07）［2024-06-10］. http://www.81.cn/sydbt/2018-03/07/content_7963408_3.htm.

城乡改革数十载之所以能取得巨大成就，最根本原因是中国共产党的领导。从现实状况来看，凡是城乡融合发展较好的地区无一不是党建工作做得较好的地区；相反，若是党建工作做得不扎实、基层党组织涣散，就会对该地区的城乡发展造成影响。因此，新时代推进城乡融合发展也要以党的领导作为根本保证，这是由党的宗旨以及城乡改革的复杂性和艰巨性所决定的。首先，中国共产党是全心全意为人民服务的党，习近平总书记指出，"人民立场是中国共产党的根本政治立场，是马克思主义政党区别于其他政党的显著标志"[①]。只有以党的领导作为政治保障，才能保证城乡改革不偏离社会主义方向，保证党的城乡融合发展理念和方针政策不折不扣地贯彻落实到一切经济社会活动中，进而保证城乡改革发展成果惠及全体人民。其次，城乡改革是一项综合性很强的工作，涉及经济、政治、文化、社会、生态各个方面，这就需要发挥党组织的统筹协调功能，做好各部门的配合工作，防止政策的冲突与矛盾。最后，城乡改革是一项艰巨性的改革，必然会面临重重阻碍，触及各方利益，而我们党是勇于自我革命、善于改革创新的党，只有中国共产党才能破除城乡融合发展的各种利益藩篱和体制机制弊端，将城乡改革进行到底，确保城乡改革道路不走偏、不变色。

坚持党对城乡发展的绝对领导，是习近平总书记关于城乡融合发展的重要论述的重要内容。习近平总书记强调，要坚持党对城乡融合发展的绝对领导地位，确保党在推动城乡融合发展中始终总揽全局、协调各方，为城乡融合发展提供坚强政治保证。例如，为推进乡村振兴顺利进行，习近平总书记强调，要强化农村基层党组织的领导核心地位，建立健全农村工作领导体制，为党领导"三农"发展提供制度保障；要建立选派第一书记工作长效机制，充分发挥第一书记这一"领头人"作用，为基层政府推进乡村振兴提供组织保障。

由此可见，党的历届领导集体都从我国特殊国情出发，根据不同阶段城乡发展的不同特征做出了推进城乡发展的有益探索，形成了具有中国特色的城乡发展理论。尽管不同时期历史所赋予的使命不同，他们关于城乡发展的命题表述各异，但他们关于城乡发展的理论都是一脉相承的，都是对我国城乡发展实践的升华，都对新时代推进城乡融合发展有重要指导意义。

---

① 习近平. 在庆祝中国共产党成立95周年大会上的讲话 [M]. 北京：人民出版社，2016：18.

第三节　国外学者的相关理论

国外关于城乡发展的理论主要有城乡经济二元结构理论、城市偏向理论等。尽管这些理论的形成背景与我国国情存在较大差异，但对我国推进城乡融合发展依然有重要的借鉴意义。

一、城乡经济二元结构理论

1954 年，刘易斯在其论文《劳动无限供给条件下的经济发展》中首次提出了二元经济发展模型，他将发展中国家的经济分为两个部门：一个是传统农业部门；另一个是现代经济部门。刘易斯认为，工业部门在经济发展中处于主导地位，发展中国家应该集中精力优先发展工业，让农村剩余劳动力向城市转移，等农村剩余劳动力转移完毕，发展中国家也就实现了经济的整体提升，经济发展就由"二元"转化成"一元"。刘易斯模型有一个假设，就是劳动力的无限供给。这里的"无限供给"并不是说劳动力的总量是无限的，而是指在某一工资水平，工业部门总能获得它所需要的劳动力，即工业部门的劳动力供给弹性是无穷的。因为在刘易斯看来，农业劳动生产率低，从事农业生产的收入也低，而工业部门的劳动生产率较高。因此，只要工业部门的工资水平高于农业生存收入的工资水平，就能驱使农村劳动力向工业转移。刘易斯模型开创了二元经济理论研究的先河，但是该理论也有缺陷：其一，它忽视了农业在经济发展中的重要地位；其二，关于发展中国家劳动力无限供给的假设在现实中很难找到；其三，没有考虑城市失业问题。

1961 年，美国经济学家拉尼斯和费景汉共同发表了《经济发展理论》一文；1963 年，他们又出版了《劳动剩余经济的发展：理论与政策》一书，对刘易斯模型进行了发展[①]。他们假定发展中国家的农业部门存在大量剩余劳动力，认为在剩余劳动力全部转移到工业部门之前，农业劳动力的收入水平始终等于农业部门的人均产出水平，也就是不变制度工资。他们将农业劳动力向工业转移的过程分为三个阶段：第一个阶段是将农业劳

---

① RANIS, FEI. A theoryof economic development [J]. American economic review, 1961, 51 (4)：533-565.

动边际生产率为零的那部分劳动者转移出来。第二个阶段是将农业边际劳动生产率大于零但小于平均收入的那部分劳动力转移出来。经过前两个阶段，农业部门"伪装的失业"全部转移完毕。第三个阶段是将农业边际劳动生产率大于平均收入的那部分劳动力转移出来。到了第三个阶段，农业中的剩余劳动力消失，农业部门的工资不再由制度决定，而是由市场供求来决定。拉尼斯和费景汉认为，如果排斥农业部门的发展，那么农业无法为工业提供足够的原料，最终也会影响工业的发展，因此他们强调农业与工业应该平衡发展。拉尼斯—费景汉模型对刘易斯模型的贡献在于肯定了农业在经济发展中的重要地位，认为农业不仅可以为工业提供劳动力，还可以为工业提供农产品。但是该模型也有一定的缺陷，它没有考虑城市失业的情况，而且关于农业收入不会随劳动生产率而提高的假设，即不变制度工资水平的假设在现实中也难以找到实际支撑。

20世纪60年代末至70年代初，发展中国家出现了城市失业与农村劳动力向城市转移两者并存的现象，这是传统二元经济结构模型无法解释的。这时，托达罗提出了一个"预期收入"的概念，用来解释这一现象。托达罗认为，传统二元经济结构模型认为城市是可以实现完全就业的，但实际并非如此。之所以在城市存在失业的情况下还会有大量农村劳动力向城市转移，是因为他们对城市工作的预期收入高于农村的平均收入。为了解释城市失业现象，托达罗引入了"非正规部门就业"这一概念。托达罗指出，城市中存在着正规部门和非正规部门，并非所有的农村剩余人口转移到城市都能在正规部门找到工作，很多是在非正规部门就业。托达罗认为，决定农村人口向城市迁移的两个因素是城乡收入差距和城市就业率。如果城乡收入差距很大，那么城市就业率对人们决策的影响就会变小，因为城市的高收入对人们具有更大的吸引力。因此，托达罗认为，不能任由城乡收入差距任意扩大，否则城市失业问题会越来越严重。因为只要预期收入大于农村平均收入，农村人口就会向城市转移，但预期收入不等于实际收入。此外，增加城市就业机会是难以解决城市失业问题的。要想将城市失业控制在一定范围内，必须鼓励和支持农村发展。托达罗主张通过制定乡村发展战略、提高农村人口的收入水平来抑制农村人口向城市转移。托达罗模型的贡献在于考虑了城市失业问题，而且强调农业和农村发展的重要性。

1967年，美国经济学家戴尔·乔根森在《剩余农业劳动力和二元经济发展》一文中提出了不同于刘易斯模型的一个二元经济结构模型，把二元经济的研究重点由剩余农业劳动转向了剩余农业产出①，对二元经济理论做出了重要发展。与刘易斯的观点不同，乔根森认为，经济发展的关键不在于农业部门为工业部门提供源源不断的剩余劳动力，而在于农业剩余产品的不断增加。乔根森分析了工业部门是如何依赖农业部门而发展的。在乔根森看来，劳动力在农业部门与工业部门的分工决定了农业劳动剩余，如果农业劳动力不足，就不会有农产品剩余，那么所有人就必须在农业部门就业。只有出现了农产品剩余，才可能让部分农业劳动力离开农业部门到工业部门就业。当存在农业剩余时，农业剩余在农业总产出中的增长率就等于劳动力在工业部门的就业增长率。此外，乔根森认为，农业中不存在零值劳动力，任何农业劳动力的投入都会增加农业产出。但是乔根森模型也有缺陷：一是它忽视了对农业物质投资的重要性以及城市失业问题；二是认为存在农业剩余时，粮食需求收入弹性为零，这与实际不符；三是从马尔萨斯人口论出发，认为人口增长是由经济增长决定的，这一点也不完全符合实际。

二、城市偏向理论

1977年，利普顿出版了《为何穷人一直贫穷：世界发展中城市的偏向研究》一书，在这本书中，利普顿提出了城市偏向理论，该理论是对城市偏向政策的反思。利普顿认为，在大多数发展中国家，政府制定了一系列城市偏向的发展政策，如政府通过扭曲价格，即通过人为抬高工业品价格和人为降低农产品价格的方式将农业剩余转移到工业，进而支持工业发展。这些政策的实行损害了农业农村的正常发展，甚至形成了城乡二元结构。利普顿认为，国家之所以制定城市偏向的发展政策，是由于发展中国家城市居民与农村居民的政治地位不平等。城市居民虽然数量少，但是他们的政治影响力、游说能力远远大于农村居民，这使得他们在国家政策制定方面拥有更大的发言权和主导权。随着工业化城镇化水平的提高以及城乡关系的改善，发展中国家开始调整工农业发展政策，工农业产品价格扭曲现象不断弱化，但一种新的城市偏向政策又出现了，即公共服务领域内的城市偏向。1993年，利普顿在《城市偏向：结果、类别与原因》一文中

---

① JORGENON. Surplus agricultural labor and the development of a dual economy [J]. Oxford economic papers, 1967 (19): 235-260.

提出了公共服务领域内的城市偏向政策①。他指出，在公共服务方面，政府将有限的资金优先投入城市，满足了城市居民对公共服务的基本需求，而对农村公共服务投入资金不足，这种公共服务领域的城市偏向政策也是城乡发展不平衡的一个重要原因。

第四节　本章小结

本章主要梳理了国内外城乡关系的相关理论，包括马克思主义经典作家的城乡关系理论、中国化马克思主义的城乡关系理论以及国外学者的城乡关系理论，这为之后的研究奠定了理论基础。

马克思、恩格斯用辩证唯物主义和历史唯物主义的根本方法，揭示了城乡发展的一般规律，即随着生产力水平的不断提高以及社会分工的发展，城乡发展要经历城乡混沌一体到城乡分离与对立再到城乡融合三个阶段。其中，城乡分离是随社会分工和私有制出现而产生的，而消灭城乡对立不仅要以生产力的高度发达为前提，而且需要消灭资本主义私有制。列宁和斯大林在继承马克思、恩格斯城乡融合发展思想的基础上，结合俄国和苏联的实践，对马克思恩格斯城乡融合发展思想做了发展，形成了列宁的城乡协调发展思想和斯大林的城乡结合发展思想。

新中国成立以来，以毛泽东同志、邓小平同志、江泽民同志、胡锦涛同志、习近平同志为主要代表的中国共产党人，从我国特殊国情出发，立足社会主义初级阶段这一基本国情，针对不同时期城乡发展的特征，对我国城乡发展做出了符合时代要求的理论创新和实践探索，形成了中国化马克思主义的城乡关系理论，对马克思主义城乡关系理论做了创新和发展。

国外学者也对城乡关系进行了理论探索，以刘易斯、费景汉、拉尼斯、托达罗、乔根森等为代表的发展经济学家提出了城乡二元经济结构理论，认为二元经济结构是发展中国家工业化过程中必然出现的经济现象。为了消除二元经济结构，实现发展中国家的经济转型升级，他们也提出了不同的思路建议，包括促进农村剩余劳动力向城市转移、支持农业和农村

---

①　MICHAEL LIPTON. Urbanbias: of consequences, classes and causality [J]. Journal of development studies, 1993, 29 (4): 229-258.

发展等。此外，利普顿对发展中国家普遍实行的城市偏向政策做出了反思，认为城市偏向政策的实行是发展中国家城乡发展不平衡的重要原因。为此，他提出了城市偏向理论，强调城乡协调发展。

以上国内外学者的相关理论为新时代推动城乡融合发展提供了重要理论借鉴。但是任何理论的产生都有一定的时代背景和地域背景，不可避免地受到理论家所处时代和地域的影响，会带有一定的局限性。例如，马克思、恩格斯所处的时代与当前我们所处的时代大不相同，对他们的城乡融合发展理论不能盲目照搬；国外二元经济结构理论大都建立在完善的市场经济体制和完备的要素市场的基础上，但是我国市场经济体制还不完善，城乡要素流动不仅受到经济因素的影响，还受到政策、制度、文化等因素的影响，要比二元经济理论家所描述的过程复杂得多。此外，考虑到我国地域辽阔、农村人口众多、历史文化悠久、仍处于社会主义初级阶段等特殊国情，因此本书认为，新时代推进城乡融合发展不能盲目照搬国外学者的相关理论，必须从我国实际出发，走具有中国特色的城乡融合发展之路。

第三章 新中国成立以来城乡关系的演进历程和经验启示

当前我国已进入全面深化改革的深水期，城乡发展也进入转型升级的关键期。新时代城乡发展呈现新趋势新特征，面临各种新机遇新挑战。基于此，站在历史维度系统梳理我国城乡关系的演进历程、科学把握城乡发展的客观规律、深刻总结我国处理城乡关系的经验教训，对新时代推进城乡融合发展具有重要意义。

第一节 我国城乡关系的演进历程

城乡关系是现代化进程中必须处理好的重大基本关系。新中国成立以来，围绕实现现代化这一目标主题，如何处理工农关系、城乡关系这一主线，根据国家发展战略的转变及城乡发展的阶段性特征，可以将我国城乡关系的演进历程分为四个阶段：第一阶段（1949—1978年）为城乡二元结构的形成与固化阶段；第二阶段（1978—2002年）为城乡二元结构的解构阶段；第三阶段（2002—2012年）为城乡统筹发展阶段；第四阶段（2012年至今）为城乡融合发展阶段①。

一、城乡二元结构的形成与固化阶段（1949—1978年）

城乡二元结构是落后农业国向先进工业国的转变过程中必然要经历的

---

① 这四个阶段中均有年份重合问题，如1978年、2002年和2012年均涉及上、下两阶段内容，为了便于理解和分析，不再做具体节点区分。

阶段。新中国成立后，为巩固新生政权，国家集中力量发展工业尤其是重工业，并为此制定了统购统销制度、户籍制度和人民公社制度，这三大制度的制定和实行使我国城乡二元结构得以形成并逐渐固化。

（一）1949—1978 年我国城乡关系的演进历程

根据城乡分离或开放的状态，又可以将这一阶段分为三个小阶段：①1949—1952 年开放的城乡结构阶段；②1953—1958 年城乡逐渐由开放走向封闭阶段；③1958—1978 年城乡二元结构的形成与固化阶段。

1. 1949—1952 年：开放的城乡结构

这一时期，新中国刚刚成立，主要任务是巩固政权，恢复和发展国民经济。为此，国家采取了"四面八方"的政策，即"公私兼顾、劳资两利、城乡互助、内外交流"①。在这一有利的政策环境下，国家也采取了有利于城乡发展的政策。具体而言，在农村采取的措施有：一是进行土地改革，变封建剥削的土地所有制为农民的土地所有制；二是把农民组织起来，开展互助合作，以克服农民分散经营的困难。在城市采取的措施有：一是稳定物价。新中国成立后，一些投机分子扰乱市场秩序，导致物价上涨。为此，国家采取了打击投机分子、对粮食等主要物资进行集中统一出售等措施。二是对国营企业进行改革。国营企业的改革主要包括两个方面：一方面进行民主改革，废除企业存在的非民主制度，清除企业内的反革命势力，使工人阶级成为企业的主人；另一方面进行生产改革，推广先进技术。三是合理调整工商业。国家通过委托加工、收购产品、缩减税种等多种方式支持私营工商业发展，大大恢复了国民经济。

在城乡互动方面，这一时期采取的措施主要有：一是开展土产会议，促进城乡物资交流。1951 年，中共中央发布了《关于召开土产会议，加强推销土产的指示》。该文件指出，一方面要将农村农副产品收集起来，促进农副产品在城市的销售；另一方面要促进城市工业品下乡。二是合理调整工农业产品价格。国家一方面压低了工业品价格，另一方面又抬高了农产品价格，以缩小工农业产品价格"剪刀差"。三是允许城乡人口自由流动。1951 年颁布的《城市户口管理暂行条例》规定，要"保障人民之安全及居住，迁徙自由"，这种相对宽松的政策环境也促进了城乡人口流动。据统计，1951—1953 年，有 300 多万农民进入城市就业。1949—1953 年，

① 中共中央文献研究室. 建国以来重要文献选编：第一册 [M]. 北京：中央文献出版社，1992：7.

城镇人口年平均增长率为2%[1]。

总之，1949—1952年，国家制定了一系列有利于城乡发展的政策，促进了城乡交流，也使城乡发展取得显著成效。据统计，1949—1952年，中国工农业总产值从466亿元增加到810亿元[2]，增长了73.82%。从农业发展来看，粮食产量增长迅速，1950—1952年粮食产量增长1 690万吨（1吨=1 000千克，下同），年均增长速度为13.1%[3]。从工业发展来看，1949—1952年我国工业年平均增长速度高达34.8%[4]。从1949年10月到1952年年底，我国主要工业品产量都大大超过了1949年。其中，钢产量增长最快，1952年比1949年增加了7.54倍，比历史上最高水平增加了46.2%[5]。

2. 1953—1958年：城乡逐渐由开放走向封闭

随着国民经济的恢复和发展，党和国家领导人把实现我国从农业国到工业国的转变提上日程。1953年，我国开始实行第一个五年计划。大规模的工业化建设导致我国粮食供应紧张，国家出现粮食收购危机。据估算，1953—1954年的粮食年度内，国家需要掌握粮食700多亿斤（1斤=0.5千克，下同），除农业税可以拿到275亿斤外，还需要收购431亿斤，但上年度实际收购数仅为243亿斤，缺口有188亿斤。

工业化建设之所以会产生粮食供应紧张问题，主要原因在于：一是城市人口大幅增加。据统计，1953年，城镇人口达7 826万人，比1952年增加663万人，比1949年增加2 061万人，1949年、1952年和1953年的城镇人口占全国总人口的比例分别为10.6%、12.5%和13.3%。可见，新中国成立以来，城镇人口不断增加，而这些增加的城镇人口主要来源于农村转移人口，他们为支持国家工业化建设从农业转移到工业、从农村转移到城镇；相应地，他们所需要的粮食也由自己生产转为国家供应，这就增加了商品粮的需求，要求国家加大对粮食的征收力度。二是粮食生产结构的调整。为了给工业发展提供原料，农村增加了经济作物的种植比例；相应地，粮食的种植比例便有所缩小。三是粮食产量增加后，农民也增加了自

① 辜胜阻.当代中国人口流动与城镇化 [M].武汉：武汉大学出版社，1994：265.
② 中华人民共和国农业计划司.中国农村经济统计大全 [M].北京：农业出版社，1989：52.
③ 同②：78.
④ 中国社会科学院，中央档案馆.1949—1952年中华人民共和国经济档案资料选编（工业卷）[M].北京：中国物资出版社，1996：前言.
⑤ 同④.

身消费的比例。据统计，1949 年农村人均消费粮食 370 斤，1952 年增加到 440 斤。由于农民自身消费的粮食增多了，因此公粮和商品粮所占的比例就降低了。

为了解决粮食收购危机，国家采取了以下两方面的措施：

一是实行统购统销制度。统购统销政策实行之前，粮食市场上的卖方不仅有国营粮食公司和供销合作社，还有私营粮商。粮食一旦供不应求，这些私人粮商就会抢购粮食，然后再高价卖出，造成粮食市场混乱、粮价上涨。正如陈云所说："现在已有大批粮贩子活动于小集镇与乡村之间。只要粮食市场乱，一个晚上就可以出来上百万粮贩子。现在不少地方已经开始混乱，粮多的地方则开始抬价。"[①] 为此，国家决定实行统购统销政策。所谓统购，就是国家对农民的余粮实行计划收购；所谓统销，就是国家对城镇人口和农村缺粮人口实行计划供应。这样，国家就把买卖粮食的权利掌握在自己手上，避免了私人买卖粮食。国家希望通过统购统销政策，既解决粮食供应紧张问题，也达到稳定粮食市场、防止粮价高涨的目的。

二是实行户籍制度，限制农村人口向城镇转移。户籍制度最初只是人口登记的一种手段，后来才发展成限制人口流动的制度约束。之所以要限制人口流动，其实主要是限制农村人口向城镇流动。这是因为重工业属于资本密集型产业，对劳动力的需求较低。为避免大量人口涌入城市造成失业和无序状态，1953 年 4 月，政务院发布了《劝止农民盲目流入城市的指示》。之后，国家又先后发布多个政策文件，文件的措辞越来越严厉，由"劝止"到"防止"再到"制止"农村人口向城镇转移。

可见，1953—1958 年，为了支持工业化建设，我国开始实行统购统销制度，并限制农村人口向城镇转移，这两大制度的实行促进了工业化的发展，"一五"计划得以提前完成就是最好的证明。但不可否认的是，这两项政策也阻碍了城乡人口的自由流动，从此，我国城乡二元结构开始形成。

3. 1958—1978 年：城乡二元结构的形成和固化

1958 年，党的八大二次会议召开，这次会议通过了"鼓足干劲、力争上游、多快好省地建设社会主义"的总路线，并提出我国要在 15 年或者

---

① 中共中央文献研究室. 陈云年谱：中卷 [M]. 北京：中央文献出版社，2000：178.

更短的时间内，使钢铁和其他主要工业产品的产量赶上并超过英国。自此，我国工业发展步伐加快。而为了快速实现工业化，我国在继续实行统购统销制度的基础上，又制定并实行了城乡二元户籍制度和人民公社制度，这三项制度的并列实行也标志着我国城乡二元结构正式形成。

（1）户籍制度及附着在户籍制度上的一系列城乡有别的福利制度（包括城市偏向的劳动就业制度、社会保障制度、基本消费品供应的票证制度等）正式形成并长期运行。之所以要实行这些制度，一方面是为了让更多的人从事农业生产，以保证工业生产所需要的农业原料；另一方面是为了把享受商品粮和城市公共服务的人数限制到最少。

1958年1月，《中华人民共和国户口登记条例》颁发，以法律形式对农村人口向城镇迁移做了严格限制。该条例规定，公民由农村迁往城市，必须持有城市劳动部门的录用证明，学校的录取证明，或者城市户口登记机关准予迁入的证明①，这标志着我国城乡二元户籍制度正式建立。从1958年到改革开放之前，我国一直限制农村人口向城镇流动。除了限制农村人口向城镇流动之外，这一时期，我国还动员城镇人口向农村转移。总的来说，1958—1978年出现了两次大规模的城市人口向农村转移的浪潮。第一次是1961—1963年，全国共压缩城镇人口2 600万人，城镇人口净迁出率达30%②。这一次转移城镇人口的原因是：1958年"大跃进"以来，大量农村人口转移到城镇，造成了城镇粮食供应和就业紧张，同时，也影响了农业生产。第二次是1966—1978年，大量知识青年、城镇干部以及政治上"有问题"的人"上山下乡"。

如果说户籍制度的实行阻碍了农民进城的道路，那么城乡有别的福利制度的实行，则彻底扼杀了农民向城镇转移的各种可能。户籍制度把人口分为"农业人口"和"非农业人口"，这两类人口在粮食供应、医疗、教育等方面也享受着不同的国民待遇。城镇居民可以享受到住房补贴、医疗补贴、粮油食品补贴等各类补贴，农村居民却享受不到这些福利待遇。以粮票供应制度为例，只有城市居民才能享受到商品粮，农村居民则享受不到，因此农民即使偷偷进了城，但没有商品粮，吃饭和生存也会面临巨大困难，这就从根本上阻止了农民向城镇转移。

---

① 公安部. 公安法规汇编：1950—1979 [M]. 北京：群众出版社，1980：145-146.

② 浦善新. 走向城镇化：新农村建设的时代背景 [M]. 北京：中国社会出版社，2006：72-73.

（2）统购统销制度的继续实行。1958 年之后，我国向农民统购派购农副产品的范围越来越广，数量也越来越多。从范围上看，我国把农副产品分成了三类：第一类是统购产品，包括粮食、棉花和油；第二类是合同派购产品，包括蔬菜、麻类、茶叶、甘蔗、猪、牛、羊、蛋类等 20 多种；第三类是第一、第二类以外的其他产品。到 20 世纪 70 年代末，国家收购的农产品种类已经达到 230 多种[①]。从数量上讲，原农业部发展计划司统计数据显示，国家收购的粮食占总产量的比重约 1/4，收购的棉花占总产量的比重常年都在 80%~90%，收购的油料也占总产量的 50% 以上，且个别年份达到 90% 以上。

（3）人民公社制度的制定和运行。人民公社制度是重工业优先发展战略所导致的必然的制度安排。在优先发展重工业的战略导向下，为了保证大规模统购统销任务的完成以及降低农产品收购成本，我国迅速提高了农民的组织化程度，从初级社到高级社再到人民公社。1958 年 8 月，中共中央决定在农村建立人民公社，这标志着人民公社制度的正式实行。到 1958 年 10 月底，全国参加人民公社的农户达 1.2 亿户，占全国农户总数的 99% 以上[②]。作为社会主义政权在农村的基层单位，人民公社是一个政社合一的组织，以"三级所有，队为基础"。农民作为公社的成员，日常生活的方方面面都由公社管着，且没有退社的自由，这就将农民牢牢束缚在土地上，强化了城乡二元结构。

总而言之，这一时期为支持重工业发展，我国制定并实行了统购统销制度、户籍制度和人民公社制度，这三大制度的实行使我国城乡二元结构正式形成并得以固化。

（二）对 1949—1978 年我国城乡关系演进的简要分析与总结

1. 对 1949—1978 年我国城乡关系演进原因的简要分析

这一时期我国城乡关系演变既与重工业优先发展战略有关，又与计划经济体制下为支持重工业发展所制定的一系列城乡二元制度有关。

（1）重工业优先发展战略是城乡二元结构形成的逻辑起点和直接根源。1949—1978 年我国城乡关系由开放走向封闭，之所以会出现这种情况，是由优先发展重工业的国家战略所决定的。可以说，这一战略是这一时期城乡关系演变的逻辑起点和直接根源。

---

① 李溦. 农业剩余与工业化资本积累 [M]. 昆明：云南人民出版社，1993：286.

② 顾龙生. 中国共产党经济思想发展史 [M]. 太原：山西经济出版社，1996：600.

我国之所以要实施重工业优先发展战略，是由当时的客观情况所决定的。可以说，实施重工业优先发展战略是新中国成立初期的必然选择。主要原因有两个：一是巩固政权。新中国成立初期，仍面临严峻的国际形势。1950年，美国出兵朝鲜，并把战火烧到了鸭绿江，威胁到我国国家安全。此外，以美国为首的资本主义国家对我国采取政治上不承认、经济上封锁禁运、军事上包围威胁和外交上孤立的政策，企图将新中国扼杀在摇篮里。为了巩固新生政权，维护国家安全稳定，我国必须发展国防工业。二是尽快实现现代化。工业化是现代化的前提和动力，纵观已经实现了现代化的国家，无一不是工业化发达的国家。我国为了尽快改变一穷二白的面貌，缩短与发达国家的差距，也需要优先发展重工业。然而，重工业发展所需要的条件与我国当时的实际情况形成了尖锐的矛盾。重工业属于资本密集型产业，需要大量的资金投入做保障。但是新中国成立初期，我国工业基础极其薄弱：1949年，我国工农业总产值只有466亿元，其中工业总产值为140亿元，占工农业总产值的30%；重工业总产值为37亿元，占工农业总产值的7.9%[①]。可见，当时我国工业基础极其薄弱。为了保证农业为工业提供积累，国家还采取了非常规手段，通过扭曲劳动力、农产品、资金等生产要素的价格，用行政手段配置资源，强制建立起有利于重工业发展的环境，从而影响了农业的正常发展，损害了农民的利益，削弱了农村发展基础，使城乡关系逐渐走向分离。

（2）"三驾马车"的制度安排是城乡二元结构的制度根源。为尽快建立起国家工业体系，我国建立了以"三驾马车"（户籍制度、人民公社制度和统购统销制度）为主要内容的制度体系，以保证农业为工业提供支持。

其一，统购统销制度。之所以要实行统购统销制度，一方面是为了降低工业生产的工资性成本。因为在工业化初期，粮食是最主要的工资性产品，粮价提高，就要求工人工资也进行相应的提高，工资提高必然会提高工业企业的工资性成本，降低企业利润，影响企业追加投资的数量。为了让工业企业有更多的资金用于扩大生产，我国通过实行统购统销制度，将农民手中的农产品集中起来，低价卖给城市工人，以便使城市工人能够在低工资水平下维持基本生活，进而保证工业发展所需资金。另一方面是国

---

① 中华人民共和国农业计划司. 中国农村经济统计大全 [M]. 北京：农业出版社, 1989: 52.

家通过工农业产品价格"剪刀差"为工业提供资本积累。我国通过实行统购统销制度,人为抬高工业品价格而降低农产品价格,将农业剩余转移到工业,为工业提供资本积累。

其二,户籍制度。之所以要实行户籍制度,控制农村人口向城镇转移,一是由于重工业属于资本密集型产业,对劳动力的吸纳能力有限;二是为了将农业生产最重要的生产要素——劳动力限制在农村,避免农业劳动力流失所导致的农产品数量下降进而影响工业生产原料供应;三是为了将享受城市福利的人口控制在一定水平,避免大量人口进城所导致的城市公共服务成本上升问题。但户籍制度的实行,在客观上也使大量农村人口滞留在农村,阻碍了农业劳动生产率的提高。

其三,人民公社制度。户籍制度虽然限制了农村人口向城镇转移,但仍旧不能实现对农村生产要素的完全控制。为此,国家实行了人民公社制度,把农村的劳动力、资本、土地等生产要素集中起来,统一经营,统一分配。农民没有退社的自由,完全按照工业生产的需要和国家命令进行农业生产。这样,国家就通过人民公社制度防止了农村生产要素的流失,保证了工业生产所需要的农产品供应。但是人民公社体制也有弊端,其最主要的弊端就在于公社具有浓厚的平均主义色彩,实行统一经营和统一分配,在这一体制下,农民生产多少与农民收入多少没有直接关系,干多干少一个样,这就导致农民"出工不出力",农业生产效率低下。这样一来,一方面,国家试图通过人民公社制度对农业进行严格控制,以保证农业为工业提供原料支持;另一方面,人民公社体制下农民生产积极性受到极大约束,农业产量难以提高,工业生产所需要的原料和城镇居民日常生活所需要的农产品得不到有效供应。

可见,户籍制度、统购统销制度和人民公社制度构成了一个相互支撑、相互补充的制度体系,为我国尽快建立起相对完整的工业体系提供了制度保障,维护了国家安全;但同时也损害了农民利益,削弱了农业的自我发展能力,造成城乡发展失衡。

2. 对 1949—1978 年我国城乡关系演进的简要总结

从新中国成立到改革开放前这一阶段,我国城乡发展取得了显著成就。一是工业发展成就突出,为尽快改变我国贫穷落后面貌,巩固新生政权奠定了基础。国家统计局相关数据显示,以 1952 年为标准,1949—1978 年,我国工业总产值由 40.8 亿元增长至 1 598.6 亿元，增长了 38.2 倍，其中轻工业总产值由 46.6 亿元增长至 968.1 亿元，增长了 19.8 倍；重工业总产值由 30.3 亿元增长至 2 777.7 亿元，增长了 90.7 倍①。可见，这一时期工业发展成就十分突出，增长速度非常迅猛。二是重要农产品产量稳步增长。国家统计局相关数据显示，1949—1978 年，我国粮食总产量由 2 263.6 亿斤增长至 6 095.3 亿斤，增长了 169%，其中稻谷产量由 972.9 亿斤增长至 2 738.6 亿斤，增长了 181%；小麦产量由 276.2 亿斤增长至 1 076.8 亿斤，增长了 290%；薯类产量由 196.9 亿斤增长至 634.8 亿斤，增长了 222%②。可见，这一阶段我国粮食产量稳步增长，为解决人民温饱问题以及保障工业发展所需原料提供了重要基础。三是国民经济结构不断优化，工业占工农业总产值的比重不断上升，农业占工农业总产值的比重不断下降。国家统计局相关数据显示，1949 年，农业、轻工业、重工业占工农业总产值的比重分别为 70.0%、22.1%、7.9%；1978 年，农业、轻工业、重工业占工农业总产值的比重分别为 25.6%、31.8%、42.6%③。可见，1949—1978 年，我国农业占工农业总产值的比重由 70.0% 下降至 25.6%，工业占工农业总产值的比重由 30.0% 上升至 74.4%，工业取代农业成为国民经济的主导。其中，重工业则由 7.9% 上升至 42.6%，上涨了将近 35 个百分点。

但与此同时，这一时期，我国城乡发展也存在一些问题。一是农业为支持工业发展，"失血"严重，导致农业发展十分缓慢。国家统计局相关数据显示，1949—1978 年，我国农业总产值由 67.3 亿元增长至 229.6 亿元④，30 年仅增长了 2.4 倍，可见农业发展速度非常缓慢。二是工农业发展速度严重失衡。1949—1978 年，我国农业总产值仅增长了 2.4 倍，工业总产值却增长了 38.2 倍，其中重工业总产值增长了 90.7 倍⑤。工业产值增幅是农业的 16 倍，重工业产值增幅是农业的 38 倍。可见，新中国成立到改革开放前的这一阶段，我国工农业发展速度差距非常大，工业尤其是重工业发展速度远远超过了农业。三是人民生活水平提高缓慢。国家统计局相关

---

① 国家统计局. 中国统计年鉴 1981 [M]. 北京：中国统计出版社，1982：18.

② 同①：143.

③ 同①.

④ 同①.

⑤ 同①.

数据显示，1952—1978 年，全国职工年平均货币工资由 445 元提高至 615 元①，26 年仅提高了 170 元，平均每年上涨 6.5 元。可见，工资上涨幅度非常小，这也反映了人们为支持重工业发展做出了重要牺牲。

通过以上分析可以看出，新中国成立到改革开放之前，我国工业发展速度飞快，成绩斐然。这离不开户籍制度、人民公社制度和统购统销制度这三项制度的支持。这三项制度都服务于国家工业化战略，同时其制度本身也是紧密联系的。户籍制度的实施，把农民牢牢束缚在土地上，为工业化建设而进行农业生产；同时也避免了大量农村人口进城所造成的商品粮供应紧张问题。统购统销制度的实施，将农民生产的粮食集中起来，统一销售，避免了粮价大幅上涨问题，进而使城市工人能够在低工资水平下维持基本生活，从而降低了企业的工资性成本，保证了工业发展所需的资金积累。而统购统销制度的实行离不开人民公社这一载体，因此国家还制定了人民公社制度。人民公社制度的实施，一方面可以降低国家收购粮食的成本；另一方面则是为了改变农业生产方式，把农民组织起来，进行机械化生产，以便使农业走向社会主义道路，同时也可以解决工业品的销售问题。总之，这三项制度是国家为实现工业化而做出的制度安排；但同时，这三项制度的长期运行也影响了农业农村的正常发展，损害了农民利益，并使城乡二元分割体制形成并逐渐固化。具体而言，这三项制度产生的消极影响主要有：一是造成城镇化落后于工业化。国家一方面集中精力发展重工业，另一方面又限制农村人口向城镇转移，导致我国城镇化落后于工业化。二是农业发展落后于工业发展。由于户籍制度的实施，大量农村人口滞留在农村，阻碍了农业劳动生产率的提高。三是导致城乡差距不断拉大，城乡享受着不平等的国民待遇。城镇居民在食品供应、就业、医疗、社会保障等方面可以享受到各种补贴，农村居民却被牢牢束缚在土地上，不仅享受不到城镇居民的待遇，而且很难离开农村到城镇寻求就业机会和发展机会。

总而言之，分析新中国成立到改革开放前我国城乡关系的演变历程，必须持辩证思维。一方面，这一时期我国城乡发展具有很多非正常和不合理之处；另一方面，不可否认的是，这一时期城乡非正常发展是我国工业

---

① 国家统计局国民经济综合统计司. 新中国六十年统计资料汇编 [M]. 北京：中国统计出版社，2010：8.

化进程中不可逾越的阶段。在当时的历史条件下，我国工业基础极其薄弱，没有能力为自身提供资本积累，只能靠牺牲农业、农村、农民的利益来为工业提供资本积累，这是不得已的选择，也是尽快建立起工业体系、改变我国贫穷落后面貌的唯一办法。认识到这一点，我们再来看这一时期的城乡发展历程就会发现，这一时期城乡发展所呈现出的种种非正常现象都是历史的必然。在当时的客观历史条件下，中国共产党所能做到的就是努力将工业发展对农业农村的损失降低到最小，而不能改变牺牲农业农村支持工业发展这一前提。可以说，这一时期城乡二元结构的形成是历史的必然，也是众多发展中国家从落后农业国向先进工业国转变过程中必然要经历的历史阶段。

二、城乡二元结构的解构阶段（1978—2002 年）

1978 年党的十一届三中全会做出把党和国家的工作重心转移到经济建设上来，实行改革开放的伟大决策，并重新确立了解放思想、实事求是的思想路线，在这一思想路线的指引下，我国城乡发展也进入了一个新的历史时期。与前一阶段相比，这一时期城乡发展的一个显著不同就是政府的力量不断减弱，市场的作用逐渐加强，城乡二元制度障碍逐渐打破，城乡之间要素流动越来越频繁，城乡关系也逐渐走向正常化。但是这一时期，国家发展的重点仍是工业和城市，因此农业农村支持工业和城市的状况并没有变。

（一）1978—2002 年我国城乡关系的演进历程

从改革开放到党的十六大这一时期，伴随着市场经济体制的探索、建立和完善，我国城乡改革也逐步向纵深发展。根据城乡改革的重点及推进深度可以将这一阶段分为三个小阶段①：①1978—1984 年为城乡二元体制的探索突破阶段。这一阶段以农村改革为重点，城乡关系开始向好。这一时期也是我国历史上城乡发展差距较小的"黄金时期"。②1984—1992 年为城乡改革逐步推进下城乡互动逐渐增多的阶段。这一时期以城市为重点，城乡发展差距再度拉大。③1992—2002 年，随着社会主义市场经济体制的建立，城乡改革也进入全面推进阶段。

---

① 这三个小阶段中均有年份重合问题，如 1984 年和 1992 年均涉及上、下两阶段内容，为了便于理解和分析，不再做具体节点区分。

1. 1978—1984 年：探索突破阶段

这一时期，改革是从农村开始起步的。农村改革为城乡发展注入新活力，城乡二元结构逐步破冰。农村之所以成为改革的突破口，是因为农村是受压迫最严重的地方，农民受到的束缚最多，期望改革的愿望最强。而农民推动这场改革的愿望也很简单，就是为了生存，即解决人民公社体制下吃不饱饭的问题。这一时期，农村改革的内容主要有以下四个：

（1）改革农村经营体制，实行家庭联产承包责任制。

1979 年以前，农村实行的是人民公社制度。在人民公社经济体制下，农民集体经营、按劳分配，没有生产自主权，也没有产品支配权，农民的生产积极性受到严重压制。因此，在 1978 年以前，农村就有过几次要求"包产到户"的尝试，但最终都被压了下来。1978 年秋，安徽部分地区遭受自然灾害，农民又一次萌生了"包产到户""包干到户"的想法。在党的十一届三中全会"解放思想，实事求是"精神的指导下，国家对"包产到户""包干到户"采取了不赞成但默许的态度。经过实践检验，"包干到户"确实达到了激发农民生产积极性和提高粮食产量的目的，于是国家逐渐允许农民实行"包产到户""包干到户"。由于与"包产到户"相比，"包干到户"执行起来更简单，也更能激发农民的积极性，用农民自己的话来讲，就是"交够国家的，留足集体的，剩下的都是自己的"。因此，"包干到户"就在全国迅速普及开来。

但国家对"包产到户""包干到户"的态度有一个从禁止（不许"包产到户"，不许分田单干）—默许（边远山区和贫困落后地区可以"包产到户"，也可以"包干到户"）—肯定（"包产到户""包干到户"是社会主义集体经济的生产责任制）的过程。1982 年的中央一号文件肯定了"包产到户""包干到户"是社会主义集体经济的生产责任制之后，1984 年国家进一步将土地承包期延长至 15 年以上。之所以要将承包期延长至 15 年以上，主要是因为承包期太短容易造成人们经营行为的短期化，即只关心粮食产量而忽视土地维护。而通过赋予农民长期稳定的承包权则可以激励农民对土地进行投资。

家庭联产承包责任制的实行是一场具有开创性、根本性的伟大变革。它解决了农业微观经营主体的激励机制问题，提高了农业生产效率，使粮食产量连年增长，也大大降低了我国的贫困发生率。据统计，1978—1984 年，我国粮食产量由 6 095.3 亿斤增长至 8 146.1 亿斤①，平均年增长率为 5.6%。1978—1985 年，我国农村绝对贫困人口从 2.5 亿人下降到 1.25 亿人，平均每年减少 1 786 万人，农村贫困发生率由 30.7% 下降至 14.8%②，创造了世界消除贫困历史的奇迹。这一时期也是农民收入不断增长和城乡收入差距缩小的时期。然而，家庭联产承包责任制提高农业生产效率的潜力是一次性的，这一制度变革无法持久不断地提高农业生产效率，但这绝不意味着家庭联产承包责任制所发挥的作用已经到了极限。事实上，家庭联产承包责任制的意义绝不只局限于提高农业生产效率和增加粮食产量上，它还有着更深刻的意义。它消除了集体劳动中的"偷懒"行为，提高了人们的劳动积极性，使农业生产所需的劳动力数量减少、农村剩余劳动力现象显化出来。为了解决这部分剩余劳动力的出路问题，农民不仅扩大了农业种植范围，由种植业扩展到农林牧副渔全面发展，改善了农业生产结构，还发展了乡镇企业，繁荣了农村经济，提高了农民生活水平，也使农村劳动力在更大范围内实现了优化配置。从这一角度来看，家庭联产承包责任制的改革为后来农村流通体制改革及市场体制改革奠定了基础，是一次具有开创性意义的伟大变革，甚至对我国基本经济制度的形成都有重要意义。

（2）改革农村政治体制，撤社建乡。

1979 年，四川省广汉市率先在向阳人民公社开展了"政社分开"的改革试点。1982 年通过的《中华人民共和国宪法》规定，乡镇行政区域内的行政工作由乡人民政府负责。1983 年国家决定实行政社分开，恢复乡镇政府，同时成立村民委员会办理农村居住地的公共事务，这就意味着人民公社制度从此走向终结。撤社建乡改变了我国的基层建制，保障了农民的民主权利，促进了村民自治管理模式的形成，对解放和发展农村生产力、改善城乡关系、推进户籍制度改革等方面都产生了积极影响。

（3）鼓励农村开展多种经营，搞活农村商品生产。

家庭联产承包责任制的实行大大提高了农民的生产积极性，使农村剩余劳动力现象显化出来。在人均"一亩三分地"（1 亩 ≈ 666.7 平方米，下同）的情况下，农民即使再拼命干活，家庭总收入在到达极限之后也很难再提高。为此，国家制定了一系列政策来活跃农村经济、提高农民收入。1979 年，国家开始允许农民进入种地以外的其他经济领域；1981 年鼓励社

---

① 国家统计局农业统计司. 中国农村统计年鉴 1985 [M]. 北京：中国统计出版社，1986：47.
② 赵立雄. 农村扶贫开发新探 [M]. 北京：人民出版社，2008：10.

员从事商业和运输业；1983 年的中央一号文件提出允许农民从事长途贩运经商；1984 年的中央一号文件明确允许农民进城开店设场、兴办服务业。这些政策的实行搞活了农村经济，保障了农民权益，促进了农业农村发展进步。

（4）农产品市场化改革。

这一时期，国家除了对农业经营制度进行改革之外，还对农产品价格和流通体制进行了改革。农业经营制度改革、农产品流通体制改革以及农产品价格体制改革之间是相互联系的。一方面，农业经营制度改革催生了农业流通体制改革，或者说农业经营制度改革所带来的农业生产效率的提高以及农产品数量的增长，是放开农产品市场的前提条件。因为随着家庭联产承包责任制的实行，农产品产量增加，农民有了剩余产品，为了解决这部分剩余产品的销售问题，国家不仅逐渐放开了农村集贸市场，还进一步开放了城市集贸市场，允许农民进入城市进行农产品交易。另一方面，农业流通体制改革又倒逼农产品价格体制改革。农村集贸市场的打开打破了国家对粮食等主要农产品的垄断，倒逼农产品价格体制改革。1979 年国家提高了 18 类主要农产品的收购价格；到 1984 年，农产品收购价格比 1978 年提高 53.6%（包括牌价、议价和超购加价），6 年间农产品收购价格平均每年递升 8% 左右①。

这一时期，城乡改革的关键是通过制度变革增强农业农村发展活力，激发农民摆脱贫穷的积极性和主动性，缓解城乡对立关系。这一时期，城乡发展趋好，主要表现在：一是粮食产量大大提高。1984 年，全国粮食产量达到 40 731 万吨，人均达 400 千克，创造了历史最高纪录。1979—1984 年，农业总产值增加 172.1%，年均增长 8.4%②。而这一时期粮食产量的增长主要得益于农业生产经营制度的变革。林毅夫等人利用计量模型得出 1978—1984 年家庭联产承包责任制改革对农业增长的贡献为 46.89%③。二是农村商品经济逐渐得到恢复。截至 1982 年年底，全国共有大、中型生产资料商场 70 个，营业额达 5 亿元；截至 1984 年年底，粮食的商品率达到

① 许经勇. 中国农村经济制度变迁六十年研究［M］. 厦门：厦门大学出版社，2009：81.

② 牛若峰，郭玮，陈凡. 中国经济偏斜循环与农业曲折发展［M］. 北京：中国人民大学出版社，1991：44.

③ 林毅夫，蔡昉，李周. 中国的奇迹：发展战略与经济改革：增订版［M］. 上海：上海三联出版社，2014：105.

了30%以上①。三是城乡收入差距缩小。国家统计局相关数据显示，1978—1985年，农村居民家庭人均纯收入从133.6元增长至397.6元，城镇居民家庭人均可支配收入从343.4元增长至739.1元②，城乡居民收入倍差从2.57缩小至1.86。而且，农村居民收入和消费增幅远超城市居民，1978—1985年，农村居民人均收入和消费增幅分别为169%和94%，而同期城镇居民收入和消费增幅分别只有98%和47%③。总而言之，这一时期，我国通过制度创新释放了农村内部活力，使农村发展呈现欣欣向荣的景象，城乡居民的收入差距也显著缩小，城乡二元对立局面逐渐缓和。

2. 1984—1992年：城乡互动逐渐增多

农村改革对计划经济体制造成了冲击，倒逼城市改革。1984年党的十二届三中全会之后，改革的重点就由农村转移到了城市，相应地，各项优惠政策和资源也逐渐向城市和工业倾斜。

这一时期，城乡改革的内容主要有以下三个：

（1）取消粮食统购统销制度，放开城乡农产品流通市场。

这次改革是第一轮粮食购销体制改革，之所以称之为第一轮改革，是因为这一轮的改革只是取消了统购但仍然保留了统销，之后还有第二轮改革。而之所以要改革统购统销制度，是因为统购统销制度虽然为建立国家工业体系提供了制度保障，但其所产生的消极影响也是不言而喻的。1985年的中央一号文件规定，除个别品种外，国家不再向农民下达农产品统购派购任务。至此，我国进入粮食购销"双轨制"时期，这也标志着实行32年的统购统销制度开始瓦解。价格"双轨制"的实行是我国城乡渐进式改革的一种体现。因为如果完全让政府决定农产品价格，则会降低农民生产的积极性，进而不利于提高粮食产量。如果完全让市场来决定农产品价格，则国家财政又会面临巨大的压力。面对这个两难的困境，国家采取了"双轨制"。在粮食购销"双轨制"下，粮食购销的经营主体不仅包括国有企业还包括私营企业。在粮食购销的价格方面，不仅有政府决定的低价收购和低价供应，还有市场决定的自由交换。从更深层次的意义上看，农产品价格"双轨制"的实行表明计划经济体制在逐步解体，市场的作用在逐渐

① 武力.中华人民共和国经济史［M］.北京：中国时代经济出版社，2010：724-726.

② 国家统计局.中国统计年鉴2003［M］.北京：中国统计出版社，2003：344.

③ 赵洋.中国特色社会主义城乡关系变迁：历史、理论与现实［J］.思想教育理论导刊，2016（9）：111-115.

增强，反映了计划和市场两种资源配置方式此消彼长的关系①。

（2）在人口流动方面，放宽了农村人口向小城镇流动的政策。

这一时期，国家放宽了农村人口向小城镇流动的政策。1984年的中央一号文件指出，允许务工、经商、办服装业的农民自带口粮在城镇落户，这表明实行了26年的限制城乡人口流动的政策开始松动；但这时对农民向大城市流动的政策并没有放开，尤其是1988年出现通货膨胀之后，1989—1991年国家又出台了一系列政策，劝阻农民工外流。除了国家政策的限制之外，这一时期粮票制度的存在也使得本阶段的农民工以就地流动和就地转移为主，农民很难进城安居就业。正是在这样的背景下，农民就地办起了乡镇企业，探索出了"离土不离乡，进厂不进城"的就业转移模式，乡镇企业迅速兴起。

（3）乡镇企业异军突起。

过去谁要是搞非农产业，就是资本主义尾巴，是要被割掉的。家庭联产承包责任制实行之后，农村剩余劳动力现象显化出来，为了解决这部分剩余劳动力的就业问题，在城乡户籍限制还没有完全放开的背景下，农民办起了乡镇企业，开始了"离土不离乡"的就业转移模式。可见，乡镇企业的发展并不是国家计划的产物，正如邓小平所说，是"异军突起"。而乡镇企业之所以能够发展起来，一是人们生活水平提高后对消费品的需求日益增加，为乡镇企业发展提供了广阔的市场。二是由于当时城市改革还未全面展开，国有企业还没有形成与乡镇企业相竞争的局面，这为乡镇企业发展提供了难得的发展机遇。三是得益于国家有利的政策环境。当时，我国实行资源配置和价格"双轨制"，这使得乡镇企业能够获得国家计划配置之外的原料和产品销售的市场空间。1984年开始，乡镇企业进入快速发展阶段。这时乡镇企业的发展已经大大不同于"大跃进"时期由行政力量推动的工业化，而是一种由经济内在动力推动的工业化②。在改革开放的大背景下，乡镇企业发展迎来了千载难逢的发展机遇，已经完全不同于20世纪70年代在计划经济体制下夹缝中生存的社队企业，它们不仅有国家政策支持，还有市场需求，这就造就了这一时期乡镇企业发展的突出成

① 蔡昉，王德文，都阳.中国农村改革与变迁：30年历程和经验分析［M］.上海：格致出版社，上海人民出版社，2008：110.

② 城乡二元结构下经济社会协调发展课题组.中国城乡经济及社会的协调发展：上［J］.管理世界，1996（3）：15-24.

绩。据统计，1984—1992 年，乡镇企业由 607 万个发展到 2 092 万个，从业人员由 5 028 万人增加到 10 581 万人，企业增加值由 633 亿元增加到 4 485 亿元，利润总额由 188 亿元增加到 1 079 亿元①。可见，这一时期乡镇企业发展速度飞快，成就突出。

总体来看，这一时期虽然农村改革仍在继续推进，但由于改革的重心在城市，各种优惠政策和资源主要向城市和工业倾斜，而对农业农村的投入明显不足，城乡发展差距再次拉大。

3. 1992—2002 年：全面推进阶段

1992 年邓小平南方谈话突破了市场经济等于资本主义这一传统观念的束缚，提出社会主义也可以搞市场经济。之后，党的十四大进一步提出我国经济体制改革的目标是建立社会主义市场经济体制。这两件事推进我国改革开放和现代化进入了一个新时期，同时，我国城乡发展也进入新阶段。这一时期，城乡改革主要围绕以下三个方面展开：

（1）户籍制度的藩篱进一步放开。

随着我国经济体制改革的推进，城乡二元户籍制度越来越难以适应现实需求，迫切需要对其进行改革。1992 年公安部开始在广东、浙江等 10 余个省（自治区、直辖市）实行"当地有效城镇居民户口"，将当地常住农业户籍人口统计为"非农业人口"。1994 年以后，国家不再以是否"吃商品粮"为标准而是以居住地和职业为标准来划分农业人口和非农业人口。2000 年，国家正式废除了粮油迁徙证制度，粮油供应关系和户籍迁移脱离。这些政策的实行逐渐打破了人口流动的障碍，促进了劳动力在城乡之间的双向流动和合理配置，也改善了城乡关系。

（2）小城镇发展迅速。

小城镇是乡镇企业的重要载体。在乡镇企业的推动下，小城镇也迅速发展起来。这一时期，国家加快了小城镇建设步伐。1998 年，党的十五届三中全会首次提出"小城镇，大战略"问题，并确立了发展小城镇是带动农村经济和社会发展的大战略。在国家政策的支持下，小城镇发展迅速。据统计，1979 年我国设有建制镇 2 581 个，1998 年已增长至 19 216 个②，19 年间增加了 16 635 个，平均每年增加 876 个，可见我国小城镇发展速度非常快。

---

① 张毅，张颂颂. 中国乡镇企业简史［M］. 北京：中国农业出版社，2001：247.
② 范希春. 邓小平思想评传：1977—1997［M］. 北京：人民出版社，2010：117.

（3）第二轮粮食购销体制改革。

1985 年实行的价格"双轨制"是我国第一轮粮食购销体制改革，这次改革取消了统购但仍保留了统销。1992 年起，国家又开始了第二次粮食购销体制改革。1992 年，国务院出台了《国务院关于发展高产优质高效农业的决定》，指出凡是有条件放开粮食经营的省（自治区、直辖市）均可提出实施方案，报国务院批准。到 1993 年 6 月底，全国 95%以上的县都放开粮食购销价格，粮食价格随行就市。1993 年年底，中央农村工作会议做出了粮食订购实行"保量放价"的决定，即保证完成粮食订购数量，放开粮食收购价格。这就结束了粮食购销价格"双轨制"，标志着粮票制度的解体。

（二）对 1978—2002 年我国城乡关系演进的简要分析与总结

1. 对 1978—2002 年我国城乡关系演进原因的简要分析

党的十一届三中全会之后，我国逐渐突破了计划经济体制的束缚，开始市场化改革，在这一改革过程中，城乡关系也由封闭走向互动。但这一时期，国家将发展的重心放在了工业和城市，城乡发展差距不断拉大。具体而言，这一时期，城乡关系演进的原因主要有以下两个方面：

（1）上下联动的改革。

这一时期，城乡发展取得巨大成就的首要原因就是通过上、下联动的改革，逐渐打破了阻碍城乡交流的体制机制障碍，释放了城乡发展的活力。上一阶段，我国城乡发展失衡不仅与重工业优先发展战略有关，还与人们当时的思想观念有关。"文化大革命"结束之后，我国在全国范围内开展了关于真理标准问题的大讨论，重新确立了解放思想、实事求是的思想路线，人们从长期以来故步自封的思想桎梏中解放出来，大大推动了城乡改革。

一方面，党和政府开始改革计划经济体制下阻碍城乡交流的户籍制度、人民公社制度和统购统销制度，逐渐放开农产品市场，允许农民进城务工经商以及开展多种经营，这些赋予农民更多自主权的各项改革调动了农民生产的积极性，解放了农村生产力，也缩小了城乡差距；另一方面，在相对宽松的政策环境以及政府改革的推动下，寻求生存和发展的农民充分发挥他们的首创精神，创造了以家庭为主的承包责任制，"离土不离乡"的乡镇企业发展模式、村民自治制度等，大大推动了农业农村发展。正是这种上、下联动的改革推动了我国城乡发展。

（2）城市偏向的发展战略。

这一时期，城乡改革在取得巨大成就的同时，也存在城乡发展差距不断拉大的问题。而城乡发展差距不断拉大不仅与市场经济作用下各要素为追求利润最大化逐渐从农村流入城市有关，也与我国实行的一系列城市偏向政策有关。改革开放前的城市偏向政策主要通过工农业产品价格"剪刀差"表现出来，改革开放后的城市偏向政策则主要表现在城乡基础设施和公共服务投入不均衡上。这一时期，在城市偏向的政策导向下，国家将有限的资源优先用于支持工业和城市发展，对农业、农村、农民的投入较少，导致了城乡发展不均衡。在财政"支农"上，虽然国家财政"支农"总量不断增加，但比例不断下降，1991—2001 年，财政"支农"资金占财政总支出的比例由 10.3% 下降到 5.1%，与 GDP 中农业 15.2% 的份额很不相称[①]。在金融方面，通过金融存贷的手段，大量农村资金流向城市。有学者通过研究计算得出，1978—2000 年，我国农村和农户通过农村信用合作社和邮政储蓄机构的资金净流出达到 16 465 亿元[②]。可见，改革开放以来，有大量农村资金流入城市，这也是这一时期城乡发展差距不断拉大的一个重要原因。

2. 对 1978—2002 年城乡关系演进的简要总结

总而言之，从 1978 年党的十一届三中全会到 2002 年党的十六大召开前这一阶段，我国城乡二元体制开始松动，城乡交流和互动逐渐增多，工农关系得到缓和，之前扭曲的城乡关系也得以正常化。但这一时期依然实行工业优先和城市偏向的发展战略，农业农村支持工业发展和城市发展的总体格局没有根本改变，城乡发展差距依然较大。

与上一阶段相比，这一时期城乡发展有三个显著不同：一是在资源配置上，政府的作用逐渐减弱，市场的作用逐渐增强。二是在国家与农民的关系上，国家对农民的控制逐渐减弱，农民的自主权逐渐增强。三是农业农村支持工业和城市的方式有所不同。改革开放前，农业农村主要通过农业税、工农业产品价格"剪刀差"的形式为工业和城市提供支持；改革开放后，农业农村主要通过提供廉价劳动力、土地、资金的方式支持工业发展和城市发展。

总体来看，这一时期，城乡发展取得的成就有以下三个：

---

① 朱诗柱. 统筹城乡发展的关键是逐步统一城乡经济社会体制和政策 [J]. 当代经济研究, 2004 (6)：59-62.

② 宋宏谋. 中国农村金融发展问题研究 [D]. 北京：中国社会科学院研究生院, 2002.

（1）农产品产量大幅增加。

家庭联产承包责任制取代人民公社制度后，极大地提高了农业生产效率，增加了粮食产量。国家统计局相关数据显示，1978—2002 年，我国主要农产品产量都有了极大提高。其中，粮食产量从 30 477 万吨增长至 45 706 万吨，增长了 50%；棉花从 216.7 万吨增长至 491.6 万吨，增长了 127%；油料从 521.8 万吨增长至 2 897.2 万吨，增长了 455%；水果从 657 万吨增长至 6 952 万吨，增长了 958%①。

家庭联产承包责任制的实行之所以能够提高粮食产量，是因为这一制度赋予了农民对剩余劳动的索取权。在人民公社体制下，农民以生产队为基础，统一经营、统一分配，农民所得与付出没有直接必然的联系，因此很难调动农民的生产积极性。家庭联产承包责任制取代人民公社制后，农民以家庭为单位进行农业生产，农户在完成农业税和集体提留之后，可以自由支配剩余农产品，这就使农民的付出与收获直接挂钩，从而激发了农民的生产积极性。

而家庭联产承包责任制之所以能够取代人民公社制度，是由农业生产的特点和家庭组织的特点所决定的。首先，从农业生产的特点来看，一是农业生产具有地域性。农业生产依赖土地，土地具有不可移动的特点，决定了农业生产只能在同一地域上进行。二是农业生产具有季节性和周期性。农作物生长不仅需要人工劳动，还需要阳光、空气、水等自然条件的配合，这就决定了人们要根据农作物生长的自然规律进行劳作，而不能通过分工，让播种、插秧、施肥、收割等不同劳动在同一时间内完成。三是农业劳动质量没有一个明确的衡量标准，往往根据经验来判断，因此集体劳动中机会主义行为普遍存在。农业生产的这些特征要求农业生产者具有高度的自觉性和责任感、丰富的经验以及充足而自由的时间。其次，从家庭组织的特点来看，家庭是由血缘而组成的一个有机体，家庭内部每个成员的付出都是自觉而无私的。因此，家庭从事农业生产不需要监督，不存在机会主义行为，这是其他任何组织从事农业生产都不具备的优势。可见，家庭组织的特点很好地适应了农业生产的要求，因此家庭联产承包责任制取代人民公社制度具有历史必然性。

（2）城乡居民生活水平极大提高。

就农村居民而言，家庭联产承包责任制实行之后，农民生产积极性和

---

① 国家统计局. 中国统计年鉴 2003 [M]. 北京：中国统计出版社，2003：430-432.

农业生产效率极大提高，在"人均一亩三分地，户均不过十亩田"的基本国情下，农业劳动力就会出现剩余，为使这部分剩余劳动力得到充分利用，农民不仅扩大了农业经营范围，由种植业扩展至农、林、牧、渔等多种农业形式，而且由农业扩展至第二、第三产业，乡镇企业的异军突起就是最鲜明的例子。这不仅改变了农业生产结构，而且活跃了农村经济，增加了农民收入，提高了农民生活水平。国家统计局相关数据显示，1978—2002年，农村居民家庭人均纯收入从133.6元增长至2 475.6元[①]，增长了17.5倍。农村居民家庭恩格尔系数从67.7%下降至46.2%[②]，下降了21个百分点。就城镇居民而言，随着城市改革的不断深入，国家加大了对城市政策和资金上的支持力度，促使城镇居民收入水平和生活水平显著提高。国家统计局相关数据显示，1978—2002年，城镇居民家庭人均可支配收入从343.4元增长至7 702.8元[③]，增长了21倍。城镇居民家庭恩格尔系数从57.5%下降至37.7%[④]，下降了将近20个百分点。可见，从改革开放到党的十六大之前这一阶段，人民的生活水平和消费水平都有了显著提升。

（3）乡镇企业发展迅速。

早在20世纪50年代，沿海发达地区的一些农村就出现了乡村企业。但长期以来，受"左"倾思想的影响，我国农村产业发展非常缓慢。改革开放后，在解放思想、实事求是思想路线的指引下，以邓小平同志为主要代表的中国共产党人破除传统观念的束缚，肯定了乡镇企业的重大意义，创造了有利于乡镇企业发展的政策环境，促进了乡镇企业的发展。乡镇企业之所以在这一时期能够得到迅速发展，一是由于人民生活水平提高后对消费品提出了更多要求，而此时城市国有企业改革还未大范围启动，这为乡镇企业的发展提供了生存机会；二是国家政策的松动为乡镇企业发展提供了较为宽松的制度环境。

这一时期，城乡发展也存在以下问题：

一是城乡居民收入差距不断拉大。这一时期，以1985年为界，城乡居民收入差距呈现"先缩小、后扩大"的趋势。其中，1978—1984年是我国农村居民收入大幅增长和城乡居民收入差距显著缩小的黄金阶段。国家统

---

① 国家统计局. 中国统计年鉴2003 [M]. 北京：中国统计出版社，2003：344.

② 同①.

③ 同①.

④ 同①.

计局相关数据显示，1978—1985 年，农村居民家庭人均纯收入从 133.6 元增长至 397.6 元，城镇居民家庭人均可支配收入从 343.4 元增长至 739.1元①，城乡居民收入倍差从 2.57 缩小至 1.86。1985 年之后，随着改革的重心由农村转移到城市，我国城乡发展差距再次拉大。1986—2002 年，农村居民家庭人均纯收入从 423.8 元增长至 2 475.6 元，城镇居民家庭人均可支配收入从 899.6 元增长至 7 702.8 元②，城乡居民收入倍差从 2.12 扩大至 3.11。

这一时期的城乡居民收入差距之所以呈现"先缩小、后扩大"的趋势，主要原因在于：其一，家庭联产承包责任制取代人民公社制度后，赋予了农民对剩余劳动的索取权，极大地提高了农民生产的积极性，增加了粮食产量，促进了农民增收。但家庭联产承包责任制提高农业生产效率的潜力是一次性的，这一制度变革无法持久不断地提高农业生产效率。有研究表明，到 1984 年全国范围内都实行家庭联产承包责任制以后，这种制度变迁所产生的效力已经释放完毕③。而随着改革的重心由农村转移到城市，城镇居民收入迅速增加，农民收入则增长缓慢。其二，这一时期国家实行城市偏向的发展战略，将有限的资金优先用于支持城市发展，对农业农村投入不足。国家统计局相关数据显示，1978—2001 年，国家财政用于农业的支出总额从 150.66 亿元增长至 1 456.73 亿元，但农业支出占财政支出的比重则由 13.43% 下降至 7.71%④。其三，工农业产品价格虽经多次调整，但仍不合理，工农业产品价格"剪刀差"依然存在。

二是农民负担较重。这一时期，城镇居民享受的基本公共服务一般会纳入政府的财政预算体系；农村居民所享受的基本公共服务则主要由农民自己承担。1999 年以前，农民负担的税费种类繁多，主要包括税、费及"两工"。其中，税主要有农业税、农业特产税、牧业税、牲畜屠宰税四大类；费则包括农民向乡镇交的"五统筹"以及农民向村里交的"三提留"；"两工"则包括义务工和积累工。有学者对农民负担进行了专门研究，结果表明，1978 年以来的农民负担率在 1992 年之前均低于 20%（除 1986 年

---

① 国家统计局. 中国统计年鉴 2003 [M]. 北京：中国统计出版社，2003：344.

② 同①.

③ 林毅夫，蔡昉，李周. 中国的奇迹：发展战略与经济改革：增订版 [M]. 上海：上海三联出版社，2014：105.

④ 同①：285.

达到 36.88% 外），而在 1992—2000 年这段时间则全部高于 20%，且呈不断上升的态势，2000 年更高达 35.38%[①]。这一问题引起了中央的高度重视，2000 年中央决定从安徽省开始，开展农村税费改革试点，到 2003 年农村税费改革已经扩展到全国各地。2006 年起，我国彻底取消了农业税，从此"皇粮国税"退出了历史舞台。

三是农业农村和农民继续支持工业发展和城市发展。改革开放以前，农业农村主要通过农业税、工农业产品价格"剪刀差"等形式为工业和城市提供支持。改革开放之后，农业农村支持工业和城市的方式发生了变化，改为通过提供廉价劳动力、土地、资金的方式来支持工业发展和城市发展。具体而言：①农民工为城市提供大量廉价劳动力，为城市发展做出了巨大贡献，但是却享受不到城市市民的待遇。②农村为城市提供廉价土地。农村建设用地转为城镇建设用地后，政府给农民的补偿非常少。③农村为城市提供大量资金。通过金融存贷的手段，大量农村资金流向城市。有学者通过研究计算得出，1978—2000 年，中国农户和农村通过农村信用合作社和邮政储蓄机构的资金净流出达到 16 465 亿元[②]。可见，改革开放以来，有大量农村资金流入城市。

四是小城镇发展迅速但潜力有限。这一时期的小城镇发展主要是由乡镇企业所推动的。随着乡镇企业规模的扩大，其对小城镇基础设施、公共服务、金融服务等方面的要求也越来越高。这些要求在小规模的城市区域内是难以实现的[③]。小城镇的这种局限也制约了乡镇企业的发展壮大。同时，与大城市相比，小城镇本身也存在一定的局限性。因为城市产生和发展的核心在于节约，也就是说，城市的经济性来源于生产要素的聚集而产生的要素收益递增[④]。而在城市偏向的发展战略下，资源向小城镇的投入明显不足，其基础设施、公共服务远远不如大城市，这就决定了其发展潜力是有限的。

总而言之，这一时期，在改革开放的大背景下，市场在资源配置中的作用逐渐增强，城乡二元体制障碍逐渐打破，城乡交流与互动不断增加，

① 胡书东. 中国农民负担有多重：农民负担数量及减负办法研究 [J]. 社会科学战线，2003（1）：92-98.

② 宋宏谋. 中国农村金融发展问题研究 [D]. 北京：中国社会科学院研究生院，2002.

③ 蔡昉，王德文，都阳. 中国农村改革与变迁：30 年历程和经验分析 [M]. 上海：格致出版社，上海人民出版社，2008：89.

④ 同③：86.

城乡发展基本实现了由城乡分离到城乡互动的转变。尽管这一时期城乡发展也存在发展差距不断拉大、农民负担较重、农民工权益没有得到有效保障等问题，但不可否认的是，这一时期城乡改革开拓了中国特色社会主义城乡发展的新阶段，丰富了中国化马克思主义城乡关系理论，为之后的城乡发展提供了宝贵经验。

三、城乡统筹发展阶段（2002—2012 年）

进入 21 世纪以前，我国一直实行农业农村支持工业和城市的发展战略。尽管改革开放前后农业农村支持工业和城市的方式有所变化，但牺牲农业农村来支持工业发展和城市发展的总方针是不变的。进入 21 世纪之后，我国城乡发展战略发生了根本性改变。党的十六大提出，统筹城乡经济社会发展是全面建成小康社会的重大任务；2003 年，党的十六届三中全会提出统筹城乡发展；2004 年，在党的十六届四中全会上，胡锦涛又提出了"两个趋向"的重要论断；等等，这些都表明我国城乡发展理念发生了历史性转变，国家经济发展战略发生了根本调整，即从工业和城市优先发展转向城乡统筹发展。而这种转变的原因在于：一是我国进入工业化中期，工业化水平显著提高。2003 年我国人均 GDP 已超过 1 000 美元，农业占 GDP 的比重已降至 15% 以内，工农业产值比重已超过 3∶1，这些指标均达到或超过了工业反哺农业起步阶段的国际参照值[①]，说明我国已经具备了工业反哺农业的能力和条件。二是我国经济发展水平显著提高，国家财力增强，为加大对农业农村的投入力度奠定了物质基础。

（一）2002—2012 年我国城乡关系的演进历程

尽管前一阶段城乡改革取得了很大成就，但也存在城乡差距拉大、农民负担沉重、农民工权益得不到有效保障等问题，这些问题成为我国全面建成小康社会的瓶颈。为全面建成小康社会，基于我国进入工业化中期这一大背景，针对长期实行"以农养工、以乡养城"政策所导致的"三农"问题日益突出的现实，国家开始从根本上调整城乡关系，扭转城乡利益分配格局，并确立了城乡统筹发展战略，推动我国城乡发展迈入新阶段。总的来说，这一时期，城乡改革的内容主要包括以下六个方面：

---

① 马晓河，蓝海涛，黄汉权. 工业反哺农业的国际经验及我国的政策调整思路 [J]. 管理世界，2005（7）：55-63.

1. 农村税费改革

改革开放后，国家加大了农村改革力度，赋予了农民更多的自主权，促进了农业农村发展，但也存在农民负担较重、税费征收不合理等问题。为此，国家开始对农村税费制度进行改革。2000年3月，国家税费改革开始在安徽省进行试点，之后，试点范围逐步扩大，到2003年年底，试点范围已经扩大到全国多数省份。2006年1月1日起国家全面取消了农业税，改变了农民缴纳"皇粮国税"的历史，国家与农民的关系也实现了由"取"到"予"的根本改变。

2. 实行农业生产补贴政策

2004年中央一号文件指出，为保障种粮农民收益，要实行对农民的直接补贴政策，对种粮农民实行粮食直补、良种补贴和农机具购置补贴。之后，我国又增加了农业生产资料综合补贴，这样就形成了农业生产的"四项补贴"政策。其中，粮食直补是按照"谁种地，补给谁"的原则对种粮农民进行的补贴；良种补贴最早实行于2002年国家对大豆进行良种补贴的试点，到2007年，其范围已经扩大到大豆、水稻、小麦、玉米、油菜和棉花六个品种；农机具购置补贴是国家为提高农业机械化水平而对农民购买的先进农业设备给予的补贴；农业生产资料综合补贴是指国家对农民购买的农业生产资料（包括化肥、种子等）实行的一种直接补贴制度。在"多予、少取、放活"方针的指导下，国家不断加大农业补贴力度，据统计，2004—2012年，中央财政"四项补贴"支出从145.7亿元增加到1 668亿元，累计补贴金额达7 661亿元，增长了10.4倍，年均增长35.6%[1]。国家实行的农业补贴政策提高了农民的种粮积极性，增加了粮食产量，也保障了国家粮食安全。

3. 实行农产品价格支持政策

21世纪初，受粮价走低、大量耕地被占用等因素影响，我国粮食种植面积大幅萎缩，2003年降到了9 941万公顷（1公顷＝0.01平方千米，下同），比1990年减少了12.4%[2]。粮食种植面积减少直接导致我国粮食产量下降，国家统计局相关数据显示，1999—2003年，我国粮食产量持续下

---

① 曹帅，林海，曹慧. 中国农业补贴政策变动趋势及其影响分析 [J]. 公共管理学报，2012 (4)：53-63.

② 根据《中国农村统计年鉴2004》相关数据整理计算而成。

降，到 2003 年年底仅为 43 070 万吨①，是 1990 年以来的最低点。为稳定粮食生产，保障国家粮食安全，国家出台了粮食最低收购价和重要农产品临时收储政策。这两项政策的实施激发了农民种粮的积极性，促进了粮食产量的增长。但也存在一些问题：一是在一定程度上会导致农民盲目种植。因为在最低收购价政策下，农民不需要考虑市场需求，只考虑产量。二是导致国家财政负担过重。三是扰乱了正常的市场机制。政府定价取代了市场定价，使价格不能真实反映市场的实际情况。

4. 加大对农村基本公共服务的投入力度

2003 年发布的《中共中央 国务院关于做好农业和农村工作的意见》强调，国家今后每年新增教育、卫生、文化等事业经费，主要用于农村②。之后，国家加大了对农村公共服务的投入力度。在医疗方面，2003 年，国家启动新型农村合作医疗制度试点，到 2010 年年底，新型农村合作医疗基本覆盖农村居民。在养老方面，2009 年，我国启动新型农村社会养老保险试点，实行个人缴费、集体补助与政府补贴相结合的筹资办法。到 2012 年 6 月底，全国所有县级行政区全部纳入新型农村社会养老保险覆盖范围，所有农村居民都享受到了社会养老保险。在教育方面，我国实现了公共财政对农村义务教育的全覆盖。2001 年，国家开始实行"两免一补"（在农村义务教育阶段，免教科书费、免杂费，补助寄宿生生活费）政策。在社会救助方面，2007 年 7 月，国家开始在全国建立农村最低生活保障制度，到年底时，这项制度已经在全国范围内普遍建立。在国家财政的大力投入下，农村基本公共服务实现了"从无到有"的转变，为下一步实现"从有到好"的转变奠定了基础。

5. 农民工权益保护的改革和提升

从 2003 年开始，国家要求各地区取消对农民进城就业的职业工种限制。2004 年的中央一号文件肯定了农民工在城市发展方面的积极作用。2006 年国务院发布了《国务院关于解决农民工问题的若干意见》，该文件被认为是系统保护农民工权益的首个关键文件，提出要抓紧解决农民工工资偏低和拖欠问题、搞好农民工就业培训、为农民工提供相关公共服务、健全农民工权益保障机制。2008 年国家颁布了《中华人民共和国劳动合同

① 国家统计局. 中国统计年鉴 2013 [M]. 北京：中国统计出版社，2013：148.
② 胡锦涛. 胡锦涛文选：第 2 卷 [M]. 北京：人民出版社，2016：68.

法》，这为农民工维护其合法权益提供了法律保障。而农民工合法权益的有效保障不仅推动了城乡劳动力的流动，有利于劳动力要素在更大范围内实现优化配置，而且促进了我国由城乡二元结构向一元结构的转变。

6. 建设社会主义新农村

2005 年，党的十六届五中全会提出建设社会主义新农村。2006 年的中央一号文件进一步对社会主义新农村建设进行了全面部署，提出了新农村建设的具体路径。在党和国家的号召下，全国各地纷纷开始了社会主义新农村建设，并涌现了一大批社会主义新农村建设示范村。在社会主义新农村建设的大背景下，2005—2012 年，中央连续出台八个指导"三农"工作的中央一号文件，不断加大对农业农村的投入力度，大大改变了农村面貌，改善了城乡关系。

（二）对 2002—2012 年我国城乡关系演进的简要分析与总结

1. 对 2002—2012 年我国城乡关系演进原因的简要分析

2002 年之前，尽管我们党也强调要处理好农业与工业、城市与农村的关系，但由于客观条件的限制，在实际操作过程中不可避免会牺牲农业来发展工业。而要从根本上改变城乡关系，就必须改变重工业优先发展的战略。只有工业体系建立起来了，才有能力去调整工农关系、城乡关系。2002 年之后，随着我国经济实力的增强和工业体系的完善，党和国家调整了发展战略，从工业和城市优先发展转向城乡统筹发展，推进社会主义新农村建设。社会主义新农村建设与之前的"三农"政策相比，有着本质区别，即新农村建设不是对农业农村的"小修小补"，而是要从根本上调整工农关系和城乡关系，推动城乡统筹发展，它是与全面建成小康社会这一目标紧密相连的。具体而言，这一时期我国城乡关系改善的原因主要在于：

一是我国进入工业化中期，具备了"工业反哺农业、城市支持农村"的能力。根据发达国家城乡发展的一般经验，当一个国家人均 GDP 达到800~1 000 美元时，这一国家就进入了工业化中期，这一时期也是城乡二元结构向一元结构转变的关键时期。因此，在这一阶段，各个国家都普遍调整了城乡发展战略，由农业支持工业转为工业反哺农业。我国在 2000 年的时候人均 GDP 达到 856 美元，2002 年时人均 GDP 达到了 1 000 美元，这就意味着，21 世纪以来，我国具备了工业反哺农业的能力，这也为加大对农业农村的投入力度奠定了基础。

二是实施了城乡统筹发展战略。进入 21 世纪以来，我国的发展理念由工业和城市优先发展转向城乡统筹发展，提出"多予、少取、放活"的方针，不断加大对农业农村的投入力度。从财政"支农"的数量上看，2002—2012 年，中央财政用于"三农"的支出由 1 580.8 亿元增加到 12 387.6 亿元，增长了 6.8 倍，平均每年增长 1 080.68 亿元。2007—2012 年，国家财政用于农村社会事业发展的支出由 1 415.8 亿元增长到 5 339.1 亿元，增长了 2.8 倍。从财政"支农"的比例上看，2002—2012 年，农业支出占财政总支出的比重由 7.2% 增加到 9.8%。在国家财政的大力投入下，我国不仅取消了农业税，还对农民实行直接补贴。此外，我国还加大了财政对农村基础设施、社会保障、医疗卫生、教育等方面的投入力度，促进了农村各项事业的全面发展。可见，在城乡统筹战略下，国家财政对农业农村的大力投入是这一阶段城乡关系得以改善的重要原因。

2. 对 2002—2012 年我国城乡关系演进的简要总结

这一时期，随着我国进入工业化中期，我国具备了工业反哺农业的能力和条件，为全面建成小康社会，国家财政加大了对农业农村的投入力度，实行"多予、少取、放活"的方针，推进社会主义新农村建设，促进农业农村发展取得显著成就。其主要表现在以下四个方面：

（1）粮食产量稳步提升。

2003—2012 年，我国粮食生产实现了"八连增"，粮食总产量从 43 070 万吨增长至 58 958 万吨，增长了 36.89%。其中，稻谷产量从 16 066 万吨增长至 20 424 万吨，增长了 27.13%；小麦产量从 8 649 万吨增长至 12 102 万吨，增长了 39.92%；玉米产量从 11 583 万吨增长至 20 561 万吨，增长了 77.51%。可见，2003—2012 年，三大粮食产量都有了显著提升。

（2）全面建成小康社会取得巨大进步。

根据党的十三大提出的"三步走"发展战略，我国要在 20 世纪 90 年代解决人民温饱问题，20 世纪末人民生活总体上达到小康水平，21 世纪中叶基本实现现代化。党的十五大对党的十三大提出的"三步走"战略的第三步进行了细化，提出了新的"小三步"发展战略，其中第一步是要在 21 世纪的第一个 10 年使人民的小康生活更加富裕。国家统计局于 2011 年 12 月公布的《中国全面建设小康社会进程统计监测报告（2011）》数据显示，2010 年中国全面建成小康社会的实现程度①达 80.1%②。从全面建成小康社会的六大指标来看，经济发展、社会和谐、生活质量、民主法治、文化教育、资源环境都取得了巨大成就。其中，经济发展实现程度由 2000 年的 50.3%提高到 2010 年的 76.1%；社会和谐实现程度由 2000 年的 57.5%提高到 2010 年的 82.5%；人民生活质量实现程度由 2000 年的 58.3%提高到 2010 年的 86.4%；民主法制实现程度由 2000 年的 84.8%提高到 2010 年的 93.6%；文化教育事业实现程度由 2000 年的 58.3%提高到 2010 年的 68.0%；环境保护实现程度由 2000 年的 65.4%提高到 2010 年的 78.2%。可见，在 21 世纪的前 10 年，我国全面建成小康社会取得了巨大进步。

（3）城乡居民生活水平不断提高。

这一时期，城市居民和农村居民的收入与消费水平逐步提升，居民恩格尔系数逐渐下降，生活质量越来越高。国家统计局相关数据显示，2002—2010 年，城镇居民人均可支配收入由 7 703 元增长到 19 109 元，增长了 148%，城镇居民家庭恩格尔系数由 37.7%下降到 35.7%；同期，农村居民人均可支配收入由 2 476 元增长到 5 919 元，增长了 139%，农村居民家庭恩格尔系数由 46.2%下降到 41.1%。

（4）基本公共服务覆盖农村。

这一时期，随着城乡统筹发展战略的实施，国家不断加大对农村教育、医疗、卫生、社会保障等方面的投入力度，基本改变了"农民的事农民办"的做法，基本实现了农村基本公共服务"从无到有"的转变，为下一步提高农村基本公共服务水平、实现农村基本公共服务"从有到好"的转变奠定了基础。中国农村统计年鉴相关数据显示，在社会救济方面，2000—2012 年，农村社会救济费（包括农村低保、其他农村社会救济和农村医疗救助费用）从 8.73 亿元增长至 995.83 亿元，增长了 113 倍；农村自然灾害救济费从 35.19 亿元增长至 163.38 亿元③，增长了 3.5 倍。在医疗卫生方面，2000—2012 年，设置卫生室的村数占行政村的比例由 89.8%

---

① 全面建成小康社会实现程度是一种综合指数，是各种监测指标实际值除以标准值，然后再加权综合而得的。60 为总体小康，100 为全面小康。指数的指标体系由经济发展、社会和谐、生活质量、民主法治、文化教育、资源环境 6 个方面 23 项指标组成。
② 根据《中国全面建设小康社会进程统计监测报告（2011）》相关数据整理而成。
③ 国家统计局. 中国统计年鉴 2013 [M]. 北京：中国统计出版社，2013：304.

增长至 93.3%[1]，增长了 3.5 个百分点。在养老服务方面，2000—2012 年，农村老年收养性福利机构个数由 25 576 万个增长至 32 787 万个，增长了 28.2%；年末收养人数由 42.8 万人增长至 200.0 万人，增长了 3.7 倍，其中年末收养的老年人数由 41.2 万人增长至 193.0 万人[2]，增长了 3.7 倍。可见，进入 21 世纪以来，农村基本公共服务水平显著提升。

总而言之，党的十六大以来，在科学发展观的指导下，为全面建成小康社会，从根本上扭转长期以来城乡发展失衡的局面，我国制定了城乡统筹发展战略，开始从根本上调整城乡关系，扭转城乡利益分配格局，对农村实行"多予、少取、放活"的方针，促进我国农村贫穷落后的面貌发生了彻底性、根本性的改变。

四、城乡融合发展阶段（2012 年至今）

上一阶段，我国通过统筹城乡发展加大了对农业农村的投入力度，改变了农村长期贫穷落后的面貌。但是，城乡统筹主要靠政府统筹配置资源来改善城乡关系，没有充分发挥市场在资源配置中的决定性作用，也没有建立起城乡要素双向流动的体制机制，更没有激发农村发展的内生动力。因此，城乡统筹没有改变各要素从农村到城市单向流动的趋势，也没有解决我国城乡发展差距不断拉大和乡村衰败难题。党的十八大以来，随着中国特色社会主义进入新时代，我国社会主要矛盾已经转化为人民日益增长的美好生活需要和不平衡不充分的发展之间的矛盾，且我国发展不平衡不充分的问题在乡村表现最为突出，农业农村现代化仍然是我国实现社会主义现代化的短板。此时，为顺利实现"两个一百年"奋斗目标，以习近平同志为核心的党中央立足我国特殊国情，科学研判我国城乡发展的新趋势、新特点，提出了一系列推进城乡融合发展的新理论、新思想、新战略、新举措，推动我国城乡发展迈入新阶段。

（一）2012 年至今我国城乡关系的演进历程

这一阶段，党中央以乡村振兴战略为引领，通过建立健全城乡融合发展体制机制和政策体系，促进城乡要素合理流动和公共资源均衡配置，推动我国城乡发展迈入新阶段。这一时期的城乡改革主要围绕 7 个方面展开。

---

① 国家统计局. 中国统计年鉴 2013 [M]. 北京：中国统计出版社，2013：301.
② 同①：304.

1. 建立城乡要素双向流动体制机制

城乡要素双向流动是城乡融合发展的关键。这一时期，城乡发展越来越呈现出"你中有我、我中有你"的特征，为顺应城乡融合发展的趋势，我国建立了城乡要素双向流动体制机制。在人口要素方面，面对长期以来城乡人口单向流动所导致的农村人口空心化、农业劳动力老龄化等问题，国家建立了城市人才入乡激励机制，吸引高校毕业生、外出务工人员、大学生村官等各类人才返乡创业就业，增强了乡村发展活力。在资金要素方面，为解决乡村发展资金缺乏问题，国家建立了乡村发展多元投入保障机制，通过建立财政投入保障机制和工商资本入乡促进机制、完善乡村金融服务体系等手段，缓解了乡村发展资金匮乏问题。在土地要素方面，通过完善承包地"三权分置"制度、探索宅基地"三权分置"有效实现形式、建立集体经营性建设用地入市制度、完善土地征收制度等手段，缓解了乡村产业发展和公共事业发展的用地难问题，提高了土地利用效率，实现了土地资源优化配置。

2. 全面深化农村土地制度改革

农村土地问题是关系我国城乡改革发展的关键性问题，土地制度改革可谓"牵一发而动全身"。党的十八大以来，以习近平同志为核心的党中央把农村土地制度改革作为城乡改革的突破口，全面深化农村承包地制度、宅基地制度和集体经营性建设用地入市改革，有力地促进了城乡要素双向流动和城乡融合发展。具体来说，这一时期农村土地制度改革从以下三个方面展开：

（1）承包地制度改革。

随着经济的发展，土地的社会保障功能不断下降，生产要素功能逐渐上升，农村流转土地的现象也越来越多，为顺应农民保留承包权、流转经营权的意愿，中央加大了对农村承包地制度的改革力度。2013年的中央一号文件提出，要用五年时间基本完成农村土地承包经营权确权登记颁证工作，这为之后推进承包地"三权分置"改革奠定了基础。2013年11月，党的十八届三中全会首次明确承包经营权具有抵押、担保、入股权能。2013年12月，习近平总书记在武汉调研时提出，把土地承包经营权分为承包权和经营权，实行所有权、承包权、经营权分置并行①，这就对农村

---

① 中共中央文献研究室. 十八大以来重要文献选编：上 ［M］. 北京：中央文献出版社，2014：670.

土地产权做出了进一步的丰富和细化，既坚持了集体所有，又保障了农民权益，还有利于推进农业适度规模经营，提高农业生产效益和竞争力。

（2）宅基地制度改革。

宅基地是农民安身立命之所，其重要性不言而喻。党的十八大以来，以习近平同志为核心的党中央顺应农业农村转型发展中农村人口结构、农民收入结构不断变化以及宅基地的居住保障功能逐渐弱化、财产性功能不断上升的趋势，及时推动宅基地制度改革，有力地促进了乡村振兴和城乡融合发展。

2014年，我国正式开始农村宅基地改革试点。2016年的中央一号文件提出，要加快推进农村宅基地使用权确权登记颁证工作，这为之后推进宅基地"三权分置"改革提供了前提条件。2018年的中央一号文件提出，要探索宅基地所有权、资格权、使用权"三权分置"改革，将宅基地产权权能由"两权"细化为"三权"，并允许宅基地使用权在本集体经济组织内部有偿转让和退出，这就盘活了农村土地，显化了宅基地财产价值，且在促进乡村产业发展、改善乡村治理、壮大农村集体经济以及增加农民财产性收入等方面有重要意义。

（3）农村集体经营性建设用地入市改革。

除了征地制度、宅基地制度改革之外，这一时期，党中央还积极推进了农村集体经营性建设用地入市改革。2013年，党的十八届三中全会提出，农村集体经营性建设用地与国有土地同等入市、同价同权。2014年，我国正式开启农村集体经营性建设用地改革试点。2019年，我国通过了《中华人民共和国土地管理法》修正案，允许农村集体经营性建设用地直接入市，这就正式打破了多年来农村集体建设用地不能直接入市的规定，意味着集体经营性建设用地可以不通过国家征收而直接入市。这不仅有利于缓解土地城镇化快于人口城镇化的局面，提高新型城镇化发展质量，而且有利于集体经济发展壮大和农民财产性收入持续增长。

3. 推动户籍制度改革

户籍制度改革是城乡改革中的一项综合性、系统性改革，它涉及内容广泛，不仅关系到新型城镇化发展的质量和水平，而且会对农业农村现代化和农民市民化产生直接影响。党的十八大以来，我国户籍制度改革进程明显加快、力度不断加大，并成为推动城乡融合发展的有力抓手。

这一时期，围绕有序推进农业转移人口市民化、实现城镇基本公共服务覆盖所有城镇常住人口、逐渐放开城市落户限制等问题，国家颁布了一系列推进户籍制度改革的政策文件，制定了一系列推动户籍制度改革的措施，包括到 2020 年实现 1 亿左右农业转移人口和其他常住人口在城镇落户、全面实施居住证制度、全面放宽农业转移人口落户条件、进一步放宽特大城市外来人口积分落户指标控制等，推动我国户籍制度改革迈入新阶段。例如，2016 年 9 月，国务院办公厅印发了《推动 1 亿非户籍人口在城市落户方案》。该方案从拓宽落户通道、实施配套政策、强化监测检查三个方面提出了推进 1 亿非户籍人口在城市落户的具体举措，促进了有能力在城镇就业和生活的农业转移人口举家进城落户。总体而言，这一时期，国家制定的各项户籍制度改革政策有力地维护了农业转移人口的权益，促进了新型城镇化发展。但由于户籍制度牵涉面积广、改革难度大，很难在短时间内实现根本性变革，因此这一时期户籍制度改革也存在一定的不彻底性，尤其是在一些大城市和超大城市，不同户籍人口在子女教育、就业准入等方面仍存在明显的二元性。

4. 推进农业供给侧结构性改革

改革开放以来，经过多年的努力，我国粮食产量不断提升，如今我国农业生产的主要矛盾已经由总量不足转为结构性矛盾，矛盾的主要方面在供给侧，即国内生产的农产品难以满足国内市场需求，这就导致我国大量进口国外农产品，形成了生产量、进口量、库存量"三量齐增"的奇怪局面和"洋货入市、国货入库"的尴尬局面。为了解决这一问题，我国开始推进农业供给侧结构性改革。第一，深化粮食等重要农产品价格形成机制和收储制度改革。国内外农产品价格倒挂①，说明我国农产品最低收购价和临时收储政策已经到了不得不改的地步。自 2014 年起，国家开始按照"市场定价、价补分离"的思路，改革重要农产品价格形成机制和收储制度。2014 年，我国不再提高农产品最低收购价和临时收储价，并且开始逐步取消棉花、大豆、油菜籽等农产品的临时收储政策。2015 年，油菜籽的价格已经由市场决定。2016 年，我国又取消了玉米的临时收储政策，实行"价补分离"，玉米价格由市场决定，这使长期居高不下的价格得以回落，有效抑制了国际进口。第二，完善农业补贴制度，提高农业补贴政策的指

---

① 价格倒挂是指商品的购进价格高于销售价格。

向性和精准性，提高财政"支农"资金的使用效率。第三，从调整粮经饲①种植结构、优化农业区域布局、发展农业适度规模经营等方面入手，优化农产品产业结构。第四，推行绿色生产方式，增强农业可持续发展能力，包括深入推进化肥农药零增长行动、大力治理农业面源污染、实施农业节水工程等。第五，发展休闲农业、电子商务、创意农业等农业新产业新业态，拓展农业产业链价值链。

5. 实施精准扶贫精准脱贫工程

"小康不小康，关键看老乡。"2012 年以来，为确保 2020 年全面建成小康社会，实现现行标准下农村人口全部脱贫，贫困县全部摘帽，以习近平同志为核心的党中央提出了精准扶贫思想，按照"六个精准"的核心要求和"五个一批"的具体路径，对农村扶贫工作做出了创新式发展，推动了我国农村扶贫开发从"大水漫灌"的全面扶贫向"滴灌式"的精准扶贫转变。在习近平总书记关于精准扶贫的系列重要论述的科学指引下，这一时期我国农村脱贫攻坚取得决定性胜利。据统计，2013—2019 年，我国贫困人口每年减少超过 1 000 万人，贫困发生率从 2012 年年底的 10.2% 下降到2019 年年底的 0.6%，为全面建成小康社会打下了坚实基础，谱写了人类反贫困史上的辉煌篇章，也为世界其他国家的减贫事业提供了中国智慧和中国方案。

6. 推进新型城镇化建设

改革开放以来，我国城镇化发展速度较快，成就显著，城镇化率由1978 年的 17.92% 提高到 2019 年的 60.60%②。但这种政府主导的、粗放的传统城镇化发展模式的弊端也日益暴露，城镇化发展质量不高、资源环境压力大等问题愈发突出，这就倒逼我国转变城镇化发展模式。党的十八大以来，以习近平同志为核心的党中央从我国经济社会发展阶段和城乡发展的新特征出发，顺应时代发展潮流，明确提出新型城镇化发展战略，推动城镇化发展由要素驱动向创新驱动转变，开启了中国特色新型城镇化发展新征程，促使我国新型城镇化建设取得历史性成就。2012 年，李克强在中央经济工作会议上提出，要摆脱传统城镇化的老路，走新型城镇化道路。在这之后，我国出台了一系列促进新型城镇化健康发展的文件。2014 年，

---

① 粮经饲指的是粮食作物、经济作物和饲料作物的统称，它们在农业生产中扮演着不同的角色。

② 根据国家统计局相关年度统计数据计算所得。

国务院印发的《国家新型城镇化规划（2014—2020年）》指出，我国城镇化必须进入以质量提升为主的转型发展新阶段，并明确了新型城镇化的发展路径、主要目标和战略任务等。这一时期，在党中央的领导下，我国采取了一系列推进新型城镇化健康发展的举措，走出了一条具有中国特色的新型城镇化发展道路。这条道路具有以下特征：一是坚持以人的城镇化为核心，加快推进农业转移人口市民化，推进城镇基本公共服务覆盖所有常住人口，让全体居民共享现代化成果。二是坚持生态文明，走绿色可持续的城镇化发展道路，实现人与自然和谐共生。三是坚持保护和传承城市历史文化，发展有历史记忆和民族特色的美丽城镇，保留城市的多样性，避免千城一面、万楼一貌。

7. 实施乡村振兴战略

进入新时代，我国城乡发展不平衡已成为经济社会发展中突出的矛盾，农业农村现代化仍然是我国实现社会主义现代化的短板。为决胜全面建成小康社会、全面推进社会主义现代化建设，党和国家从我国特殊国情出发，深刻把握城乡发展特征，遵循现代化建设规律，于2017年首次提出实施乡村振兴战略，并把它作为新时代"三农"工作的总抓手。与之前的乡村发展政策相比，乡村振兴战略的一个显著特征就是把乡村放在与城市同等重要的位置，注重发挥乡村的主动性，激发乡村发展潜力，实现城乡共同繁荣。在提出乡村振兴战略之后的第二年（2018年），中共中央、国务院发布了《中共中央 国务院关于实施乡村振兴战略的意见》，对我国实施乡村振兴战略进行了顶层设计，对实施乡村振兴战略的目标任务、总要求、基本原则等问题做了总体部署。在党和国家的号召下，全国上下掀起了乡村振兴的高潮。这一时期，党中央以乡村振兴为统领，按照农业农村优先发展的总方针，全面推进乡村产业发展、社会治理、文化发展、生态环境、党的建设等方面的整体性提升，全面改革制约城乡要素流动的体制机制障碍，推动我国城乡发展迈入了新阶段。

（二）对2012至今我国城乡关系演进的简要分析与总结

1. 对2012至今我国城乡关系演进原因的简要分析

这一时期，城乡发展取得历史性成就的原因主要有以下四个：

第一，经济实力的增强为我国城乡关系的改善提供了物质基础。国家统计局相关数据显示，2012—2019年，我国GDP由538 580亿元增长至

990 865 亿元①，增长了 84%；且 2012 年以来，我国经济总量稳居世界第二，对世界经济增长的贡献率超过了 30%，这为我国加大对农业农村的投入力度、推进农业农村优先发展提供了物质前提和基本保障。

第二，社会主要矛盾的转化为改善城乡关系、缩小城乡差距提供了新契机。随着中国特色社会主义进入新时代，我国人民已经不再满足于基本的物质文化需要，而是追求更加美好的生活，这就为农业农村发展提供了新契机。如今，人们对绿色优质农产品及农业农村生态、文化价值的需求越来越旺，促进了生态农业、品牌农业、农产品加工业、农村电商、乡村旅游、休闲农业、健康养老等产业的发展，也为农民增收和致富以及农村转型发展提供了新机遇。

第三，乡村振兴战略的实施是城乡关系改善的主要原因。这一时期，城乡发展不断走向融合，最主要的原因就是国家实施了乡村振兴战略。在乡村振兴战略的引领下，我国城乡发展战略开始从城市优先发展转向农业农村优先发展。为了将农业农村优先发展落到实处，党中央调整了城乡资源配置，在干部配备、要素配置、资金投入、公共服务上优先满足农业农村发展的要求，全面推进农村经济建设、文化建设、社会建设、政治建设、生态文明建设和党的建设，促进我国农业农村发展取得全面进步。

第四，全面深化改革为城乡融合发展提供了重要动力。党的十八届三中全会以来，在全面深化改革的背景下，我国加大了对户籍制度、农村承包地制度、宅基地制度、征地制度等城乡发展领域的各项改革力度，逐渐破除阻碍城乡要素流动的体制机制障碍，为推动城乡要素合理流动和公共资源均衡配置扫清了制度障碍。

2. 对 2012 年至今我国城乡关系演进的总结

这一时期，我国以乡村振兴战略为引领，通过建立健全城乡融合发展体制机制，促进资本、技术、人才等要素在城乡之间双向流动，推动了我国城乡发展迈入新阶段。总体而言，这一时期的城乡发展取得了以下七个方面的成就：

（1）城乡居民生活水平显著提高。

恩格尔系数是反映人民生活水平的重要指标。一般而言，恩格尔系数达 59% 以上为贫困，50%～59% 为温饱，40%～49% 为小康，30%～39% 为

---

① 根据国家统计局网站相关年度统计数据整理所得。

富裕，低于 30% 为最富裕①。2012 年，我国农村居民恩格尔系数首次低于40%（39.3%），达到富裕水平的下限。2019 年，全国居民恩格尔系数为28.2%，其中城镇为 27.6%，农村为 30.0%②，已经迈入了小于 30% 的富足阶段。这说明，人们消费水平显著提高，消费结构明显优化，生活水平大大提高。

（2）城乡居民收入差距不断缩小。

党的十八大以来，在全面深化改革的背景下，我国不断推进城乡领域的各项改革，赋予农民更充分的财产权，促进农民收入持续稳定增长，城乡居民收入差距扩大趋势得到扭转。国家统计局相关数据显示，2014—2019 年，农村居民人均可支配收入年增长速度分别为 11.23%、8.90%、8.24%、8.65%、8.82%、9.61%；同期，城镇居民人均可支配收入年增长速度分别为 8.98%、8.15%、7.76%、8.27%、7.84%、7.92%③。可见，2014—2019 年，农村居民人均可支配收入年增长速度连续数年快于城镇居民，城乡居民收入差距也由 2.75 倍缩小至 2.64 倍④，从而说明我国城乡居民收入差距不断扩大的趋势得到了扭转。

（3）农产品生产供应总体有保障。

党的十八大以来，在资源环境约束日益紧张、农业生产成本不断攀升、国内外农产品价格倒挂等多重压力叠加的背景下，我国粮食产量依然保持了持续增长的势头，这一点实属不易。国家统计局相关数据显示，2012—2017 年，我国粮食总产量从 61 223 万吨增长至 66 161 万吨⑤，增长了 8.1%。除 2016 年外，其余所有年份的粮食产量都保持了稳定增长的势头。水稻、小麦等主要农产品自给率保持在 98% 以上，高于世界平均水平⑥。可见，我国粮食生产能力基本稳定，农产品生产供应总体有保障。

（4）农业供给侧结构性改革成效显著，农业生产质量、效益和竞争力不断提升。

党的十八大以来，我国深入推进农业供给侧结构性改革，大力实施质

---

① 张祖群. 从恩格尔系数到旅游恩格尔系数：述评与应用 [J]. 中国软科学，2011 (S2)：100-114.

② 根据 2019 年的国民经济和社会发展统计公报相关数据整理所得。

③ 根据国家统计局网站相关年度统计数据整理计算而成。

④ 同③。

⑤ 国家统计局. 中国统计年鉴 2018 [M]. 北京：中国统计出版社，2018：151.

⑥ 轶名. 喜！中国饭碗铜铸铁打 [N]. 农民日报，2018-02-23 (001).

量兴农、绿色兴农战略，不断创新农业发展体制机制，促进农业发展方式由过去主要依赖要素投入和资源消耗向追求绿色生态可持续转变，农业现代化迈入新台阶。2018年，我国农业科技进步贡献率达到58.3%；主要农作物耕种收综合机械化率超过67%，其中主要粮食作物耕种收综合机械化率超过80%；秸秆综合利用率达到84%；主要农产品监测总体合格率达到97.5%①。可见，我国农业现代化水平不断提升。

（5）乡村振兴初见成效，农村各项事业全面推进。

党的十八大以来，在党中央的号召下，全国各地开始了乡村振兴高潮，不断加大对农业农村的投入力度，推动农村基础设施和公共服务水平显著提升。在基础设施方面，国家统计局相关数据显示，截至2018年年底，99.6%的乡镇、99.5%的建制村通了硬化路；99.1%的乡镇、96.5%的建制村通了客车；99.5%的村通了电话；82.8%的村安装了有线电视；89.9%的村通了宽带互联网②。在公共服务方面，农村教育、医疗卫生、养老、公共文化、社会保障等方面取得巨大成就。以教育事业发展为例，据教育部统计，截至2019年3月底，全国92.7%的县实现了义务教育基本均衡发展，更多农村孩子享受到更好、更公平的教育③。可见，我国乡村振兴初见成效，农业农村现代化迈上新台阶。

（6）农村改革全面推进，农村发展活力不断显现。

党的十八届三中全会以来，在全面深化改革的背景下，我国不断加大对农村承包地制度、农村集体产权制度、农村宅基地制度、征地制度等方面的改革力度，大大激发了农业农村发展活力。以农村集体产权制度改革为例，截至2019年7月底，全国已有59.2万个村完成清产核资工作，占总村数的99%④。农村改革的深入推进破除了要素下乡的障碍，也推动了城乡融合发展。

（7）脱贫攻坚成效显著

党的十八大以来，在习近平总书记关于精准扶贫的系列重要论述的科学指引下，我国农村脱贫攻坚取得决定性胜利。据统计，2013—2019年，

① 根据《农村经济持续发展 乡村振兴迈出大步：新中国成立70周年经济社会发展成就系列报告之十三》相关数据整理而得。

② 同①.

③ 同①.

④ 农业农村部政策与改革司. 深入推进农村集体产权制度改革 [EB/OL]. (2019-09-11) [2024-05-27]. http://www.moa.gov.cn/ztzl/70zncj/201909/t20190911_6327698.htm.

我国贫困人口每年减少超过 1 000 万人，贫困发生率从 2012 年年底的
10.2%下降到 2019 年年底的 0.6%。可见，我国脱贫攻坚取得了巨大成就，
这也为全球减贫事业做出了巨大贡献。

第二节　我国城乡关系演进的基本特征和经验启示

新中国成立以来，我国城乡发展出现过对立、分离的局面，但最终还
是沿着城乡融合发展的方向前进。我国城乡发展之所以没有出现偏离，最
根本的原因就在于我国没有照搬西方国家城乡发展的理论和实践，而是把
马克思主义城乡发展理论与我国特殊国情结合起来，制定了一系列推进城
乡发展的政策措施，探索出了一条适合中国国情的城乡发展道路，深化了
对共产党执政规律、社会主义建设规律和人类社会发展规律的认识。中国
共产党在带领人民不断推进城乡改革的实践中积累了一些宝贵经验，这些
经验归结为一点就是在中国共产党的领导下，构建工农互促、城乡互补、
全面融合、共同繁荣的工农城乡关系，走具有中国特色的城乡融合发展
道路。

一、我国城乡关系演进的基本特征

我国城乡关系演进不仅具有其他发展中国家城乡关系演进的一般特
征，还具有特殊国情下城乡发展所必然呈现出的特殊性。其中，与其他国
家相比，我国城乡关系演进最突出的特征就是具有明显的政府主导性，城
乡关系的每一次转折都带有国家政策的色彩。

（一）政府是我国城乡关系演进的主导性力量

在任何国家，政府的力量都是不容忽视的，都会对社会经济发展产生
不可忽视的影响。纵观我国城乡发展历程可以发现，政府在城乡发展过程
中的作用尤为明显。政府通过实施国家发展战略、制定城乡发展政策、影
响资源配置等手段深刻影响着城乡发展。尽管我国城乡发展格局的演进也
会受到经济与社会结构变迁的内在要求的影响，但这种演进历程与结果始
终遵循国家发展的逻辑安排，与国家发展战略选择与整体规划密切相关①。

---

① 杨超.目标、进程与策略：中国城乡利益格局调适的内在逻辑 [M].北京：人民出版社，
2019：63.

因此可以说，我国城乡发展在很大程度上是党和政府主导的，是党和政府的"规划性变迁"①。

具体而言，虽然我国自古以来就有城乡二元结构，但没有城乡二元体制，城乡二元体制是 20 世纪 50 年代后期才建立的②。新中国成立后，为巩固政权并尽快建立起国家工业体系，我国实行了重工业优先发展战略，然而重工业发展所需要的条件与当时我国的实际情况形成了尖锐的矛盾。重工业属于资本密集型产业，需要大量的资金投入做保障。但是新中国成立初期，我国工业基础极其薄弱，工业无法为自身提供资本积累，为此，国家就采取了牺牲农业的办法。为了保证农业为工业提供积累，国家建立了以"三驾马车"（户籍制度、人民公社制度和统购统销制度）为主要内容的制度体系，采取了非常规手段，通过扭曲劳动力、农产品、资金等生产要素的价格，用行政手段配置资源，强制建立起有利于重工业发展的环境。这些制度的实行，影响了农业农村的正常发展，损害了农民利益。从新中国成立到改革开放之前，我国城乡关系一直处于一种非正常状态。改革开放初期，我国改革的重心在农村，通过对农业生产经营体制、农产品流通体制、农村管理体制等关系农业农村发展的重要制度进行改革，大大解放了农村生产力，使得我国城乡发展差距显著缩小。但 1984 年之后，随着改革的重心从农村转移到城市，我国又开始实行一系列城市偏向的发展政策，这也导致了我国城乡发展差距不断拉大。进入 21 世纪，城乡发展不平衡已经影响到全面小康的实现，随着国家工业化进入中后期发展阶段，我国也具备了工业反哺农业、城市支持农村的条件。为此，从 2004 年开始，中央再次发布以"三农"为主题的中央一号文件。这些中央一号文件主要围绕调整城乡关系展开，强调统筹城乡发展，建设社会主义新农村。这一时期，在"多予、少取、放活"方针的指引下，中央加大了对农业农村的投入力度，包括全面取消农业税，实行农业补贴政策，加大对农村教育、医疗、社会保障等公共服务的投入力度等，使城乡发展失衡局面明显改善。但由于我国长期存在的城乡二元体制机制障碍及其制度惯性，要消除城乡二元结构并非一朝一夕就能达到，而是一个长期的过程。党的十八大以来，以习近平同志为核心的党中央立足我国特殊国情，科学研判我国城

---

① 许远旺. 规划性变迁：机制与限度：中国农村社区建设的路径分析 [M]. 北京：中国社会科学出版社，2012：175.

② 厉以宁. 论城乡二元体制改革 [J]. 北京大学学报（哲学社会科学版），2008（2）：94.

乡发展的新趋势新特点，顺应城乡融合发展的趋势，通过全面深化改革，打破城乡二元体制机制障碍，推动城乡要素平等交换和公共资源均衡配置，提出了一系列推进城乡融合发展的新理论、新思想、新战略、新举措，推动我国城乡发展迈入新阶段。

可见，新中国成立以来，我国城乡关系的每一次转折都打上了国家政策的烙印，城乡关系的每一次波动都与国家发展战略的调整有关。因此，从某种程度上说，我国城乡发展史就是一部党和政府处理城乡关系的政策史。

（二）人民群众是推动城乡发展的力量源泉

人民群众不仅是我国城乡改革的见证者和受益者，还是我国城乡改革的参与者，是推动我国城乡发展的力量源泉。以人口迁移为例，新中国成立以来，政府对农村人口向城镇流动的政策大概经历了"严格限制—逐渐松动—有序引导—服务农民"和保障农民权益等阶段。但无论是哪一阶段，无论政策是否允许农民进城，都始终存在着农民向城镇流动的事实。如新中国成立初期，为发展重工业限制农民进城，改革开放初期由于大量知青返城、城市就业压力大而限制农民进城，但实际上这两个时期都有不少农民从农村转移到城镇。这说明，国家政策只能影响农民，而不能彻底地、绝对地阻止农民进城。政府和农民的利益并不是完全一致的，政府的决策主要是出于国家整体利益的考量，农民的决策则是为了追求个人及家庭利益最大化。从整体性的角度来考察新中国成立以来的整个城乡发展历程就会发现，尽管个别时期国家制定的个别政策可能损害了人民的短期利益，但从长远来看，政府制定的决策是有利于维护全体人民的长远利益的，且国家对城乡人口流动的政策越来越宽松，这也反映了国家对农民权益的尊重和保护。在城乡发展的过程中，政府和人民作为两大主体，不仅共同影响城乡发展的走向，而且政府和人民本身也是相互影响的。政府通过制定政策保障全体人民的长远利益，人民出于对自身利益的追求会影响政府决策，促使政府做出正确判断。充分肯定人民在城乡发展中的推动作用，就需要政府既要在经济上保障农民的合法权益，又要在政治上给予农民更充分的自主选择权。从我国城乡发展历程中可以发现，满足农民的需求并给予制度和组织保证，既是城乡融合发展的必然要求，也是城乡发展过程中的一种自动纠偏机制。因为作为城乡关系的主体，广大农民群众会主动选择有利于维护自身权益的制度和政策①，进而推动城乡改革。

（三）"三农"政策的制定在很大程度上取决于工业化进程

回顾新中国成立以来的城乡发展历程可以看出，随着国家工业化进程不断推进，经济实力由弱到强，国家对农业农村采取的政策经历了由牺牲到支持、由剥夺到给予的转变。即是说，工业化初期，国家为建立工业体系，巩固新生政权不得不采取牺牲农业农村的办法；工业化中后期，随着工业体系的完善和国家经济实力的增强，我国具备了"工业反哺农业、城市支持农村"的能力，才会制定各项支持农业农村发展的政策体系。从这个意义上说，"三农"政策的选择并不是取决于农业农村本身，而是取决于工业。

具体而言，新中国成立之初，我国处于工业化初期，工业发展落后，农业是国家财政收入的主要来源，为了加快工业化进程，我国不得已而制定了统购统销制度、户籍制度和人民公社制度。可以说，这三项制度是优先发展重工业战略所导致的必然的制度安排，也是国家为发展重工业而做出的无奈之举。这三项制度的取消，从根本上说，取决于我国的工业化进程。也就是说，只有当工业具备了自我积累的能力，农业不需要承担为工业提供资本积累的任务时，这三项制度才会彻底取消。进入 21 世纪，我国工业化水平显著提高。2003 年我国人均 GDP 已超过 1 000 美元，农业占GDP 比重已降至 15% 以内，工农业产值比重已超过 3∶1，这些指标均说明我国已经进入工业化中期，达到或超过了工业反哺农业起步阶段的国际参照值，具备了工业反哺农业的能力和条件。因此，2003 年我国开始全面推进社会主义新农村建设，而社会主义新农村建设与之前的"支农""惠农"政策相比，有着本质的不同，它不是对农业的"小修小补"，而是从根本上调整工农关系和城乡关系。

总而言之，工业与农业、城市与农村是经济发展中的一对基本矛盾，它们既相互促进又相互制约。看待工农关系、城乡关系，要把它们放在国家经济社会发展的大背景下，从工业化建设和现代化建设全局的角度来审视我国工农、城乡发展政策，而不能把工业与农业、城市与乡村割裂开来。

---

① 邢祖礼，陈杨林，邓朝春. 新中国 70 年城乡关系演变及其启示［J］. 改革，2019（4）：20-31.

二、我国城乡关系演进的经验启示

城乡关系是现代化进程中必须处理好的重大基本关系。从某种程度上说，能否处理好工农关系、城乡关系直接关系到现代化的成败。新中国成立以来，我们党在带领人民推进城乡改革的实践中积累了很多经验教训，这些经验教训对当前推进城乡融合发展有重要的参考价值。

（一）坚持把中国共产党的领导作为城乡发展的政治保证

中国特色社会主义最本质的特征是中国共产党领导，中国特色社会主义制度的最大优势是中国共产党领导。新中国成立以来，我国城乡发展之所以能够稳步前进并取得巨大成就，最根本的原因就在于我国始终坚持中国共产党的领导，正是中国共产党坚强有力的领导保证了我国城乡改革的正确方向。可以说，中国共产党的领导为我国城乡发展提供了政治保证。之所以要在城乡改革过程中始终坚持中国共产党的领导，主要是因为：第一，我国城乡改革的性质不是社会主义制度的自我否定，而是社会主义制度的自我完善和发展。只有始终坚持中国共产党的领导才能保证我国城乡改革沿着正确的方向前进，"不走封闭僵化的老路，不走改旗易帜的邪路。①"回顾新中国成立以来我国城乡改革历程可以发现，我国城乡改革始终围绕坚持和完善社会主义的方向前进。以农村土地制度改革为例，不管是改革开放初期实行的以家庭承包经营为基础、统分结合的双层经营体制，还是后来推进的农村承包地"三权分置"改革，都是在坚持农村土地集体所有、稳定家庭承包的前提下进行的。我国农村土地制度改革始终坚持公有制这一基本前提，因为只有这样才能保障农村最广大人民的根本利益，也正是因为始终坚持社会主义的改革方向，党的十九大报告提出农村土地第二轮承包到期后再延长 30 年的决定。第二，实现好、维护好、发展好最广大人民的根本利益是中国共产党一切工作的出发点和落脚点，只有坚持党的领导，才能保障最广大人民的根本利益。例如，数十载的农村改革始终坚持"维护农民经济利益、保障农民政治权利"这一基本主线。围绕这一基本主线，我国实行家庭联产承包责任制，赋予农民生产自主权；改革户籍制度，赋予农民自由迁徙权；实行基层群众自治制度，赋予农民

---

① 中国共产党第十八届中央委员会第三次全体会议公报 [M]. 北京：人民出版社，2013：7.

政治参与权；改革农村集体产权制度，扩大农民财产权。事实证明，中国共产党围绕保障农民经济利益和政治权益而推动的各项改革举措，是城乡改革取得巨大成就的重要原因。总而言之，新中国成立以来，中国共产党带领人民探索出了一条适合中国国情的城乡改革发展之路，推动城乡改革始终沿着社会主义的方向前进，在不断深化改革的过程中凸显社会主义制度的优越性。新时代推动城乡融合发展，依然要坚持党的领导这一基本原则，为城乡稳定发展提供根本政治保证。

（二）坚持把改革创新作为城乡发展的根本动力

从某种程度上说，新中国成立以来我国城乡关系演进的历程也就是中国共产党带领人民不断推进城乡改革的历程。纵观我国城乡发展历程可以发现，城乡发展的每一次重大突破都离不开改革创新，城乡发展的停滞也往往与体制机制障碍有关。坚持解放思想，不断推进改革创新，既是我国城乡发展所积累的一条宝贵经验，也是一条深刻教训。

回顾我国城乡发展历程可以看到，我国城乡改革经常面临传统意识形态的束缚。以农村基本经营体制改革为例，长期以来，在"左"倾思想的禁锢下，我们将社会主义等同于计划经济和单一公有制，将资本主义等同于市场经济和私有制。新中国成立后不久，我们在生产力水平还很不发达的情况下，就实行了人民公社制度。在这一体制下，农民被牢牢束缚在土地上，没有经营自主权，干多干少一个样，由于这种体制超越了当时生产力发展水平，严重制约了农民的生产积极性，粮食产量增长缓慢，农民长期挣扎在温饱线边缘。党的十一届三中全会之后，我国重新恢复了解放思想、实事求是的思想路线。在这一思想路线的指引下，我们开始用"包产到户""包干到户"取代人民公社制度，赋予了农民生产经营自主权，极大地激发了农民的生产积极性，大大提高了粮食产量，解决了农民温饱问题。其实在改革开放之前，农民就有过多次"包产到户""包干到户"的尝试，尤其是遇到自然灾害时，他们的这种愿望尤为强烈。改革开放后，"包产到户""包干到户"之所以能够取代人民公社制度，与改革开放后解放思想、实事求是的大环境密不可分。正如杜润生先生所言："为什么在中国搞包产到户这么难？主要是涉及民主革命向社会主义革命转变的时机和条件问题。什么是社会主义，如何建设社会主义，这类大问题。①"实际

---

① 杜润生.杜润生自述：中国农村体制变革重大决策纪实［M］.北京：人民出版社，2005：333.

上，不仅是农村基本经营制度改革，改革开放以来，我国城乡改革所涉及的户籍制度、土地制度、产权制度的每一次重大突破都离不开思想大解放。可以说，解放思想是城乡改革取得成功的基本前提。随着我国进入全面深化改革的攻坚期和深水区，一些深层次的矛盾进一步凸显出来，改革面临的阻力无论是在深度上还是在广度上都是过去任何时期、任何阶段所无法比拟的。在这个"触动利益往往比触及灵魂还难"的时代，我们更要解放思想，敢于啃硬骨头，一鼓作气，将改革进行到底。具体到城乡改革领域，党的十八大以来，虽然我国城乡改革在很多方面都有了实质性突破，但阻碍城乡要素流动的体制机制障碍依然存在，如农村宅基地制度、集体产权制度改革还不彻底，我们要继续解放思想、锐意进取，推进城乡发展迈上新台阶。

（三）坚持顶层设计与基层创新相结合

我国城乡改革既不是简单的"自上而下"式改革，也不是单纯的"自上而下"式改革，而是"自上而下"与"自下而上"相结合的改革，即领导层的决策与人民群众的探索相结合共同推进的改革。首先，历史唯物主义认为，人民群众是历史的创造者，在创造历史的过程中能够发挥能动性和创造性，是社会历史发展的真正推动力量。回顾我国城乡发展历程可以发现，人民群众不仅是城乡改革的见证者和受益者，还是城乡改革的参与者，是我国城乡改革的实践主体和推动我国城乡发展的根本力量。人民群众出于对自身利益的追求，常常会在实践中对原有的制度安排做出创新性发展，充分尊重农民的这种首创精神，有利于从实际出发推进制度创新。我国农村的很多改革都发端于基层创新，通过试点，总结经验，再在全国推广。例如，人民公社制度无法解决农业微观主体的激励机制问题，粮食产量无法满足农民的需求，为此，农民就创造了"包产到户""包干到户"的经营方式。"包干到户"实行之后，农民生产积极性极大提高，农业产量大幅增长，农民吃饭问题得到了解决，农村剩余劳动力现象也显化出来。但当时我国关于劳动力流动的限制还没有完全放开，尤其是限制农村劳动力向大城市转移，为了解决农村剩余劳动力的出路问题，农民就办起了"离土不离乡、进厂不进城"的乡镇企业。乡镇企业衰落后，农民又掀起了向沿海各大城市流动的"民工潮"。大规模的农民工流动不仅促进了农民增收，也为我国经济高速增长做出了巨大贡献。由此可见，人民群众是历史的创造者，人民群众中暗含着无限的智慧。党和国家领导人要顺应农民意愿，推动城乡改革，这也是诱致性制度变迁的重要体现。其次，尊重人民群众的首创精神必须与国家顶层设计结合起来。改革不仅需要发挥人民群众的首创精神，还离不开顶层设计者的科学研判，因为顶层设计者往往比群众看得更深、更远。只有用顶层设计做保障，我们才能把握改革的正确方向，使基层创新符合全体人民的长远利益，也避免犯一些颠覆性的错误。例如，"包干到户"是基层群众的创新，农民实行"包干到户"的目的简单而直接，就是为了解决温饱问题。国家在尊重农民这一选择的基础上，将"包产到户""包干到户"的做法上升到以家庭承包为基础、统分结合的双层经营体制，并将这一制度作为农村的基本经营制度，长期坚持。因为国家不仅要考虑农民近期的温饱问题，还要考虑温饱问题解决之后发展现代农业和实现农民致富的问题。根据邓小平关于农业发展"两次飞跃"的理论，我国农业改革发展有两次飞跃，第一次是家庭联产承包责任制取代人民公社制度，第二次是发展适度规模经营。以家庭承包为基础、统分结合的双层经营体制就充分考虑了这两次飞跃。可见，只有将顶层设计与基层创新结合起来，才能保证基层创新符合全体人民的长远利益。尤其是在我国城乡改革进入深水区和攻坚期之后，更是离不开科学理论的指导，离不开顶层设计者的总体谋划、统筹设计和科学布局。

（四）坚持走渐进式改革的发展道路

改革有两种方式：一种是激进式改革，"先破后立"，采用"休克疗法"彻底改变原有体制，建立全新的体制；另一种是渐进式改革，"先立后破"，循序渐进。我国改革的性质是社会主义制度的自我完善和发展，主要采取的是渐进式改革的方式。之所以采取这一方式，是由我国的国情决定的：其一，我国城乡改革之初没有现成的经验可以借鉴，党和国家领导人对工业化城镇化发展过程中的一些重大问题还没有完全看清摸透，头脑中也没有完整的改革路线图，只能在摸索中前行。在这种情况下，采取渐进式改革的方式可以避免大的社会动荡，保持社会稳定，同时也有利于减少改革阻力，获得人民支持。其二，就改革、发展、稳定三者的关系而言，改革是动力，发展是目的，稳定是前提。邓小平经常强调，"稳定压倒一切"①。对我国这样一个发展中的人口大国而言，尤其如此。一旦没有稳定的社会环境，一切经济发展和社会进步都无法实现。中国共产党深刻认

---

① 邓小平. 邓小平文选：第 3 卷 [M]. 北京：人民出版社，1993：331.

识到稳定对我国发展的重要性，在城乡改革的过程中，始终注意营造一个稳定的社会环境，将改革的力度、发展的速度和社会的可承受度联系起来，避免激进式改革给我国带来颠覆性影响。

渐进式改革主要表现在我国城乡改革坚持由点到面、由试点到推广、由易到难、由经济领域扩展到政治、文化、社会、生态、党的建设等各个领域。比如，新中国成立后，我国农村基本经营体制的变革就是渐进式改革的一种体现。新中国成立初期，生产力水平还很低，在这种情况下，我国农业生产究竟是采取彻底消灭农民私有制，实行统一的集体所有制的形式，还是尊重农民意愿，采取多种经济形式？事实证明，直接过渡到社会主义生产的高级形式，即农业合作化，是不符合当时生产力发展水平的。农业经营方式作为一种生产关系，要随着生产力发展水平的提高而逐步改变，采取一次性跨越的方式很可能因为难以适应当时的生产力发展水平而失败。因此，新中国成立初期，我国实行农民所有、个体经营的农业经营体制，直到 1953 年之后，才开始逐步走农业合作化道路。再比如，"包产到户""包干到户"的逐步实行过程也体现了改革的渐进性。最初实行"包产到户""包干到户"时，党内很多人受"左"倾思想的影响，认为"包产到户""包干到户"是走资本主义道路，因此极力反对。针对这一情况，邓小平没有盲目否定，而是采取了逐步试点的方式。1980 年，邓小平指出，"困难地区可以搞，搞错了再回来，有什么了不起，有饭吃可以不搞，没饭吃就搞一搞"。之后，1980 年发布的《中共中央关于印发进一步加强和完善农业生产责任制的几个问题的通知》指出，在边远山区和贫困落后地区可以"包产到户"，也可以"包干到户"。这就为实行"包产到户"开了一道口子。"包产到户""包干到户"实行之后，大大提高了粮食产量，这一形式就在全国迅速普及开来。1982 年的中央一号文件肯定了"包产到户""包干到户"是社会主义集体经济的生产责任制。1983 年的中央一号文件进一步强调，家庭联产承包责任制是党领导下农民的伟大创造。"包产到户""包干到户"由局部试点到全面试点，由默许到全面允许再到肯定，它是社会主义集体经济生产责任制的这一过程，也体现了城乡改革的渐进性。此外，我国对外开放在空间上也采取了渐进式改革的方式，由点到面，逐步扩大。20 世纪 80 年代初，我国设立了深圳、珠海、汕头、厦门 4 个经济特区；80 年代中期又增加了天津、大连、秦皇岛等 14 个沿海开放城市；90 年代初则进一步将对外开放的空间范围扩展到内陆城市和边境口岸城市。同时，价格"双轨制"的实行、社会主义市场经济体制的逐步建立等都是我国渐进式改革的典型案例。

可见，我国城乡改革始终坚持循序渐进、稳扎稳打这种渐进式改革的方式，既减少了改革的阻力，保证了改革的顺利进行，又避免了激进式改革可能导致的社会动荡和颠覆性错误，是我国城乡改革过程中积累的一条宝贵经验。

（五）坚持市场配置资源与政府宏观调控有机结合

从一定程度上讲，新中国成立以来，我国城乡关系演进的过程也就是市场和政府两种力量相互较量、取长补短、相互适应的过程。处理好市场与政府的关系，是我国城乡改革的一条基本经验。

市场是配置资源的有效手段，它能够激发微观经济主体的积极性，实现资源优化配置，但市场调节资源也具有不可避免的缺陷。在市场经济条件下，资本、人才、技术等要素具有趋利性，为了追求利润最大化，它们会从利润低的地方流向利润高的地方。在城乡发展过程中，如果完全由市场来配置资源，不可避免地会导致城乡差距不断拉大，因此要实现城乡融合发展，还必须发挥政府的作用，弥补市场调节的不足。就政府与市场的界限而言，两者的区别不在于"孰强孰弱"，而在于有些领域需要市场发挥作用，有些领域则需要政府来配置资源。

首先，在促进资本、技术、人才等要素流动方面，要充分发挥市场的决定性作用。从某种意义上说，我国城乡改革的历程也就是通过市场来解决城乡发展过程中的资源配置机制和市场主体激励问题，进而解放和发展生产力的过程。我国城乡改革过程中的实践经验表明，由于农业属于弱质产业，农村属于发展中的薄弱环节，要实现城乡融合发展就需要政府加大对农业农村的支持力度，但这并不意味着缩小城乡差距、推进城乡融合发展不需要发挥市场的作用。事实上，城乡改革只有坚持市场化的方向，通过深化改革全面激活要素、主体和市场，才能激发城乡发展的内在动力。以农村改革为例，不管是改革开放之初实行家庭联产承包责任制、允许农村开展多种经营、发展乡镇企业、改革农产品统购统销制度、改革户籍制度，还是新时代的推动农村承包地制度、宅基地制度、集体产权制度改革，这一系列改革举措都是通过放开市场、激活要素来实现解放和发展农村生产力，推进城乡协调发展的目的。回顾数十载的改革历程，我们对市场经济的认识也在随实践的发展而不断深化：改革开放之初，邓小平就提出社会主义也可以搞市场经济；党的十二大提出要以计划经济为主、市场调节为辅；党的十四大提出使市场在资源配置中起基础性作用；党的十八届三中全会提出使市场在资源配置中起决定性作用。可见，我国对市场经济的认识也在不断深化。

其次，在制定规则、规范市场、扶持农业等方面要发挥好政府的作用。市场在资源配置中起决定性作用并不是起全部作用，某些领域必须让政府来调节配置资源。新中国成立初期，如果任由市场来配置资源，我国就无法建立起工业体系。因为重工业发展需要大量资金，这与新中国成立初期资金匮乏、劳动力丰富的资源禀赋形成鲜明反差。这时候，我们必须通过国家宏观调控，用行政手段调节各要素价格，人为创造出有利于重工业发展的客观环境。从这一意义上说，如果没有当初的国家宏观调控，我国就无法建立起健全的工业体系，今天中国也就不可能成为世界第二大经济体。新时代我国实施乡村振兴战略，不仅要发挥市场在资源配置中的决定性作用，也要发挥政府在农业农村优先发展中的作用，将资源优先配置到农业农村，补齐农业农村短板，实现城乡融合发展。

可见，新中国成立以来，我国城乡改革的历史证明，市场机制也好，行政干预也罢，都不是包治百病的灵丹妙药。在促进城乡融合发展方面，既要充分发挥市场在资源配置中的决定性作用，也要发挥好政府的作用，坚持政府引导与市场调节相结合，这是我国城乡改革实践中积累的一条宝贵经验。

（六）坚持从现代化建设全局的高度来处理城乡关系

坚持从现代化建设全局的高度来处理城乡关系，这既是中国共产党处理城乡关系时始终坚持的一项重要原则，也是我国城乡改革过程中积累的一条宝贵经验。新中国成立以来，在城乡发展的过程中，我国始终从现代化建设全局的高度来处理城乡关系，利用城乡互动推动城乡发展，并根据现代化发展不同阶段主要任务的变化来确定城乡发展的重点。具体来说，新中国成立后，围绕实现现代化这一目标主题，如何处理工农关系、城乡关系这一主线，根据现代化发展各个阶段中心任务的不同，可以将我国的现代化历程分为三个阶段，与此相一致，我国城乡发展战略也经历了三次转换。第一次是新中国成立后，现代化还处于起步阶段，中心任务是建立国家工业体系，为此，国家实行重工业优先发展的战略。为了保证农业为工业提供支持，国家还制定了统购统销制度、户籍制度和人民公社制度。

这三项制度为尽快建立起国家工业体系提供了制度保障，但同时也损害了农民利益。此外，这一时期，由于实行严格的户籍制度，限制农村人口向城镇转移，城镇化落后于工业化。第二次是改革开放后，工业化水平显著提高，城镇化发展则相对滞后。为此，国家开始大力推进城镇化。这一时期，农业农村的作用是为城镇提供土地、资金、劳动力，主要表现是土地财政和农民工两大现象。这一阶段，各要素不断从农村流向城镇，促进了城镇发展，但也造成了乡村衰败。第三次是进入新时代，我国距离现代化目标越来越近，人们对农业农村生态、文化价值的需求越来越大，农业农村发展滞后的问题也越来越突出。因此，这一时期，现代化的中心任务是补齐农业农村短板，使其更好地满足人民美好生活需要。与此相一致，城乡发展战略也由城镇优先转为农业农村优先，主要表现是"四个优先"①。

　　由此可见，新中国成立以来我国城乡发展主题的时空转换总是与社会主义现代化道路探索的时代要求相契合。不管是新中国成立后的重工业优先发展战略，还是改革开放后大力推进城镇化，以及新时代的农业农村优先发展，尽管不同阶段城乡发展的重点略有不同，城乡关系也呈现出不同特征，但它们都是城乡发展在现代化不同阶段的客观反映，服从于现代化这一根本目标，是特定历史条件下为实现现代化这一根本目标而做出的阶段性战略选择。我们不能用后一阶段的城乡发展战略去否定前一阶段的城乡发展战略，也不能用当下的发展目光去苛求当时的历史选择，更不能把城乡发展的各个阶段割裂开来。因为从根本上讲，它们都是我国现代化道路探索过程中必然经历和不可或缺的重要组成部分。

　　（七）坚持城镇化与乡村建设同步推进

　　城乡融合是城市与乡村相互促进、共同繁荣、互通有无的一种状态，是城乡发展的高级阶段。纵观新中国成立以来的城乡改革历程可以发现，为实现城乡融合发展这一目标，我国始终坚持把城镇化和乡村建设结合起来，双轮驱动。首先，城镇化是实现城乡二元结构向一元化转变的重要途径。改革开放以来，我国正是通过城镇化建设，促进农村剩余劳动力向城镇转移，解决了农民就业和增收的难题，也为发展现代农业创造了条件。可以想象，如果没有城镇化的发展，就会有大量农村人口滞留在农村，这样是难以实现农民致富的。其次，乡村建设也是改变乡村落后面貌、促进

---

① "四个优先"即在干部配备上优先考虑、在要素配置上优先满足、在资金投入上优先保障、在公共服务上优先安排。

城乡协调发展的必由之路。改革开放以来，在工业化城镇化的浪潮中，农村资本、技术、人才等要素不断从农村流向城市，带来了农村人口空心化、农业劳动力老龄化、农村凋敝化、城乡差距不断拉大等问题。这些问题单靠城镇化是无法解决的，必须从农业农村本身着手才能解决。为此，党的十六届五中全会提出要建设社会主义新农村，这标志着我国解决"三农"问题思路的新变化，即从片面强调"向外突围"转向"内外兼治"，既要跳出"三农"、通过以城带乡来解决"三农"问题，又要通过"三农"自身的发展来解决"三农"问题①。经过十几年的城乡统筹和社会主义新农村建设，我国农村各项事业取得全面进步，但城乡差距不断拉大的趋势仍然没有得到根本扭转。进入新时代，我国城乡发展不平衡已经成为阻碍我国实现全面建成小康社会和社会主义现代化的最大难题。为此，党的十九大报告提出实施乡村振兴战略，这不是要否定城镇化，恰恰相反，是为了将城镇化与乡村振兴结合起来，共同为解决农业农村发展难题和转变城乡二元结构服务。具体来看，城镇化是通过转移农业剩余人口为农业现代化和农民市民化创造条件，乡村振兴是通过建设乡村实现农民就地市民化和农业农村现代化。将两者结合起来，双轮驱动，是走中国特色社会主义城乡融合发展道路的必然要求②。

总而言之，如果将新中国成立以来我国城乡发展历程看作一个整体，我们可以发现，为实现城乡融合发展，我国始终坚持将城镇化建设与乡村振兴结合起来。尽管不同阶段城乡发展的重点略有不同，即有时以城镇化为主，有时又以乡村建设为主，但这并不代表我们把城镇化与乡村建设割裂甚至对立起来。在我国城乡发展过程中，城镇化与乡村建设始终是你中有我、我中有你、相互补充、相互促进的关系，包括新时代我国实施乡村振兴战略也并非要否定城镇化或减缓城镇化发展速度，而是要实现城镇化与乡村振兴相互促进、相得益彰。将城镇化和乡村建设结合起来既是我国城乡改革的一条基本经验，也是当前我国推进城乡融合发展必须坚持的一项重要原则。

---

① 王松德. 新中国成立以来我国城乡关系的历史演变与现实启示 [J]. 学习论坛，2014（10）：57-59.

② 张阳丽，王国敏，刘碧. 我国实施乡村振兴战略的理论阐释、矛盾剖析及突破路径 [J]. 天津师范大学学报（社会科学版），2020（3）：52-61.

回顾新中国成立以来城乡关系演进历程可以发现，我国城乡关系演进具有其他国家城乡发展所呈现的普遍性。与此同时，由于我国城乡改革实践是在一个人口众多的社会主义发展中国家进行的，在这一特殊国情下，我国城乡改革历程也深深地印上了社会主义、发展中大国、共同富裕、政府主导等鲜明特征。不可否认的是，新中国成立以来，我国城乡发展不仅在实践上取得了巨大成就，而且形成了一系列具有中国特色的城乡关系理论成果，这既证明了马克思主义城乡关系理论的前瞻性与科学性，也丰富了马克思主义城乡理论。

第三节　本章小结

本章对我国城乡发展历程做了梳理，根据现代化发展过程中国家发展战略的转变及城乡发展的阶段性特征，将新中国成立以来城乡关系的演进历程分为四个阶段：第一阶段（1949—1978 年）为城乡二元结构的形成与固化阶段；第二阶段（1978—2002 年）为城乡二元结构的解构阶段；第三阶段（2002—2012 年）为城乡统筹发展阶段；第四阶段（2012 年至今）为城乡融合发展阶段。

通过对我国城乡关系演进历程的梳理可以发现，我国城乡关系演进具有其他发展中国家城乡关系演进的一般特征。与此同时，由于我国城乡改革实践是在一个人口众多的社会主义发展中国家进行的，在这一特殊国情下，我国城乡改革历程也深深地印上了社会主义、发展中大国、共同富裕、政府主导等鲜明特征。其中，最鲜明的特征就在于我国城乡关系演进具有明显的政府主导性，即是说，尽管我国城乡发展格局的演进也会受到经济与社会结构变迁的内在要求的影响，但这种演进历程与结果始终遵循国家发展的逻辑安排，与国家发展战略选择与整体规划密切相关。因此，从一定程度上讲，我国城乡发展是党和政府主导的，是党和政府的"规划性变迁"。

此外，新中国成立以来，我们党在带领人民推进城乡改革的实践中也积累了丰富的经验教训，这些经验教训概括起来就是：坚持把中国共产党的领导作为城乡发展的政治保障，坚持把改革创新作为城乡发展的根本动力，坚持把顶层设计与基层创新结合起来，坚持走渐进式改革的发展道路，坚持市场配置资源与政府宏观调控相结合，坚持从现代化建设全局的高度来处理工农关系和城乡关系，坚持城镇化和乡村建设同步推进。新时代推进城乡融合发展要充分借鉴我国城乡发展的经验教训，牢牢把握城乡融合发展的方向，以习近平新时代中国特色社会主义思想为指导，以改革为动力，坚决破除城乡融合发展体制机制弊端，探索城乡融合发展新模式，为世界各国尤其是发展中国家城乡关系治理贡献中国智慧和中国方案。

第四章　国内外城乡融合发展的
典型实践和经验启示

工业革命之后，在工业化城镇化的浪潮中，各国均出现了城乡分离甚至对立的局面。如何消除城乡对立、实现城乡融合发展是各个国家都必须面对的一个重大问题。在实践中，无论是国外发达国家还是国内一些发达地区，都做出了积极有益的探索，形成了一些各具特色的城乡融合发展模式。这些模式有很多相似之处，总结它们的共同经验，分析它们成功的原因，可以为当前我国推进城乡融合发展提供有益的借鉴。

第一节　国外城乡融合发展的典型实践和经验启示

"他山之石，可以攻玉。"世界上很多国家都经历了从城乡分离到城乡融合发展的过程，总结它们推进城乡融合发展的主要做法和成功经验，可以为我国推进城乡融合发展提供政策建议。

一、国外城乡融合发展的典型实践

本节选取德国、法国、荷兰三个国家作为典型实践案例，因为这三个国家在推进城乡融合发展的过程中遇到的问题与当前我国城乡融合发展中遇到的问题非常类似，且它们的处理方式值得我们学习和参考。

（一）德国推进城乡融合发展的主要做法

德国城市化起步较晚，但发展速度快，20 世纪的前 10 年，德国就基本实现了城市化。在城市化快速推进的过程中，德国也非常重视乡村建设，形成了城乡之间、地区之间均衡发展的局面。德国之所以能够实现城乡均衡发展，小城镇起了十分关键的作用。在德国，中小城镇数量多且分布广，有效地促进了城乡交流。

德国的城乡发展模式可以被称为均衡发展模式，这一模式的形成有其特殊的历史原因。其一，德国统一之前是一个四分五裂的国家，有 30 多个小邦国，这为德国形成中小城镇均衡发展的城乡发展模式奠定了历史基础。其二，德国的工业革命并非发端于大城市，而是一些小城镇，且德国在工业化城镇化过程中，农村剩余劳动力也主要流向附近的小城镇而非大城市，这为德国小城镇发展提供了源源不断的劳动力和动力支撑。其三，德国法律明确规定要大力发展中小城镇，这促进了其小城镇的发展。1960 年联邦德国颁布《联邦建设法》，该法律明确指出德国要追求区域均衡发展，就要大力发展中小城镇，限制发展超大城市，这为德国小城镇的发展提供了法律保障。

概括来说，德国城乡均衡发展模式主要有以下四方面特点：一是中小城镇数量多、分布广。按照德国关于城市的分类标准，德国共有大城市（10 万人口以上城市）81 个，中等城市（1 万~10 万人口的城市）611 个，小城市（0.2 万~0.9 万人口的城市）1 584 个，分别占城市总量的 3.6%、26.8%和 69.6%[①]。可见，德国的城市主要以中小城市为主。这些中小城市作为城乡结合的纽带，分布在全国各地，在促进城乡交流方面发挥了重要作用。二是大城市均衡发展。德国采取了"去中心化"的发展路线，严格限制城市规模和人口数量，防止其超出资源环境的承载能力。在德国，除了柏林、汉堡、慕尼黑、科隆 4 个超过 100 万人口的大城市之外，其他城市的人口都没有超过百万，既有效预防了交通拥挤、住房紧张、环境恶化等各种"城市病"的发生，也实现了城市的可持续发展。三是产业分布均衡。德国中小企业众多，这些企业并非全都集中在大城市，而是均衡地分布在全国各地，如宝马公司的一个主要生产基地就在一个小城镇上。四是人口分布相对均匀。前面讲到德国产业布局均衡，这为人们就近就业提供了条件，避免了人口向大城市集中，这也是德国人口分布均匀的重要原因。据统计，2011 年德国人口城市化率达到 88%，但其中约有 3 400 万人居住在不足 2 万人的"小城市和小城镇"中，约占总人口的 42%；约有 30%

---

① 石忆邵. 德国均衡城镇化模式与中国小城镇发展的体制瓶颈 [J]. 经济地理，2015（11）：54-60.

多的人居住在人口超过 10 万人的所谓"大城市"中①。可见，德国人口分布相对均匀。

为促进城乡协调发展，德国主要采取了以下四方面措施：

1. 建立便捷的交通网络

德国拥有四通八达的交通网络，是世界上交通最发达的国家之一。值得一提的是，德国作为世界上最早拥有高速公路的国家，早在 1932 年就建立了世界上第一条高速公路，如今已经承担了全国近一半的交通运输量。除了高速公路之外，德国的有轨电车也特别出名。德国的有轨电车无污染、速度快、准时且客运量大，几乎遍布了德国的每一个角落，甚至超过了德国公共汽车的数量。发达的交通将城市与乡村联系起来，缩短了城乡距离，促进了城乡交流。在德国，很多人选择居住在郊区、工作在城市，就得益于便捷的城乡交通。德国人这种城乡往返的生活方式不仅缓解了城市高房价、交通拥堵、环境恶化等问题，而且有效遏制了乡村衰败，推动了城乡共同繁荣。

2. 大力发展小城镇

小城镇是连接城乡的纽带和桥梁，德国之所以能够实现城乡协调发展，小城镇发挥了重要作用。遍布全国的小城镇将德国的城市与乡村连接起来，促进了城乡交流。而德国小城镇之所以能够实现繁荣发展，主要得益于两方面原因：一是德国的小城镇几乎都有相应的产业。产业是一个地方经济发达的灵魂，没有产业作为支撑，小城镇就难以发展起来。德国企业众多，这些企业大多数并不是坐落在大城市而是坐落在小城镇。在德国排名前 100 的大企业中，只有 3 个将总部放在首都柏林，其余大多数企业的总部均设在小城镇上。这不仅吸引了周边的农民到小城镇就业，也增强了小城镇的发展活力。而企业之所以选择到小城镇落户，主要得益于小城镇完善的基础设施。在德国，小城镇的道路、交通、娱乐、医院、学校、供水、供电等基础设施一应俱全，与大城市相差无几，这就吸引了很多企业到小城镇投资建设。二是德国小城镇的基本公共服务水平高。小城镇要吸引人，除了要为人们提供就业机会之外，还要为人们提供完善的基本公共服务。1965 年德国颁布了《区域规划法》，该法律明确规定城乡居民应该享有同样水平的生活条件。为此，德国确立了城乡统一的公共服务标

---

① 史世伟，陈健平. 德国经济数字地图 2012—2013 ［M］. 北京：科学出版社，2013.

准，使人们不管居住在大城市还是小城镇甚至乡村，都可以享受到同样水平的医疗卫生、社会保障、教育等基本公共服务。此外，由于与大城市相比，小城镇的环境更加宜居，因此德国有很多人更倾向于在小城镇生活。

3. 实施村庄更新计划

德国的村庄更新计划是德国政府实施的促进乡村整体性提升的战略规划，其内容涵盖乡村发展的方方面面，包括土地整治、农业产业发展、农村基础设施建设、文化传承和生态环境保护等。具体而言，德国的村庄更新计划主要有以下三个特点：

第一，强化农村生态环境保护。德国在实施村庄更新计划的过程中特别重视对生态环境的保护。比如，德国大力推进乡村污水处理厂、垃圾处理站、废气处理设备等生态环境保护基础设施建设，为实现乡村绿色发展提供了基础。再比如，德国非常重视耕地保护，采取轮作与休耕制度，严格控制农药、除草剂等化学物品的使用数量，实现了耕地的可持续利用。

第二，注重传承乡村文化。德国将传承乡村历史文化作为乡村更新计划的一个重要内容，强调乡村更新是要建设千千万万个有特色、有内涵的乡村，而不是建设城市型的乡村或千篇一律的乡村。德国甚至还提出了"村庄即未来"的口号，将保护乡村历史古迹、传统文化当作一项重点任务来抓，尽可能地保留了乡村的原始风貌，不仅有力推动了德国乡村旅游业的发展，打造了一批又一批有特色的旅游村，而且促进了农民就业与增收。

第三，注重农民的参与性。德国的村庄更新计划不仅有政府自上而下的科学规划和引导，还有农民自下而上的广泛参与，政府和农民的有机结合是德国实现乡村现代化的重要保证。从 20 世纪 60 年代开始，德国就开始举办全国性的"我们村庄更美丽"竞赛活动，该项活动每三年举办一次，最初的比赛主要围绕优化乡村生态环境展开。1998 年以后，该竞赛更名为"我们村庄明天会更好"，比赛的内容也由美化村庄生态环境向促进乡村经济、社会、文化等可持续发展方面扩展。德国通过举办这些竞赛，有效地激发了农民建设乡村的主体意识，促进了乡村发展。

4. 进行土地整治

德国是世界上较早开展土地整治的国家，其将土地整治作为开展农业集约化经营、改善农村生态环境、促进城乡融合发展的重要手段，并在土地整治方面积累了丰富的经验，值得我国学习和借鉴。德国土地整治主要有三个特点：一是通过法律使土地整治规范化。20 世纪 50 年代，德国颁布了《土地整理法》，明确了土地整治的目的、任务、方法，规范了土地整治的程序，制订了科学合理的土地规划方案，保障了土地整治的规范有序推进。二是将土地整治与生态环境保护结合起来。早期巴伐利亚州进行土地整治时忽视了对生态环境的保护，给城乡可持续发展造成了恶劣影响。此后，德国在推进土地整治的过程中充分吸取了这一教训，将保护生态环境作为开展土地整治的前提，强调土地整治过程中不能以牺牲环境为代价换取一时的经济发展，而要尽可能地改善自然环境，这使德国的土地整治实现了土地资源高效利用与生态环境改善的双赢。三是将土地整治与村庄更新计划结合起来。德国充分利用土地整治的机会，将土地整治与乡村规划、农村基础设施建设、农业集约化经营结合起来，大大改善了农村生产生活条件，提高了农民生活水平，有利推动了城乡融合发展。

（二）法国推进城乡融合发展的主要做法

之所以选取法国作为代表，是因为法国素有"欧洲中国"之称，在经济、政治、文化等方面与我国存在很多相似之处，尤其是曾经的法国也是一个传统农业大国，农村人口众多，小农经济占主体，乡村发展落后。但如今的法国农村，生态良好，基础设施完善，是城市人向往的地方，农民也成为不少法国人所向往的职业。法国之所以发生如此大的变化，就在于其采取了一系列调整城乡关系的措施，改变了城乡发展不平衡的局面。综合来看，法国主要采取了以下五方面措施：

1. 建立完善的城乡交通网络

交通是连接城乡的桥梁和纽带，完善的交通基础设施在促进城乡人才、物资、信息交流方面起着不可替代的作用。为促进城乡交流、改变农村落后面貌，法国将交通运输尤其是铁路运输作为突破口，通过给予财政补贴、降低贷款利率等多种手段，鼓励各大铁路公司加强铁路建设。据统计，1847 年法国仅有 1 830 千米铁路开通，1860 年则达到 9 000 千米，到 1910 年跃至 64 898 千米[①]，是 1830 年的 35 倍。交通条件的改善促进了城乡交流，使城市先进的生产方式、管理经验和思想观念渗透到农村，促进了法国农业生产方式的变革和农民思想观念的转变，也为法国实现农村现代化提供了重要条件。

---

① 李丽纯. 法国农村社会转型对我国社会主义新农村建设的启示 [J]. 广西大学学报（哲学社会科学版），2006（2）：25-27.

2. 改善农村基础设施

法国特别重视农田水利、农村道路、电力、供水等基础设施建设。以农田水利基础设施为例，为改善农业生产条件，法国政府投入大量资金进行农田水利基础设施建设。据统计，法国中央政府对农田水利工程的投资比重通常达到工程投资总额的60%~75%[①]。除了财政投入外，法国还鼓励私人企业、金融机构参与农田水利基础设施建设，多元主体的参与解决了农田水利建设和维修的资金短缺问题，大大促进了农田水利事业的发展。

3. 大力发展乡村教育

农民现代化不仅是农村现代化的重要标志，也是推动农村现代化的主体力量；而国家通过教育提高农民的知识文化水平，则是实现农民主体现代化的主要手段。法国始终把农民教育摆在重要地位，为提高农民知识文化水平和职业素质，法国建立了完善的农业教育体系，对农民进行系统性、全面性、专业性的职业技能培训和文化素质培训，大大提高了农民的整体素质。

4. 大力发展乡村产业

为解决农村发展落后和农民收入低的问题，法国大力发展乡村产业。一方面，法国在乡村开展土地整治工作，将闲散不用的土地集中起来统一规划，并开辟一些新的土地吸引企业到农村投资建厂。另一方面，法国政府通过增加贷款、减免税收、设立奖金等政策鼓励农村和乡镇兴办企业，并鼓励企业搬迁到落后的农村地区以缓解城市资源环境的压力。例如，法国政府专门设立了"地区发展奖金"，规定凡是到落后地区新建工厂和扩建工厂的企业，只要达到国家规定的投资限额并帮助解决一定数量人口的就业问题，便可以获得"地区发展奖金"。

5. 加大对农业的投入力度

为支持农业农村发展，法国政府不断加大对农业农村的投入力度。一是对农民购买的农业生产资料进行补贴。农民购买化肥、农药、种子、农业机械设备等都享有一定的补贴，如法国农民购买农机具可以享受15%的补贴等。二是对进行农业生产的农民进行价格补贴。例如，法国按照农作物的面积、牲畜的数量给予农民相应的补贴。三是国家提供资金来帮助农民建立农业互助合作组织，解决小农户与大市场之间的矛盾，提高单个农

---

① 杨超. 目标、进程与策略：中国城乡利益格局调适的内在逻辑 [J]. 人民出版社，2019：118.

户应对各种风险的能力。

（三）荷兰推进城乡融合发展的主要做法

荷兰国土面积狭小，仅有 4 万多平方千米，相当于我国的台湾地区，且人均耕地面积远低于世界平均水平，是典型的人多地少的西欧国家，但却成为世界第二大农业出口国，被誉为"欧洲菜园"。此外，荷兰的农村不仅没有衰败，反而越来越繁荣，成为人口净流入地。为推进城乡融合发展，荷兰主要采取了以下四方面措施：

1. 大力发展现代农业

发展现代农业是荷兰推进城乡融合发展的重要引擎。为提高农业现代化水平、增加农民收入，荷兰大力发展设施农业、创意农业等现代农业形式，既延长了农业产业链条，也繁荣了农村经济。一是大力发展以玻璃温室为特色的设施农业。荷兰国土面积狭小，为了增加农业产量，其大力发展设施农业。荷兰的温室面积非常广阔，约占全球温室总面积的 1/4。荷兰设施农业采用现代化智能化的生产手段，通过采用无土栽培等技术，为农作物生长提供了适宜的温度、光照等自然条件，在一定程度上摆脱了对自然环境的依赖，具有高投入、高品质、高产量、高效益等特点，增加了荷兰农业产值。二是大力发展创意农业。荷兰充分利用本国优美的自然条件和独特的民俗文化，将农业与休闲农业、休闲旅游等产业结合起来，大大提高了农产品附加值。

2. 发展农业合作社

荷兰是一个世界农业强国，其耕地面积不足世界的 0.07%，农业人口不足世界的 0.02%，但其出口的农产品却占世界的 9%，成为仅次于美国的世界第二大农产品出口国，这样惊人的成绩离不开农业合作社的作用。农业合作社已经成为荷兰保护农民权益、提升农产品竞争力和促进农业可持续发展的重要载体。荷兰农业合作社历史悠久，早在 19 世纪 70 年代，其农民就已经自发成立了农业合作社。它既不是完全的营利性机构，也不是民间的非经济组织，而是一种由农民自愿组织起来互助共赢的特殊经济组织。其种类繁多，已经遍及农业的各个环节和领域，不仅可以为农户提供技术咨询、技能培训、良种选取等服务，还可以将分散的农户联合起来，提高农户与市场对接的能力，使农户在生产链上处于更加有利的位置。通常情况下，农户会选择同时加入几家农业合作社，分别处理农业产前、产中、产后的各项事宜。

而事实上，在荷兰，除了农业合作社之外，也有很多农业商业组织，但农户更愿意加入农业合作社而不是商业组织，这是因为农业合作社具有明显的优势：一是因为农业合作社能够解决农户农产品的销售问题。根据规定，不论市场状况如何，农业合作社都必须购买农户的农产品，这就帮农民解决了农产品的销路问题，使农民收入有了保障。而商业组织则受市场波动的影响较大，当市场行情不好时，商业组织就会拒绝购买农户的农产品，使农户收益受损。二是因为农业合作社与农户的合作一般都是长期性的，农户与农业合作社合作可以得到长期稳定的保障，而商业组织与农户签订的合同时间较短，变动性较大，农户即使当年获得收益，也很难确保来年不会发生变动。可见，与农业商业组织相比，农业合作社优势突出，因此吸引了大量农民加入。如今，农业合作社已经成为荷兰最主要的生产组织模式，为创造荷兰农业奇迹提供了有力支撑。

3. 开展农地整治和开发

荷兰国土面积不大，土地资源匮乏，通过农地整理和农地开发，荷兰实现了土地资源的高效利用，这也是荷兰促进乡村发展的一个重要手段。荷兰政府先后颁布了《土地整理法》《空间规划法》等法律，对农村土地整治和开发的目标、原则、具体实施方案等问题做了详细规定，明确乡村每一块土地的使用都必须符合法律规定。最初，荷兰的农地整治主要围绕农业生产展开，通过交换和合并农户之间的土地、发展农业连片经营等手段为农业机械化与规模化作业创造了条件，提高了农业生产效率。后来的土地开发和整理除了关注农业生产功能以外，还注重自然保护、景观发展、户外娱乐等功能，是一种综合性的乡村发展手段。比如，荷兰在保障农业生产的前提下，留出一部分农地专门用于发展乡村旅游、休闲农业等乡村新产业，这不仅改善了农村生态环境，而且增加了农民收入，实现了农地高效利用。

4. 制订科学合理的城乡规划

城乡发展规划是城乡发展的战略性、纲领性、综合性规划，涉及城乡经济、政治、文化、生态等方方面面，在促进城乡协调发展方面起着提纲挈领的作用。荷兰政府历来重视城乡规划的作用，早在19世纪初，荷兰政府就开始关注乡村规划问题，当时主要以农业土地整理为主要内容。20世纪初，荷兰政府又将城市规划提上了日程。尽管城市规划与乡村规划的历史起源和实施时间不同，但在空间规划方面，荷兰政府将乡村规划摆在了与城市规划同等重要的位置，且把城市规划与乡村规划结合起来，统筹制订城乡发展规划，以促进城乡协调发展。1965 年，荷兰颁布了《空间规划法》，明确提出要制定自上而下的国土规划体系，每一层级的政府都要承担相应的职责。其中，中央政府负责制订全国空间规划，同时制定广泛性的全国规划指导政策；省级政府负责制订省域内空间规划方案，同时制定省域内空间规划政策；自治市政府则负责制订市域内的空间规划方案，包括该市域范围内城市发展规划和乡村发展规划。在国土规划体系内，下级政府的规划方案要与上级政府的规划方案和规划政策保持一致，各个区域之间的规划方案要相互协调，尽量避免冲突，以实现全国范围内的区域协调发展。

值得一提的是，荷兰政府尤其重视乡村规划。荷兰的土地利用规划几乎覆盖了乡村所有地区，政府规定乡村每一块土地的利用都必须符合土地利用总体规划。随着城乡发展的深入推进，荷兰乡村规划的内容越来越全面，涉及范围也越来越广泛。荷兰乡村规划最初主要围绕农业生产展开，以"土地整理"和"土地开发"为主要形式，通过交换农户之间的土地、减少碎片化农田、优化土壤和水质等手段来实现改善农业生产条件和提高农业生产效率的目的。20 世纪 80 年代中期之后，荷兰乡村规划的范围不断扩展，除了关注农业生产功能之外，还注重乡村生态环境保护、乡村景观设计、传统村落保护等功能，逐渐演化为一种综合性的乡村发展手段。

二、国外城乡融合发展的经验启示

通过对德国、法国、荷兰城乡融合发展实践的梳理可以发现，它们在推进城乡融合发展的过程中存在很多共同的做法，总结其成功经验，可以为当前我国推进城乡融合发展提供一定的借鉴。

（一）城乡规划一体化是城乡融合发展的重要前提

规划是对未来整体性、全局性、综合性基本问题的思考，是指引事物发展的总纲和指南。城乡规划则是对城乡产业布局、城乡建设用地统筹使用、城乡基础设施配置、城乡居民点布局等方面的整体谋划，是未来城乡发展的基本蓝图和基本依据，也是实现城乡融合发展的基础性工作。通过总结发达国家城乡融合发展的典型实践可以看出，它们都把制订城乡发展规划作为实现城乡融合发展的前提和基础性工作。例如，为推进城乡融合发展，荷兰颁布了《空间规划法》，根据城市与乡村各自的特点制订了城市发展规划和乡村发展规划，明确了城乡发展的方向、规模和布局，强调了各级政府在城乡规划中的职责，为推动城乡融合发展提供了基本依据。这启示我们在推进城乡融合发展的过程中，要遵循工业化城镇化发展的客观规律，顺应未来城市和乡村地域界限越来越模糊以及人口部分回流的趋势，制订科学合理的城乡发展规划，将城市与乡村作为一个整体，通盘考虑，统筹安排，以实现城乡布局合理、优势互补和协调发展。

（二）处理好政府和市场的关系是城乡融合发展的必要条件

发达国家实行市场经济体制的时间较早，它们的市场经济体制也更加完善和成熟。在推进城乡融合发展的过程中，发达国家非常注重发挥市场在资源配置中的决定性作用，通过激活市场主体的活力，促进资本、技术、人才等要素在城乡之间双向流动，有利推动了城乡融合发展。与此同时，与工业相比，农业具有高风险、高投入、低利润、易波动等特征，如果完全由市场来配置资源，则资本会从农业农村流向工业和城市，导致农业农村发展资本不足。可见，光靠市场的力量是难以实现城乡协调发展的。为了弥补市场调节的缺陷，发达国家也非常注重政府调控的作用，通过制定农业支持保护政策、加大对农业农村的资金投入力度、加大农业科技的研发力度等措施来弥补市场调节的缺陷。例如，法国制定了一系列农业支持保护政策，不仅对农民购买的化肥、农药、种子、农业机械设备等农业生产资料进行补贴，还按照农作物的面积、牲畜的数量对农民进行价格补贴。这启示我们在推进城乡融合发展的过程中，既要发挥好市场在资源配置中的决定性作用，又要发挥好政府在农业农村优先发展中的作用，将政府和市场结合起来，共同推动城乡融合发展。

（三）城乡基础设施一体化是城乡融合发展的重要物质基础

基础设施作为连接城乡的桥梁和促进城乡资本、技术、人才等要素流动的关键纽带，是实现城乡融合发展的重要物质基础。发达国家普遍将加大城乡基础设施尤其是农村基础设施的建设力度作为实现城乡融合发展的重要手段。例如，德国建立了四通八达的交通网络，缩短了城乡距离，因此很多德国人居住在郊区、工作在城市，既有效缓解了城市高房价、交通拥堵、环境恶化等问题，也有效遏制了乡村衰败，推动了城乡共同繁荣；法国将交通运输尤其是铁路运输作为突破口，通过给予财政补贴、降低贷款利率等多种手段，鼓励各大铁路公司加强铁路建设，大大促进了城乡交流。从我国当前城乡发展现状来看，城乡发展差距大的最直观表现就是基础设施差距大。我国要借鉴发达国家城乡融合发展的相关经验，加强财政对农村道路、交通、供水、供电、通信等基础设施的投入，补齐农村基础设施短板，为吸引要素回流农村和加强城乡联系创造条件，推动城乡融合发展。

（四）实施乡村建设计划是城乡融合发展的有效举措

发达国家城乡融合发展的实践证明，不论工业化与城镇化发展到哪一步，农业农村都不可能消失，任何时候都需要农业发挥其提供农产品、维持生态平衡和传承历史文化的功能，且工业与农业、城市与农村本身就是相互依存、相互促进的命运共同体。在工业化发展的每一个阶段都离不开农业农村的支持：工业化初期，工业和城市的发展需要农业农村提供资本、原料和劳动力；工业化后期，农业农村则发挥着为城乡居民提供绿色优质农产品、满足人们对"乡愁"的精神寄托、维持生态平衡等重要功能。可见，任何时候，农业农村都发挥着不可替代的作用，如果以牺牲农业农村为代价来换取工业和城镇的发展，最终也会影响工业和城市的进一步发展并导致城乡发展失衡。因此，各国在工业化发展到一定阶段后都制订并实施了乡村建设计划，通过加大对农业农村的投入力度，制定有利于农村发展的政策来促进农村发展，如德国实行的村庄更新计划以及荷兰制订的乡村规划等。当前我国在推进城乡融合发展的过程中，要借鉴发达国家的这一经验，大力实施乡村振兴战略，坚持农业农村优先发展的总方针，将"四个优先"落到实处，推动城乡关系迈上新台阶。

（五）小城镇是城乡融合发展的关键纽带

小城镇作为"乡之首，城之尾"，是连接城乡的桥梁和纽带，在推进城乡融合的发展过程中发挥着重要作用。国外很多发达国家都将建设小城镇作为城乡融合发展的重要手段。例如，德国之所以能够实现城乡融合发展，小城镇发挥了重要作用。德国小城镇数量多、分布广、基础设施完善、公共服务水平较高，且几乎每个小城镇都有相应的产业，吸引了大量人口在小城镇生活、就业和居住，既促进了城乡交流，也避免了乡村衰败。从我国的特殊国情来看，我国农村人口众多，不可能把所有人都转移到大城市。通过建设小城镇，促进农村人口向小城镇转移，不仅可以避免城市盲目扩张所导致的"城市病"问题，而且可以带动农村经济社会发展，避免乡村衰败。未来我国要合理规划小城镇发展的空间布局，将小城镇建设与特色产业发展结合起来，提高小城镇的基础设施建设和公共服务水平，走大中小城市与小城镇协调发展的城乡融合发展道路。

第二节 国内城乡融合发展的典型实践和经验启示

国内一些经济发达地区较早开始了城乡融合发展的实践，对如何推进城乡融合发展进行了大胆创新。它们在实践中也形成了一些有价值的、可以借鉴的经验，总结这些经验，可以为当前我国推进城乡融合发展提供借鉴。

一、国内城乡融合发展的典型实践

本节选取了嘉兴、苏州、成都、重庆作为城乡融合发展的典型地区，之所以选择这四个城市，是因为成都与重庆是全国统筹城乡综合配套改革试验区，苏州是国家发展和改革委员会批准的首个城乡发展一体化综合改革试点城市，嘉兴是浙江统筹城乡发展综合配套改革试点城市，它们都较早开始了城乡改革实践，在推进城乡融合发展方面做出了很多积极有益的探索，也积累了丰富的经验。总结它们的共同经验，可以为当前我国推动城乡融合发展提供借鉴。

（一）嘉兴实践

嘉兴市位于浙江省东北部，地理位置优越，是浙江统筹城乡发展综合配套改革试点城市。早在 2004 年，时任浙江省委书记的习近平同志在对嘉兴市进行调研时就指出，嘉兴市完全有条件经过 3~5 年的努力，成为全省乃至全国统筹城乡发展的典范。2004 年，嘉兴市率先制定出台了城乡一体化发展规划纲要，对嘉兴市城乡一体化发展做出了顶层设计。2008 年 4 月，嘉兴市被浙江省列为三大省级综合配套改革试点城市之后，加快了城乡一体化改革步伐，并走出了一条具有嘉兴特色的城乡融合发展之路。

嘉兴市推进城乡融合发展的主要做法有"两分两换"和"十改联动"。

1."两分两换"

"两分两换"即将宅基地与承包地分开，搬迁与土地流转分开；以土地承包经营权换股、换租、增保障；以宅基地换钱、换房、换地方。其中，承包地的置换房方法为：引导农民流转土地承包经营权，土地流转收益归农民所有。对于自愿放弃土地承包经营权的农民，可以按照不同的标准参加社会养老保险。这就将分散的土地集中起来，为开展农业规模化经营、提高农业生产效率提供了条件。宅基地的置换方法为：对于放弃宅基地去城镇购买商品房的农户，政府给予相应的货币补贴；对于仍留在农村的农户，农民既可以根据相应的置换标准换取相应面积的政府统一规划建设的公寓房，也可以到统一规划的地方重新建立自建房。嘉兴市将宅基地置换与土地综合整治结合起来，达到了节约用地、提高土地利用效率的目的。

2. "十改联动"

"十改联动"是指联合推进户籍制度、城乡规划、医疗保障、居民就业、居民点建设、公共文化服务、养老保障、产权制度等10项改革。其中，在城乡规划方面，嘉兴市在尊重农民生产生活方式以及综合考虑乡村发展空间布局形态的基础上，因地制宜编制了村镇布局规划，合理撤并村庄，推进农民适度集中居住。在居民点建设方面，嘉兴市结合自身特有的江南特色和水乡地形，因地制宜推进乡村居民点合理布局，保留了一批具有历史文化底蕴和江南水乡特色的古建筑、古村落，彰显了江南地区的地域特色和文化风格。在户籍制度改革方面，嘉兴市早在2008年就正式开启了户籍制度改革，规定只要是具有合法且稳定住所、稳定职业或生活来源的人都可以在本地落户。在养老保障方面，自2007年10月1日起，嘉兴市就开始实施《嘉兴市城乡居民社会养老保险暂行条例》，成为全国首个社会保障城乡全覆盖的地级市。该条例规定，年满16周岁的嘉兴市常住人口，不论是嘉兴市的户籍人口还是非户籍人口，只要没有参加嘉兴市职工基本养老保险，均可参加嘉兴市城乡居民社会养老保险。这就把外来务工人员列入了参保范围，实现了城乡居民养老保障一体化。在居民就业方面，嘉兴市采取多种手段，帮助人们解决就业难题，包括建立劳动力就业登记制度，对所有城市市民和农村居民的就业情况进行动态管理；全面开展充分就业村试点，村村设有就业指导站，随时为村民提供就业服务；完善困难群众就业援助制度；积极开展创业培训服务，为创业人员提供税收减免、信息咨询等服务。在医疗保障方面，2003年嘉兴市就率先建立了新型城乡居民合作医疗保险，实现全民医保，成为全国第一个推行城乡合作医疗保险制度的地级市。在公共文化服务方面，嘉兴市率先引领全国建设公共图书馆，将建设公共图书馆乡镇分馆作为文化建设的一项重大工程来抓，到2010年年底，嘉兴就已经实现了乡镇分馆和村图书流通站全覆盖。在产权制度方面，嘉兴市对农村宅基地、农房、农地承包经营权进行产权确认，使长期模糊的农村基础产权得以明确，并将农房、农地承包经营权视作特殊产权进行运转，实现了农民资产权益的释放。

（二）苏州实践

改革开放之初，苏州很多农村就利用计划经济体制改革的机遇，依靠集体力量兴办乡镇企业。乡镇企业的发展壮大为苏州工业反哺农业提供了条件，促进了苏州农村经济的繁荣和农民增收，也使得苏州城乡融合发展走在了全国前列。

2007 年，国家提出城乡一体化之后，紧接着第二年（2008 年），江苏省就将苏州确定为全省唯一的城乡一体化发展综合配套改革试点。2008 年11 月，苏州市发布《苏州市人民政府关于城乡一体化发展综合配套改革的若干意见》，这是苏州城乡改革发展的一个纲领性文件，对苏州市推进城乡一体化的重点任务做了全面部署，涵盖经济、政治、文化、社会、生态等各个方面。2010 年，苏州被国家发展和改革委员会列为城乡一体化发展综合配套改革联系点。2014 年 3 月，苏州成为国家发展和改革委员会批准的首个城乡发展一体化综合改革试点城市。国家政策的支持和雄厚的经济实力为苏州城乡发展提供了得天独厚的条件，也使苏州城乡一体化走在了全面前列。

为推进城乡融合发展，苏州主要采取的措施有"三集中""三置换"和"三合作"。

1."三集中"

"三集中"即引导农村工业企业向规划园区集中、引导农民向新型社区集中、引导农业用地向适度规模经营集中。通过引导工业企业向规划园区集中，加强对乡村工业企业的规划管理，不仅大大改善了乡镇企业发展初期环境污染严重、浪费土地、发展不规范等问题，而且提高了资源的聚集效应和节约效应。通过引导农民向新型社区集中，不仅改善了农民的居住环境和居住条件，而且降低了基础设施和公共服务的供给成本，提高了供给效率。此外，将农民的宅基地进行重新整理和规划，也起到了优化土地利用结构、提高土地利用效率的作用。引导农业用地向适度规模经营集中则有利于提高农业机械化水平和科技化水平，降低农业经营成本，提高农业生产效率。总而言之，"三集中"使苏州市农民的生活方式、生产方式和居住方式发生了根本性变革，优化了农村产业布局、生态布局、居住布局，是苏州市提高农业生产效率、优化农村人居环境、改善农民生活质量、缩小城乡差距的重要手段。

2. "三置换"

"三置换"即引导农户把集体资产所有权、土地承包经营权、宅基地及农村住房置换成股份合作社股权、城镇社会保障和社区住房，这是保障农民权益、实现农民变市民的重要手段。其中，把集体资产所有权置换成股份合作社股权，解决了农村集体所有者缺位难题，把集体财产量化到村民个人身上，让村民拥有了实实在在、看得见摸得着的收益；把土地承包经营权置换成城镇社会保障不仅维护了农民土地权益，而且有利于重新规划利用农村土地，同时改变土地利用效率低的局面；将宅基地置换成社区住房不仅改善了农民的居住环境和住房条件，而且提高了基础设施和公共服务的利用效率。总而言之，苏州市通过"三置换"的方式达到了优化农村产业布局、改善农民生活条件、促进农民市民化的目的。

3. "三合作"

"三合作"即指社区股份合作社、土地股份合作社和农民专业合作社三大农村合作组织。苏州市将构建这三大合作组织作为破解农村集体资产所有权虚置、保障农民土地权益和提高农民应对市场能力的重要手段。苏州市的做法主要有：一是对农村集体组织进行产权制度改革，将农村集体资产折股量化给村民，村民持有一定的股份，按股分红。二是引导农民自愿将土地承包经营权入股，组建土地股份合作社，然后由合作社开展农业适度规模经营，农民按股分红。三是建立农民专业合作社。农民专业合作社是由村集体、种养能手、农业企业等牵头，农民自愿参加，从事同一农产品生产的农户在生产、加工、流通、技术、资金等方面组建的新型农村合作组织。它可以完善产前、产中、产后的农业现代化服务体系，提高小农户应对大市场的能力。除了以上"三合作"之外，苏州市还建立了各种富民合作社、劳务合作社等。据统计，2019 年，苏州共有 1 028 家农民专业合作社被列入政府优先扶持农民专业合作社名录，这些农民合作组织不仅提高了农民对抗各种自然风险和市场风险的能力，而且提高了村级组织的经济实力，促进了农民增收，还提高了农民的组织化程度，增强了农民的合作意识，创新了基层管理，促进了传统农民向现代公民转变。

（三）成都实践

作为全国统筹城乡综合配套改革试验区，成都市城乡统筹发展走在了全国前列。早在 2003 年 3 月，成都市就以双流、大邑等五个区县为试点，开展了城乡统筹发展的实践。2004年，成都市政府发布的《中共成都市委 成都市人民政府关于统筹城乡经济社会发展推进城乡一体化的意见》，明确了成都市统筹城乡经济社会发展的指导思想、目标任务、工作重点等内容，对成都市统筹城乡发展做了顶层设计。2007年，国务院批准成都市作为全国统筹城乡综合配套改革试验区之后，成都市加快了城乡统筹发展步伐，积极推进城乡领域的各项改革，推动城乡发展取得了显著成绩。到2013年年底，成都市统筹城乡发展总体实现程度已经达到81.4%[①]。成都市在推进城乡统筹发展方面做出了很多有益探索，积累了大量经验，对当前我国推进城乡融合发展有重要的借鉴意义。具体而言，成都市为推进城乡统筹发展主要采取了以下两方面措施：

1. 积极推进"三个集中"

"三个集中"即工业向园区集中、土地向规模经营集中、农民向城镇集中。

一是工业向园区集中。园区是承载企业和创造就业的重要区域，能够实现资金、技术、人才等要素的集聚效应和规模经济效应，是推动区域经济发展的重要力量[②]。为推动工业向园区集中，成都市主要从两个方面着手：①整合园区资源，提高园区的集聚效应和规模经济效应。针对成都市产业园区数量多、布局分散、规模小、主导产业不强、基础设施不完善等问题，成都市政府要求对分散的产业园区进行规划整治，推动形成产业特色突出、配套功能完善、承载能力强、质量效益显著的工业集中发展区[③]，这就改变了之前"村村点火，户户冒烟"的情况，节约了土地资源，提高了基础设施的利用效率，实现了产业的集聚效应。②合理规划产业布局，优化产业发展结构。为促进产业协调发展，避免恶性竞争，成都市确立了"一区一主业"的发展目标，在整合园区的基础上，将各大园区进行科学分类、统一部署，按照相应的梯度和层次将这些产业布局在各大园区，明确各大区域的发展重点和发展特色，形成优势互补、各具特色、错位竞争、共同发展的产业发展格局。这既增强了区域经济发展实力，也促进了区域协调发展。

---

① 根据成都市人民政府网站相关数据整理。

② 张爱民，易醇. 城乡一体化进程中的产业协调发展研究 [M]. 北京：中国社会科学出版社，2017：95.

③ 同②：34.

二是土地向规模经营集中。土地是农村产业发展和经济发展的基础要素。为解决土地利用效率低、农业经营规模小等问题，成都市积极推进农村土地制度改革，引导土地向规模经营集中。首先，成都市积极推进农村土地承包经营权和宅基地使用权的确权颁证工作，向农民颁发土地产权使用证，从法律上保障农民土地的使用权、流转权和收益权。到2010年2月底，成都市90%以上的农户参加了农村土地产权制度改革，80%的土地完成了确权颁证。2010年6月，成都市土地确权颁证工作全面完成，这为推进农村土地流转创造了条件。其次，积极推进土地流转。成都市积极推进土地向种植大户、农业合作社、农村集体经济组织集中，发展农业规模化与集约化经营。与此同时，成都市还专门设立了土地承包流转服务中心，加强对土地流转的监督管理。为防止土地流转后业主或农户中的任何一方违约，成都市还采取了双向收取保证金的方式。最后，鼓励和扶持家庭农场、专业大户、农业经济合作组织、龙头企业等新型农业经营主体开展农业规模化经营，为他们提供贷款、税收等方面的优惠政策。同时，为确保耕地数量不减少，防止土地流转后企业改变耕地用途，成都市还规定对于私自改变土地用途，开展耕地"非农化""非粮化"经营的企业，不仅要取消对其的补贴，还要追究其法律责任。

三是农民向城镇集中。成都市从自身条件出发，探索出了一条适合自身的农民集中居住道路。首先，因地制宜地探索不同的集中居住模式。成都市在尊重农民意愿的基础上，综合考虑各地经济发展水平、地理位置、历史文化传统等因素，探索出了产业园区推动型、地震灾后重建型、旅游发展催生型等各具特色的农民集中居住模式。其次，多渠道解决农民就业与增收难题。在推进农民集中居住的过程中，不少农民耕地、宅基地被征收，很多以农业生产为主的农民面临再就业难题；且集中居住之后，之前自给自足的庭院经济难以持续，农民还要缴纳物业费，因此农民生活成本也要上升。为解决这些问题，成都市采取了对农民开展有针对性的培训、发展社区服务业等多种手段帮助农民解决再就业问题。最后，引导农民养成健康良好的生活习惯。引导农民集中居住本身并不是目的，其根本目的在于通过农民居住地点的变化让农民享受到现代物质文明成果并推动农民向市民转化，因此并不是把农民集中到一起居住就万事大吉了。成都市在推进农民集中居住的同时，由成都市委宣传部牵头，在农村深入开展以"新家园、新生活、新风尚"为主题的"三新"活动，开展系列宣传讲座，引导农民改进生活习惯，培养文明行为，形成了自我服务、自我管理、共建共治共享的集中居住区管理模式。

2. 抓住重点领域和关键环节的改革

为推进城乡统筹发展，成都市以深化改革为抓手，全面推进城乡领域的各项改革。首先，推动农村集体产权制度改革。2008年1月，成都市出台了《中共四川省成都市委 成都市人民政府关于加强耕地保护进一步改革完善农村土地和房屋产权制度的意见（试行）》，这标志着成都市正式开启了农村产权制度改革。成都市的农村产权制度改革主要从两方面进行：一是以确权颁证为基础。成都市向农民颁发"四证"和"两卡"。"两卡"即耕地保护卡和养老保险卡。"四证"即对农村土地承包经营权颁发农村土地承包经营权证、对集体建设用地（宅基地）使用权颁发集体土地使用权证、对房屋所有权颁发房屋所有权证、对集体林地使用权颁发集体林地使用权证。在颁证之前，成都市先对相应的土地进行实地测量，以实测面积为准进行颁证，避免了日后可能引起的纠纷和麻烦。成都市通过"确实权、颁铁证"有效维护农民的土地权益。二是建立农村产权交易平台。成都市在市级、县级、乡级都建立了农村产权交易平台，为产权交易公开、公正、规范化运作提供了重要支撑。其次，推进农村土地综合整治。成都市按照土地利用总体规划确定的目标和用途，以土地整理、城乡建设用地增减挂钩为平台，在广大农村地区推动田、水、路、林综合整治。通过土地综合整治，成都市不仅改善了农村基础设施和生态环境，提高了农民生活水平，而且促进了土地连片经营，为发展农业适度规模经营创造了条件；此外，还为吸引企业投资，发展乡村第二、第三产业，促进农民就业与增收创造了条件。总之，成都市通过农村土地综合整治为推进农民集中居住和农村产业聚集创造了条件，有利推动了城乡统筹发展，缩小了城乡差距。

（四）重庆实践

重庆市位于我国西南部，地处长江上游、四川盆地东南部，是四个直辖市之一。2007年，国务院批准重庆为统筹城乡综合配套改革试验区。2009年，重庆市综合配套改革总体方案获得国务院批准实施。为了推进城乡融合发展，重庆市主要采取了以下三方面措施：

1. 创造性地实行"地票"交易制度

所谓"地票"，就是使用城镇建设用地的一种凭证，它是用农村建设用地的减少来换取城镇建设用地的增加，其核心是保证耕地面积不减少。在"地票"制度的实施过程中，重庆市充分保障了农民利益，主要表现在：第一，申请宅基地复垦的农户必须是具有其他稳定住所且有稳定收入来源的农民；如果没有则不能强制要求其退出宅基地。第二，宅基地复垦后，经营权不变，仍属于农户所有，农户不愿意经营的，可以进行流转。第三，"地票"交易后的绝大部分收益归村集体和农民所有。

重庆"地票"交易制度为解决我国城乡建设用地矛盾提供了一种新思路。随着城镇化的快速推进，城镇人口不断增加，城镇对土地的需求也越来越大，但在土地用途管制下，土地供应十分有限，很难满足城镇建设对土地的需求。与此同时，农村存在大量建设用地被闲置或低效利用的情况，重庆"地票"制度的提出就为解决城市建设用地供应紧张与农村土地利用粗放之间的矛盾提供了一种新思路，同时也提高了农村土地利用效率，增加了农民财产性收入。

2. 开展"三权"抵押融资试点

重庆市较早开始了农村土地承包经营权、农民房屋和林权的抵押融资试点。为规范"三权"抵押融资，重庆市专门出台了《重庆市农村居民房屋抵押登记实施细则》《重庆市农村土地承包经营权抵押登记实施细则》等文件，为规范"三权"抵押融资提供了法律依据和制度保障。具体而言，重庆市的做法包括：一是开展林权、承包经营权和农村房屋的确权登记颁证工作，为相应主体发放产权证书，为产权抵押融资提供基本前提。二是构建资产评估机制。重庆市在综合考虑各地地理位置、经济发展水平、交通便利程度等因素的基础上，确定了不同地区产权价格标准，为人们贷款融资时评估自身资产提供了基本依据。三是构建风险共担补偿机制。为降低农村金融服务风险，重庆市于2011年出台了《农村"三权"抵押融资风险补偿资金管理暂行办法》，设立了农村抵押融资风险补偿专项资金，对银行等金融机构因开展农村"三权"抵押融资业务而造成的损失给予相应的补偿。

3. 有序推进户籍制度改革

重庆市将户籍制度改革作为城乡统筹的重要抓手，先后出台了《重庆市人民政府关于统筹城乡户籍制度改革的意见》《重庆市关于进一步推进户籍制度改革的实施意见》等文件，为规范户籍制度改革提供了政策依据和法律保障。值得一提的是，重庆市在推动户籍制度改革的过程中，充分保证了进城农民的权益，主要表现在三方面：一是在农业转移人口的户口迁移方面，主要考虑就业因素。重庆市规定农民工只要在主城区工作五年以上、区县城工作三年以上就可以转户，且转户不与承包地、宅基地相挂钩。二是充分保障农业转移人口在城镇就业、医疗、社会保障、子女教育等方面的权益。三是适当延长进城农民在农村的相关权益。农民将户口迁移至城镇之后，并不是立马退出在农村的相关权益。

二、国内城乡融合发展的经验启示

通过对以上城市推进城乡融合发展的主要做法的总结分析可以发现，它们在推进城乡融合发展的过程中有很多共同的做法，总结其相关经验，可以为当前我国推进城乡融合发展提供一定的借鉴。

（一）注重发挥政府的引导作用

通过总结成都市、重庆市、苏州市和嘉兴市推进城乡融合发展的实践经验可以发现，它们在推进城乡融合发展的过程中有一个共同之处：都非常注重发挥政府在城乡融合发展中的引导作用。不管是重庆市"地票"制度的改革实践，还是成都市"三个集中"的实践，以及苏州市"三集中""三置换"和"三合作"的实践，都是在政府的主导下推动的，政府是城乡融合发展的主要推动者。根据缪尔达尔的循环累积因果理论，市场经济条件下，资本、技术、人才等要素为追求利润最大化会逐渐从农村流向城市，农业流向工业，进而导致乡村逐渐走向衰败；为了避免乡村衰败，实现城乡融合发展，就需要发挥政府的宏观调控作用，以弥补市场调节的缺陷。新时代推动城乡融合发展要借鉴这一经验，既要充分发挥市场在资源配置中的决定性作用，促进资本、技术、人才等要素在城乡之间合理流动，也要发挥政府在农业农村优先发展中的作用，加大财政对农业农村的支持力度，补齐农业农村短板，努力缩小城乡发展差距。

（二）不断推进制度创新

我国城乡二元结构的形成与城乡二元体制机制有关。要改变城乡发展不平衡状况，就必须从体制机制入手，破除各种体制机制弊端，为资本、技术、人才等要素双向流动打通制度壁垒，这也是我国发达地区推进城乡融合发展的一条重要经验。例如，苏州市在推进城乡融合发展的过程中把制度创新摆在了重要位置，对医疗卫生制度、社会保障制度、户籍制度、就业制度进行了创新，在2013年就率先实现了城乡低保、基本养老、医疗保险"三大并轨",实现了城乡基本公共服务均等化;成都市为推进城乡统筹发展,以全面深化改革为抓手,全面推进农村集体产权制度、宅基地制度、农业经营制度改革,激活了农村土地要素,为发展农业适度规模经营、吸引社会资本投资农业农村、发展乡村产业、繁荣农村经济创造了条件。未来,我国推进城乡融合发展要牢牢抓住全面深化改革这一重要动力,不断破除城乡融合发展的体制机制弊端,为资本、技术、人才等要素双向流动扫除制度障碍,推动城乡共同繁荣。

(三)推动城乡基本公共服务均等化

城乡基本公共服务均等化是城乡融合发展的重要内容,也是改善民生、贯彻共享发展理念的必然要求。长期以来,我国城乡基本公共服务始终呈现出明显的二元特征,农村居民所享受的基本公共服务与城市居民相比,仍存在一定差距。为实现全民共享,发达地区都把推进城乡基本公共服务均等化作为城乡融合发展的重要内容,通过加大对农村的投入力度来补齐农村在基本公共服务方面的短板。例如,嘉兴市积极推动城乡养老、医疗、就业、公共文化等基本公共服务一体化,较早将城市养老保险、医疗保险与农村养老保险、医疗保险合并,实行一体化管理;实行农村劳动力就业登记制度,对农村劳动力就业情况实行动态监测;在乡镇、行政村建立图书馆流通站等,这些措施提高了农村基本公共服务水平,缩小了城乡基本公共服务差距,增强了农村对人口的吸引力,在一定程度上扭转了农村人口大量流失的现状,缓解了乡村衰败,推动了城乡协调发展。新时代我国推进城乡融合发展要借鉴这一经验,把城乡基本公共服务均等化作为一项重要任务来抓,在加大财政投入力度的基础上,吸引金融机构和社会资本积极参与农村基本公共服务建设,建立健全乡村基本公共服务多元化供给体制,提高农村基本公共服务水平,推动社会公平正义。

(四)把农村土地制度改革作为城乡融合发展的重要突破口

城乡融合发展的关键在于资本、技术、人才等要素在城乡之间双向流动和合理配置。其中,土地作为城乡融合发展的基本要素,是资本、技术、人才等其他要素发挥作用的重要载体,只有土地要素实现了市场化,才能实现其他要素的有机结合。当前我国城乡土地制度仍然具有明显的"二元性",城市土地制度相对完善,为要素进城提供了条件,而农村土地制度改革则相对滞后,并在一定程度上阻碍了要素下乡。为此,重庆、成都、嘉兴等地都把土地制度改革作为城乡改革的突破口,通过创新土地制度来打通城乡要素流动的制度性障碍，撬动城市人才、技术、资金等要素向农村集聚。例如，成都市通过深化农村土地制度改革，推动土地经营权有序流转，吸引企业到乡村投资，这既繁荣了农村经济，也促进了农民就业和增收；重庆市实行"地票"交易制度，在保证耕地数量不减少的前提下，用农村建设用地的减少来换取城市建设用地的增加，为解决城市建设用地供应紧张与农村土地利用粗放之间的矛盾提供了一种新思路，同时也提高了农村土地利用效率，增加了农民财产性收入，促进了城乡融合发展。新时代推动城乡融合发展，依然要把深化农村土地制度改革作为重要突破口，深入推进农村承包地制度、宅基地制度和集体经营性建设用地入市改革，提高城乡土地利用效率，实现土地资源优化配置；同时，还要将农村土地制度改革与发展乡村产业、改善乡村治理、提高农民收入等方面结合起来，促进乡村振兴和城乡融合发展。

第三节　本章小结

本章对国内外城乡融合发展的典型实践做了梳理，总结了它们推进城乡融合发展的相关经验。其中，国外选取了德国、法国、荷兰三个国家，之所以选取这三个国家，是因为它们在城乡融合发展过程中遇到的问题与当前我国城乡融合发展中遇到的问题非常相似，且它们的处理方式值得我们借鉴。通过总结这三个国家推进城乡融合发展的主要做法可以发现，它们在推进城乡融合发展的过程中存在很多共同的经验，这些经验概括起来就是：坚持把城乡规划一体化作为城乡融合发展的重要前提；坚持把处理好政府和市场的关系作为实现城乡融合发展的必要条件；坚持把城乡基础设施一体化作为城乡融合发展的重要物质基础；坚持把实施乡村建设计划作为推进城乡融合发展的有效举措；坚持把小城镇作为城乡融合发展的关键纽带。

国内选取了成都、重庆、嘉兴、苏州作为城乡融合发展的典型地区，之所以选择这四个城市，是因为成都与重庆是全国统筹城乡综合配套改革试验区，苏州是国家发展和改革委员会批准的首个城乡发展一体化综合改革试点城市，嘉兴是浙江统筹城乡发展综合配套改革试点城市。它们都较早开始了城乡改革实践，在城乡融合发展方面做出了很多积极有益的探索，也积累了丰富的经验，这些经验主要包括：注重发挥政府的引导作用、不断推进制度创新、推进城乡基本公共服务均等化、深化农村土地制度改革等。

　　需要注意的是，我国是社会主义国家，共同富裕是社会主义的本质，也是中国特色社会主义的根本原则。这就决定了新时代推进城乡融合发展的目标是实现全民共享，即让所有城乡居民共享改革开放的伟大成果，而不是实现少数人的富裕。这一点，与西方国家有着本质区别。同时，我国还是一个人口众多的发展中国家，"三农"问题始终是关系党和人民事业的全局性问题和根本性问题，这一特殊国情就决定了我们需要研究并借鉴国外城乡融合发展的有益经验，但决不能离开我国具体实际而盲目照搬。再者，由于我国地域辽阔，各个地区在经济发展水平、地形地貌特征、历史文化传统等方面存在较大差异，因此各个地区的城乡融合发展模式也是因地而异的。我国在推进城乡融合发展的过程中不能"一刀切"，而要分类施策、梯次推进，允许各地从本地实际情况出发，探索不同的城乡融合发展模式。

第五章 新时代城乡发展不平衡的突出表现及体制机制障碍

党的十八届三中全会以来，在全面深化改革的背景下，党中央全面推进城乡领域的各项改革，推动我国城乡发展取得历史性成就。但是，当前阻碍城乡融合发展的体制机制障碍依然存在，城市资源要素"下乡"还无法完全突破长期以来形成的制度壁垒，这导致我国城乡发展不平衡问题依然突出。要推动城乡融合发展，我国必须从阻碍城乡融合发展的体制机制入手，坚决破除户籍、土地、资本、公共服务等方面的体制机制弊端，促进城乡要素自由流动、平等交换和公共资源合理配置，推动城乡融合发展。

第一节 新时代城乡发展不平衡的突出表现

当前，我国正处于正确处理工农关系、城乡关系的历史关口①，阻碍城乡融合发展的体制机制障碍依然存在，我国城乡发展不平衡问题依然突出，这主要表现在城乡要素流动不合理、城乡公共资源配置不均衡、城乡居民收入不均衡、城乡生态文化发展不融合四个方面。

一、城乡要素流动不合理

资本、技术、人才等要素在城乡之间双向流动是城乡融合发展的关键，但受城乡二元体制机制障碍的影响，当前我国城乡要素双向流动局面

---

① 习近平. 习近平谈治国理政：第三卷 [M]. 北京：外文出版社，2020：256.

还未形成，各要素依然呈现出从农村到城市的单向流动局面。这主要表现在城乡人口流动不顺畅、城乡资金流动不合理两个方面。

（一）城乡人口流动不顺畅

城乡融合发展的必要条件是各要素在城乡之间自由流动和合理配置，而在资本、技术、人才、土地等各大要素中，人是最活跃、最重要的要素，因为人是改造世界的关键，只有人才能让资本、土地等其他"静"的要素活起来。可以说，人才双向流动是城乡融合发展的基本条件。但当前，我国城乡人口流动不顺畅、人口布局不合理，主要表现在农村人口大量流失、农业转移人口市民化程度低两方面。

1. 农村人口大量流失

乡村衰败最直接最明显的表现就是乡村人口大量流失，即乡村缺少人气。而农村人口之所以大量向城镇转移，是多种因素综合作用的结果，包括城乡收入差距、城乡基础设施和公共服务差距、家庭分工、语言文化环境、社会关系等。人们会综合考虑这些因素，权衡留村和进城的各种利弊。当进城的总利益大于留村的总利益时，人们便会选择进城；相反，则会选择留村。具体来说，当前城乡人口流动主要受到以下三方面因素的影响：

（1）直接原因：城乡收入差距。

根据二元经济结构理论，城乡收入差距是导致劳动力转移的主要原因。刘易斯、费景汉、拉尼斯都认为，发展中国家存在着传统农业部门和现代工业部门，传统农业部门的收入低于现代工业部门的收入，由此导致农村劳动力不断向城镇转移。托达罗则引入了一个"预期收入"的概念，认为只要预期收入大于农村平均收入，就会吸引农村劳动力向城镇转移。

从我国的实际情况来看，城乡就业机会和收入差距是农村劳动力不断向城镇转移的直接原因。对农村而言，其一，就业机会少。农村主要以农业为主，如今农业机械化水平大大提高，农村人口已经远远超过农业所需劳动力人口，大量劳动力在农村无事可做。其二，务农收入低。务农收入低一方面是由于我国农民人均耕地少，在极其有限的土地上，农民即使种最贵的经济作物，总收入也不会太高；另一方面是由于农业生产成本尤其是土地和劳动力成本不断攀升。据统计，2004—2016 年，稻谷、小麦、玉米三大粮食每亩生产的人工成本由 141.3 元上升到 441.8 元，上升了

213%；土地成本由54.1元上升到的222.3元，上升了311%①。可见，2004年以来，农业生产成本大幅上涨，这降低了农业生产利润，促使越来越多的农民放弃农业生产，选择进城务工。城市则主要以第二、第三产业为主，就业机会多，劳动报酬高，发展空间大，因此对劳动力的吸引力更大。

（2）重要原因：城乡基础设施和公共服务差距。

除了收入外，城乡基础设施和公共服务差距也是影响人口流动的重要因素。这一点在新生代农民工身上体现得尤为明显。与老一代农民工不同，新生代农民工进城不仅是为了挣钱，也是为了追求更高质量、更自由、更舒适的生活。与农村相比，城市的交通、娱乐等基础设施更加完善，教育、医疗卫生、社会保障等公共服务水平更高。以医疗卫生条件为例，2018年，城市每千人口卫生技术人员数为10.91人，农村为4.63人；城市每千人口医疗卫生机构床位数为8.70个，农村为4.56个②。可见，城市的医疗卫生条件要远远好于农村。人们为了享受到更好的基础设施和公共服务，纷纷从农村转移到城市。

（3）安全因素。

除了城乡收入差距、基础设施、公共服务、个人发展前景等因素外，还有一个因素影响着农民迁移的决策，这就是追求安全。我们可以看到这样一个真真切切的现实：并不是所有农民都选择外出打工，除了老弱病残之外，也有部分青壮年会留守农村，他们抑或是因为家里有老人、小孩需要照顾无法脱身，抑或是受到"安全第一"哲学的支配，也就是说农民是规避风险的，是"在求得生存的基础上追求发展，他们要平衡收入最大化与生存安全化这两种需求的冲突"③，这一点在老一代农民工身上体现得尤为明显。

2. 农业转移人口市民化程度低

农业转移人口就是指农民工，他们是我国工业化城镇化过程中出现的一个特殊群体。党的十八大报告又为"农民工"赋予了新的身份，将其称之为"农业转移人口"。当前我国农业转移人口市民化程度低最直接、最

①　根据2005—2017年的《全国农产品成本收益资料汇编》整理计算而成。

②　国家统计局.中国统计年鉴2019［M］.北京：中国统计出版社，2019：704，708.

③　毛丹，王燕锋.J市农民为什么不愿意做市民：城郊农民的安全经济学［J］.社会学研究，2006（6）：45-73.

有利的证据是我国常住人口城镇化率明显高于户籍人口的城镇化率。国家统计局相关数据显示，2019 年，我国常住人口城镇化率为 60.60%，户籍人口城镇化率为 44.38%①，两者相差 16 个百分点。可见，我国的城镇化并不是严格意义上的城镇化，而是"注水"的城镇化。农业转移人口只是实现了职业转移，并没有实现身份转化。而完整的农业转移包括三方面：一是职业转移，即从农业转向第二、第三产业；二是身份转换，即由农民变为市民，在城镇拥有稳定住所，享受城镇居民所享受的基本公共服务；三是文化和心理转换，即农民在思想观念、行为方式、思维方式、交往方式等方面都实现了市民化转换，在心理上完全适应和融入了城市生活，成为真正的市民。但当前我国有大量的农业转移人口只实现了职业转移，而没有实现身份转换以及文化与心理方面的转化，他们是"钟摆型"的"两栖"人口，长期在城市与农村之间徘徊。一旦在城市生活不下去，他们就回到农村"避难"，而一旦城市有了更好的就业机会，他们又会返回城市。也正是因为这个原因，我们说我国农业转移人口市民化程度低。

当前全国很多城市尤其是中小城市已经放开了户籍限制，但并没有吸引大量农业转移人口落户。这主要是因为农业转移人口市民化意愿不强、农业转移人口市民化能力不足。

（1）农业转移人口市民化意愿不强。

农业转移人口愿意在城市"安家"，并不意味着他们愿意在城市"落户"②。也就是说，农业转移人口愿意带着农村户口在城市生活，而不愿轻易放弃农村户籍来换取城市户籍。这不仅与城市生活成本高、生活压力大有关，而且与农村户口含金量不断提高有关。如今不仅有着乡土情怀的老一代农民工不愿放弃农村户口，就连很多根本不会务农、对农村没有深厚感情的新生代农民工也同样不愿意放弃农村户口。有学者对 2010 年的全国性调查数据进行统计分析后发现：绝大多数农民工不愿意转为非农户口，其主要原因在于"想保留承包地"；如果要求农民工交回承包地，则只有10% 左右的人愿意转为非农户口③。

---

① 根据《中华人民共和国 2019 年国民经济和社会发展统计公报》相关数据整理而成。

② 郭熙保．市民化过程中土地退出问题与制度改革的新思路［J］．经济理论与经济管理，2014（10）：14-23.

③ 张翼．农民工"进城落户"意愿与中国近期城镇化道路的选择［J］．中国人口科学，2011（2）：16-28.

改革开放之前，户籍制度与福利供给相挂钩，拥有城镇户口就意味着居民可以享受粮油、住房、就业、社会保障、医疗等各项福利。而随着我国由计划经济体制向市场经济体制转变，国家已经不再包揽城镇居民的各项事宜。如今国家不再对城镇居民进行就业分配，而是采取自主择业的方法，企业和个人都可以根据各自的需求自主选择；城镇居民医疗保险和新型农村合作医疗已经合并，城镇居民社会养老保险和新型农村社会养老保险也已经合并。可见，农村户籍的含金量正在不断提高。在当前农村土地改革的大潮中，农村土地越来越金贵，虽然它已经很难承担起就业与社会保障功能，但其财产性功能不断凸显，越来越多的农民不愿意放弃农村户籍。

当前，国家提出不得以退出"三权"作为农民进城落户的条件，其初衷在于给那些进城失败的农民留一条后路。但很多已经成功进城，在城市拥有稳定住房、工作稳定且收入可观的农民也不愿退出"三权"。到底应该如何处理这一问题，学术界有着不同的观点。有学者认为，应该保留进城农民的"三权"。也有学者认为，农民一旦获得城市户口，成为城市正式居民，就必须放弃农村户口；否则，其就拥有双重身份，不利于社会管理。此外，农民一旦获得城市户口也必须放弃农村承包地，因为拥有城市户口后，就已经不再是农村集体组织的成员，按照法律规定就无权承包农村土地。如果依然保留他们的承包权，不仅对城市居民不公平，而且农民会成为拥有承包地却不种地的"地主"，而真正从事农业生产的新型农业经营主体反而必须租赁农民的土地，这对开展农地规模化经营和土地长期投资都不利①。以上观点尽管存在差异，但都有其合理之处，我们必须从城镇化发展实际水平出发，在充分保障农民权益的基础上合理推进农村产权制度改革。

（2）农业转移人口市民化能力不足。

农业转移人口市民化能力不足主要受四个因素的影响：第一，城市房价高。在城市拥有稳定住房是农业转移人口市民化的前提，也是农民工将自己定位为城市人的关键因素。一般而言，在城市拥有稳定住房的人对城市有着更强的认同感和归属感，更容易认为自己是城市市民而非农民；而在城市没有稳定住房的人即使在城市工作的时间再久，也很难将自己定位

---

① 郭熙保. 市民化过程中土地退出问题与制度改革的新思路 [J]. 经济理论与经济管理, 2014（10）：14-23.

为城市人。当前我国城市房价相对较高，很多农民工买不起房，不具备实现市民化的能力。第二，城市生活成本高。农民之前在农村靠自己种地再加上养猪养鸡就可以解决基本的生活问题，但到了城市，无论做什么都要花钱，包括各种物业费、水电费、垃圾处理费等，各项开支都要高于农村。第三，对大城市而言，户籍福利虽然十分诱人，但其门槛非常高。对一些中等城市而言，虽然已经放开了户籍限制，但实行积分落户，能够满足积分条件并买得起城市房子的只是极少数农业转移人口中的精英分子。第四，农民工普遍没有稳定的职业和固定的收入。稳定的职业是实现固定收入的前提。农民工就业主要集中在交通运输业、制造业、建筑业、餐饮业、邮政业等行业，这些行业属于劳动密集型产业，科技含量低，对劳动者要求也不高。农民工在这些行业就业的流动性较大，经济发展不景气时他们可能会随时被裁员，因此很难获得固定的收入。

（二）城乡资金流动不合理

城乡融合发展的必要条件之一就是资本在城乡之间双向流动、合理配置，然而当前我国资金流动具有明显的单向性，即大量的农村资金通过各种渠道流向城市，而城市资金向农村回流较少。具体来看，我国农村资金主要通过财政、金融以及工农业产品价格"剪刀差"等途径流入城市。

1. 农村资金通过工农业产品价格"剪刀差"流向城市

新中国成立后，为巩固新生政权，我国采取了重工业优先发展的战略。由于当时我国工业基础极其薄弱，工业无法为自身提供积累，我国就采取了农业支持工业的办法，通过工农业产品价格"剪刀差"，人为压低农产品价格，让农业剩余在工农业产品交换过程中转入工业部门。据统计，1952—1980年，国家通过"剪刀差"形式取走农业剩余达5 000亿元，相当于同期全民所有制各行业基本建设新增固定资产的总额；1991—1997年的工农业产品"剪刀差"总计高达12 666亿元[①]。可见，长期以来，有大量农村资金通过工农业产品价格"剪刀差"的形式流入城市。

2. 国家制定财政政策使农村资金流向城市

除了工农业产品价格"剪刀差"之外，国家还制定了相应的财政政策，使农村资金通过各种渠道流向城市，如农民向国家缴纳农业税费、乡镇企业向国家缴纳税金等。2006年以前，农民一直要向国家缴纳各种税

---

① 王国敏. 我国"三农"问题的特征分析及政策选择［J］. 四川大学学报（哲学社会科学版），2004（4）：5-12.

费。其中，农业税主要包括农牧业税、农业特产税、契税等；各种杂费主要包括用于农村道路、桥梁、学校等基础设施建设和医疗卫生等公共服务供给的"三提留、五统筹"。具体来说，"三提留"就是农民向村里缴纳的公积金、公益金和共同生产管理费。其中，公积金主要用于修建农村的道路、水渠等；公益金主要用于补助村里的"五保户"；共同生产管理费主要用于支付水费、电费以及干部的误工补贴等。"五统筹"是农民向乡镇缴纳的教育费统筹、计划生育费统筹、民兵训练费用统筹、农村修路架桥费用统筹等。农民缴纳的各种税费大部分留在了农村内部，用于支持农业农村发展，但是也有少部分流入了城市和工业部门。此外，乡镇企业还要向国家上缴大量税金，这些税金当中也有很大一部分流向了城市和工业部门。

3. 金融机构是抽离农村资金的主力军

自新中国成立以来，农村金融资本就一直流向城市。改革开放之前，为支持工业化建设，我国实行"大一统"的金融体制，全国资金都由中国人民银行进行集中分配。在农村，则成立了中国人民银行的基层机构——信用合作社，信用合作社吸收的存款要上缴给中国人民银行总行。在资金匮乏的年代，农村信用合作社向农民发放的贷款要远远少于其吸收的存款。国家统计局相关数据显示，1953—1978 年，除 1953 年之外，其余年份的农村信用合作社存款余额都要大于贷款余额，且随着时间的推移，存贷差呈现出不断扩大的趋势。就总量而言，这一时期的农村信用合作社吸收的农村存款总额为 1 725.5 亿元，对农村贷款总额为 482.1 亿元[①]，存贷差为 1 243.4 亿元。可见，大量农村资金流向了城市。

改革开放后，随着金融体制改革的推进，我国在农村建立了中国农业银行、农村信用合作社、中国农业发展银行等正规的农村金融"支农"体系。与此同时，中国农业银行为规避风险撤销了很多基层的营业点，业务主要向城市集中；中国农业发展银行的政策性金融业务主要是粮棉油收购；农村信用合作社的商业化趋向越来越明显，对农业农村的支持作用不断减弱。这样，大量农村资金就通过中国农业银行和农村信用合作社流出农村。此外，虽然邮政部门在 1986 年之后也开始恢复办理储蓄业务，但是只存不贷，把大量资金转存中国人民银行，只是充当了农村资金的"抽水机"。

---

① 国家统计局. 奋进的四十年：1949—1989 [M]. 北京：中国统计出版社，1989：433.

21 世纪以来，我国加大了对农村金融体制的改革力度，如推进中国农业银行的股份制改革；成立了中国邮政储蓄银行，结束了邮政储蓄只存不贷的历史；建立了农村资金互助社；等等。这些改革的目的是促进资金向农村回流，但并没有取得显著效果，虽然农村贷款余额不断增加，但增长率逐年下降。中国人民银行发布的《金融机构贷款投向统计报告》数据显示，2009—2016 年，农村贷款余额从 74 551 亿元增长至 230 092 亿元，但贷款年增长率由 35.2% 下降至 6.5%①，年均下降 4.1 个百分点。

通过以上分析可以看出，新中国成立以来，我国农村资金通过各种渠道流向了城市，这是多种因素综合作用的结果。具体而言，我国农村资金外流的主要原因是：第一，受国家发展战略影响。农村资金流向城市与国家发展战略有直接关系。新中国成立初期，我国资金匮乏，为了将有限的资金投入最需要的领域，政府不得不通过行政手段和必要的制度安排让农村资金流向城市，以保证国家发展战略的有效实施和总体目标的顺利达成。可见，改革开放前我国将大量的农村资金转入城市是非常必要的，因为只有这样才能为重工业发展提供资金，进而巩固新生政权。从这一意义上讲，农村金融资源转移并非简单的"失血"，从长期来看，这是一种资源的跨期最优配置，体现了经济结构转型的内在要求②。改革开放之初，为优先发展城市，使农村资金流向城市也是必要的。但不得不承认，大量农村资金长期流向城市从客观上讲也造成了农村发展资金匮乏、城乡金融市场相互分割的局面，影响了城乡协调发展。对此，有学者提出，城乡资金流动政策不是一成不变的，而是要随我国经济社会发展阶段的变化不断更新，以适应新形势的要求。可以说，改革开放中前期的农村资金外流从长期来看是一种必要的选择，而改革开放后期，农村资金长期流向城市则造成了城乡发展不平衡③。第二，涉农贷款风险大。农村贷款的主要对象是农民和中小企业。对农民而言，他们缺少银行认可的有效抵押物；对农村中小企业而言，它们则主要经营与农业有关的加工、运输、销售等环节。由于农业生产的自然风险和市场风险较大，因此农村中小企业经营风险也较大。农村金融机构为了规避风险，不愿意向农民及农村中小企业贷

---

① 根据中国人民银行发布的《金融机构贷款投向统计报告》相关数据整理计算所得。

② 许月丽，张忠根. 农村正规金融发展与经济二元转型：促进抑或抑制？[J]. 财经研究，2013（4）：4-15.

③ 同②.

款，而更愿意将资金投向城市。

二、城乡公共资源配置不均衡

推动城乡公共资源均衡配置不仅是城乡融合发展的重要内容，也是贯彻共享发展理念，让全体人民共享现代化成果的必然要求。但长期以来，受城乡二元体制机制的束缚，我国城乡公共资源配置并不均衡，这主要表现在城乡基础设施差距大和城乡基本公共服务发展水平不平衡两方面。其中，基础设施差距大已经成为城乡发展差距大最直观的表现，基本公共服务发展水平不平衡已经成为城乡发展不平衡最突出的表现。

（一）城乡基础设施差距大

基础设施是城乡融合发展的物质基础，也是城乡资本、技术、人才等要素流动的关键纽带。改革开放以来，我国农村基础设施建设已经有了翻天覆地的变化，但与城市相比，差距仍然十分显著，且城乡基础设施差距大已经成为城乡发展不平衡最直观的表现。当前我国农村基础设施落后的主要表现在以下四个方面：

1. 农田水利设施老化失修

人民公社化时期，农田水利设施的建设和维护有一套严密的组织管理系统，国家、集体和个人自上到下各司其职，共同建设和维护农田水利设施。其中，国家和集体共同出资，农民出义务工，使农田水利设施在促进农业生产方面发挥了积极作用。改革开放后，家庭联产承包责任制取代了人民公社体制，改变了国家、集体和农民的关系，也对农田水利设施的修建和维护产生了重要影响。就国家而言，此时的重心主要集中于大型水利设施身上，将小型农田水利设施建设与维护的职责下放到基层。对基层而言，农业税取消之后，农村集体组织经济基础越来越薄弱，对农田水利设施建设和维护的经费投入不足，导致农田水利设施逐渐老化。对农民而言，改革开放之前农业生产以生产队为单位，实行平均分配，水利设施的建设与农民利益直接相关，因此农民兴修水利的积极性较高。实行家庭联产承包责任制后，农民将重心放在自家土地上，对农田水利这一公共设施管护的积极性不高。因为农村水利设施属于公共产品，具有外部性，农民普遍存在"搭便车"心理，村集体很难将农民组织起来，达成农户一起出工建设和维护农田水利的协议，这就导致农村水利设施逐渐老化、管理荒废、使用效率低下。

2. 农村物流体系不完善

城乡物流是城乡交流的纽带和平台，也是改善城乡二元结构、促进城乡融合发展的助推器。随着我国城乡融合发展进入新阶段，城乡交流越来越频繁，人们对物流服务的需求更加专业化和多元化，对城乡物流基础设施的要求也越来越高。

与过去相比，我国农村物流体系已经有了显著提升。国家邮政局相关数据显示，2017 年全国建制村直接通邮率达 96%，邮政业带动全国农村地区农副产品进城和工业品下乡超过 6 000 亿元①。但与城市物流体系相比，农村物流体系仍相对落后，这不仅不利于"工业品下行"，也阻碍了"农产品上行"。尤其是在当前我国社会主要矛盾发生转变，且人民生活水平和消费水平显著提高的背景下，人们对物流服务的要求也越来越高。当前农村物流基础设施建设仍然相对滞后，阻碍了物流效率的提高，主要表现在：第一，受地形地貌、人口分布、经济发展水平等条件的制约，我国农村物流网点较少，配送体系不完善。很多网点只设在乡镇地区，无法覆盖到所有农村尤其是偏远农村。第二，一些偏远农村道路交通和通信网络设施差，运输难度大，导致物流成本高、效率低。第三，农产品运输、保鲜、储存、冷藏等配套设施不健全，导致一些季节性强的生鲜农产品容易腐烂变质，损耗率高。

3. 交通设施不完善

随着国家对"三农"投入的增加，我国农村交通条件得到极大改善。《2017 年交通运输行业发展统计公报》相关数据显示，2017 年年末，全国通公路的乡镇比例达到 99.99%，通公路的建制村比例达到 99.98%②。可见，我国乡村道路的通达性越来越好，但农村公共交通仍存在养护工作不到位、公共交通工具供应不足等问题。一是农村部分地区通达性较差，尤其是大山深处及深沟地区，由于地形复杂、建设难度大、资金需求量大，这些地区道路交通设施不完善且质量不高。二是农村公路的管理和养护工作不到位。这一方面是因为部分地方对公路养护工作重视不够，"重建设、轻养护"，没有切实履行公路养护职责；另一方面是因为养护资金匮乏，且资金匮乏已成为乡村公路管护工作进一步开展的最大瓶颈。三是公共交

---

① 唐颖. "村村通快递"不是梦！全国快递网点乡镇覆盖率达 95% [EB/OL]. (2019-09-17) [2024-05-28]. http://news.cctv.com/2019/09/17/ARTIMkjVcV4yNSYTq1dtUXV5190917.shtml.

② 根据交通运输部官方网站相关数据整理而成。

通工具供应不足。随着农村人口空心化、老龄化的加剧，农村人口对乡村公共交通工具的需求日益减少，因此很多地方减少了乡村公共交通供应。与此同时，一些私营机构也逐渐退出交通工具供应市场，从而导致很多地区从城镇到农村"最后一公里"的交通线出现断裂。

4. 生态保护基础设施建设不足

我国环境保护基础设施建设也存在明显的城市偏向，主要表现在国家将有限的资金优先投入城市环境污染防治中，而对乡村环境保护设施建设的资金投入相对不足，从而导致农村生活垃圾处理设施建设不足、乡镇污水处理设施不到位等。从生活垃圾处理情况来看，2018年全国生活垃圾全部集中处理或部分集中处理的村占 73.9%，东北地区为 53.1%[①]；从生活污水处理情况来看，全国生活污水集中处理或部分处理的村只占 17.4%，东北地区为 7.8%[②]；从卫生厕所普及率来看，2017 年，全国农村卫生厕所普及率已经达到 81.7%[③]，但与城市相比，仍存在一定差距。

可见，我国农村基础设施建设依然不完善，城乡基础设施差距依然较大。党的十九大以来，随着乡村振兴战略的实施，我国加大了对农业农村的投入力度，农村各类基础设施纷纷投入建设，其建设速度和建设数量都有了极大提高。但与城市相比，差距仍然显著。我国农村基础设施不完善与资金短缺有关，而资金短缺则受农村投资环境、金融体制、政府行为等因素影响。

首先，长期以来，我国实行城市偏向和工业优先的发展战略，在基础设施建设领域，也形成了城乡有别的基础设施供给体制，即政府将有限的资金优先投入城市基础设施建设，而农村基础设施建设所需资金则主要由基层政府提供，由于基层政府财力有限，承担基础设施建设的任务便落到了农民身上。在相当长的一段时间内，农村道路、水利、医疗卫生服务机构等基础设施建设所需资金都采取了向农民收取公积金、公益金和管理费的方式筹集，所需劳动力也由农民以"义务工""积累工"的形式承担。农村税费改革之后，基层政府的财政收入明显减少，对改善农村基础设施是"心有余而力不足"。尤其是在中西部欠发达地区，地方财政收支严重不平衡，直接制约了农村基础设施投资规模。

---

① 根据国家统计局发布的《第三次全国农业普查公报》相关数据整理而成。
② 同①.
③ 根据《中国环境统计年鉴（2018）》相关数据整理而成。

其次，城乡投资环境不同。与城市相比，农村的自然条件和社会条件都不利于吸引社会资本投资。一方面，农村地形地貌复杂，交通不发达，给农村基础设施的施工带来不便，提高了基础设施建设成本；另一方面，农村人口密度低，受益人群少，无法形成规模效应，且基础设施建设需要较长的投资回报周期，因此私人资本投入农村基础设施建设领域的意愿不强。投资环境的差异使得我国农村基础设施建设严重依赖国家财政，而没有充分利用市场机制和发挥社会资本的作用，进而导致农村基础设施建设资金缺乏。

最后，基础设施具有公共物品的性质。农村基础设施属于公共物品或准公共物品，具有消费上的非竞争性、非排他性和极强的正外部性且很难内部化，人们在使用过程中不可避免地会存在"搭便车"行为，这就形成了人人都使用但无人维修和保护这种"公地悲剧"的发生，也使投资者常常得不到应有的补偿，因此私人或企业不愿意投资基础设施建设领域。

（二）城乡基本公共服务水平不平衡

当前城乡发展不平衡最突出的表现就是城乡基本公共服务水平不平衡。这种不平衡表现在资源布局、能力提供和服务质量上[①]。具体来说，我国城乡基本公共服务水平不平衡主要表现在城乡教育发展不平衡、城乡医疗卫生资源配置不平衡、城乡社会保险水平差距大、城乡社会救助水平差距大。

1. 城乡教育发展不平衡

21世纪以来，国家不断加大对教育的投入力度，促进我国教育事业发展取得巨大成就。具体来看，一是教育经费的投入力度不断加大。2017年，全国教育经费总投入为42 562.01亿元，较2016年（38 888.39亿元）增长9.45%[②]。二是进城务工子女教育权益得到有效保障。2017年，近80%的随迁子女就读于公办学校，留守儿童数量继续减少。三是教师学历水平大幅提高，师资力量不断增强。2017年，全国小学专科及以上学历教师比例为95.26%，全国初中本科及以上学历教师比例为84.63%，普通高中教师中拥有研究生学历的比例达8.94%。四是乡村教育基础设施不断完善。

---

① 贺梨萍. 国家发改委：城乡不平衡最突出表现在基本公共服务水平不平衡 [EB/OL].
(2019-05-06) [2024-06-02]. https://www.sohu.com/a/312034009_260616.

② 根据《教育部 国家统计局 财政部关于2017年全国教育经费执行情况统计公告》相关数据整理而成。

2017 年，乡村小学体育运动场面积、音乐器械及实验仪器配备达标率在83%~88%，与2016 年相比，达标率提高12~13 个百分点；乡村小学和普通初中建立校园网率分别为56.81%和68.37%，较2016 年分别提高10.16 个百分点和2.78 个百分点①。可见，我国城乡教育事业有了长足发展，但仍存在城乡教育发展不平衡、乡村教育发展不充分的问题。具体来说，新时代我国城乡教育发展不平衡主要表现在城乡教育经费投入不均衡、城乡师资力量配置不均衡、城乡教学基础设施存在较大差距、农村地区小孩上学不便问题突出。

（1）城乡教育经费投入不均衡。

资金投入是教育发展的物质保障，经费投入不足是我国农村教育事业发展相对落后的重要原因。近年来，随着我国经济实力的增强，国家不断加大对农村教育的支持力度，农村教育经费逐年增加。据统计，2001—2018 年，我国农村小学的生均一般公共预算教育经费由550.96 元增加到10 548.62 元②，增长了18 倍；农村初中的生均一般公共预算教育经费由656.18 元增加到14 634.76 元③，增长了21 倍。但由于长期以来，我国在城乡教育经费投入上存在的"城市偏向"，我国农村教育经费与全国平均水平相比，仍存在一定差距。国家统计局相关数据显示，2018 年全国小学的生均一般公共预算教育经费为11 328.05 元，农村为10 548.62 元，低于全国平均水平779.43 元；全国初中的生均一般公共预算教育经费为16 494.37 元，农村为14 634.76 元，低于全国平均水平1 859.61 元④。可见，农村教育经费投入与全国相比仍存在一定差距。

（2）城乡师资力量配置不均衡。

教师是教育的践行者，教师水平对教学成果有直接影响。从师资情况来看，我国农村义务教育学校教师在学历层次上与城市相比，仍存在一定差距。2017 年，全国小学教师学历在专科及以上的比例为95.26%，城市为98.4%，农村为93.80%⑤，比城市低4.6 个百分点。可见，与城市相

---

① 根据《中国农村教育发展报告2019》相关数据整理而成。
② 根据《教育部 国家统计局 财政部关于2001 年全国教育经费执行情况统计公告》相关数据整理而成。
③ 同②。
④ 根据《教育部 国家统计局 财政部关于2018 年全国教育经费执行情况统计公告》相关数据整理而成。
⑤ 根据《中国农村教育发展报告2019》相关数据整理而成。

比，农村师资水平还存在一定差距。而师资水平对教学质量有直接影响，当前城乡在教师待遇、生活条件、福利水平等方面存在较大差距，有条件的教师都纷纷从农村流向城市，乡村很难吸引并留住优秀教师，这也造成了农村教师队伍数量短缺、年龄老化、知识老化等问题。

（3）城乡教学基础设施存在较大差距。

基础设施是教育发展的基础条件。我国城乡中小学在仪器设备、操场、体育馆、游泳馆、信息网络设施等方面仍存在一定差距。以网络基础设施为例，2010 年，城乡初中校园网的覆盖率分别为 54.97% 和 33.62%[①]，城镇高于农村 21 个百分点；2014 年，城乡初中校园网的覆盖率分别为 73.66% 和 56.34%，城镇高于农村 17 个百分点；2020 年，全国初中建立校园网的学校比例为 77.4%，其中农村为 74.1%，比城市初中低 12.6 个百分点[②]。可见，当前我国农村教育基础设施与城市相比仍存在一定差距。

（4）农村地区小孩上学不便问题突出。

20 世纪末至 21 世纪初，随着计划生育政策的深入推进以及人们生育观念的转变，乡村义务教育适龄人口大大减少，农村很多小学出现了学生数量少、开展教学活动成本较高，且教师素质参差不齐、教学质量缺乏保障等问题。为此，2001 年，国务院出台了《国务院关于基础教育改革与发展的决定》，提出要因地制宜调整农村义务教育学校布局。自此，全国各地纷纷开展了以"撤点并校"为主要内容的教育改革。这一改革有效整合了农村教育资源，降低了生均教育成本，提高了教学质量；与此同时，也带来了农村偏远地区小孩上学距离远、路途安全隐患增加、上学成本增加甚至辍学等问题。

《中国教育统计年鉴 2011》和《中国教育统计年鉴 2017》的相关数据显示，2011 年，我国共有小学 241 249 所，其中乡村小学 169 045 所；到 2017 年年底，小学总数为 167 009 所，乡村小学为 96 052 所。2011—2017 年，我国小学总数减少 74 240 所，其中乡村小学减少 72 993 所[③]。可见，减少的小学基本上都是乡村小学。2011—2017 年，我国乡村小学下降比例达 43%，而城镇小学数量则基本稳定。还有学者对东、中、西部 6 个省份进

---

① 梅桂花，汪建中，宋文超. 我国义务教育信息化基础设施建设城乡差异性研究：基于《中国教育统计年鉴》的统计与分析 [J]. 科技经济导刊，2017（20）：29-30.

② 邬志辉，秦玉友. 中国农村教育发展报告：2020—2022 [M]. 北京：科学出版社，2022.

③ 根据《中国教育统计年鉴（2011）》和《中国教育统计年鉴 2017》相关数据整理而成。

行了调查，结果显示，学校撤并使农村学生上学距离普遍增加，小学生平均增加 4.05 千米，初中生平均增加 4.64 千米①。

2. 城乡医疗卫生资源配置不平衡

我国城乡医疗卫生资源尤其是医护人员配置严重不均，优质医疗卫生资源主要集中在大城市，而乡镇卫生院、村卫生室等基层医疗卫生机构的服务能力明显不足。这主要是因为城市医护人员在工资待遇、发展空间、福利水平、执业环境等方面都明显优于农村医护人员。这就导致城市大医院尤其是三甲医院人满为患、一号难求，而乡镇、县级医院资源相对充裕却无人问津，形成了大型医院超负荷运转与基层医疗卫生服务资源利用不足并存的"倒金字塔"式的医疗卫生服务结构。这种畸形的医疗卫生服务结构不但不利于基层首诊功能的发挥，造成基层医疗资源的浪费，而且加剧了"看病难"问题，并日益成为阻碍基层医疗卫生服务能力提升、建立健全分级诊疗制度的痼疾②。《2018 中国卫生健康统计年鉴》相关数据显示，2017 年，城乡每千人口卫生技术人员分别为 10.87 人和 4.28 人，城市是乡村的 2.5 倍；城乡每千人口职业（助理）医师分别为 3.97 人和 1.68 人，城市是乡村的 2.4 倍；城乡每千人口注册护士分别为 5.01 和 1.62 人，城市是乡村的 3.1 倍③；城乡每千人口医疗卫生机构床位数分别为 8.75 张和 4.19 张④，城市是乡村的 2.1 倍。可见，我国城乡医疗卫生资源配置不均，乡村医疗卫生服务水平明显低于城市。

3. 城乡社会保险水平差距大

我国城乡居民在基本医疗保险、大病保险和养老保险等方面仍存在一定差距。

（1）基本医疗保险制度不完善。

我国居民基本医疗保险经历了从无到有、从城市到农村、从城镇职工到全体居民的发展过程。1998 年，城镇职工开始有了社会医疗保险。2003 年，国家将社会医疗保险的范围拓展到农民。2007 年，国务院又将城镇非从业人群也纳入基本医疗保险的保障范围。从此，我国就建立起了包括职工医

---

① 刘善槐. 我国农村地区学校撤并的问题与对策研究：基于东中西六地的调查分析 [J]. 湖南师范大学教育科学学报，2011 (5): 52-55.

② 郁建兴，涂怡欣，吴超. 探索整合型医疗卫生服务体系的中国方案：基于安徽、山西与浙江县域医共体的调查 [J]. 治理研究，2020 (1): 5-15.

③ 国家统计局. 中国统计年鉴 2018 [M]. 北京：中国统计出版社，2018: 36.

④ 同③: 80.

保、新型农村合作医疗和居民医保在内的社会医疗保险制度体系。但在三大社会医疗保险分割运行的制度体系下，城乡居民所享受的医疗保险在覆盖对象、筹资方式、保障水平、管理方式等方面都存在差异，这也降低了我国医疗保险的公平性和效率性。为实现城乡居民基本医疗保障权益均等化，促进社会公平正义，2016年，国务院提出要整合居民医保和新型农村合作医疗，建立统一的城乡居民基本医疗保险，这也标志着我国全民基本医疗保险城乡分割"二元结构"的终结。

整合后的城乡居民医保与过去相比，提高了城乡居民尤其是农村居民的医疗保障水平，主要表现在：一是保障范围扩大了。整合后的城乡居民医疗保险目录扩大了之前新型农村合作医疗和城镇居民医保的药物保障目录。例如，河北省新型农村合作医疗用药目录有1 000种左右，城镇居民基本医保用药目录约有2 400种，整合后的城乡居民基本医保用药目录能达到2 900种。二是提高了补偿标准。城乡居民医保统一了城乡居民的医疗保障范围和支付标准，提高了城乡居民医疗费用的补偿标准。三是提高了统筹层次，整合后参保农民选择就医的范围更宽了，居民可以享受到更好的医疗资源。

但整合后的城乡居民医保仍存在一些不足。其中最主要的问题就是人们所享受到的基本医疗保险仍存在一定差距。一方面，不同群体享受到的基本医疗保险保障水平不同，最典型的就是城乡居民基本医疗保险与职工医保在筹资水平和待遇水平之间仍存在差距。另一方面，不同地区人们享受到的基本医疗保障水平也不同。由于我国医疗保险实行的是市级统筹，不同城市医疗保险在筹资水平、管理方式、补偿比例等方面存在一定差异，因此不同城市的人们所享受到的基本医疗保障水平也不同。一般来说，在东部沿海发达地区，人们享受到的基本医疗保险水平要略高于中、西部地区。

（2）城乡居民大病保险制度不健全。

疾病是人们陷入贫困的重要原因。在五大致贫的原因中，大病致贫占了首位。我国实行大病保险的根本目的就是防止或缓解家庭因为重大疾病而陷入困境，即解决因病致贫、因病返贫问题。因为基本医疗保险虽然解决了人们"有保险"的问题，但是报销比例不高。若发生重大疾病，基本医疗保险报销的比例相对有限，还需要个人支付大量资金。对很多原本就不富裕的家庭而言，患病就意味着返贫。为此，我国制定了大病保险制度，由政府从基本医保基金中拿出一部分资金，为参加基本医保的城乡居民购买大病医疗保险，若发生重大疾病可以在基本医疗保险的基础上实现再次报销。可见，从根本上说，我国大病保险是基本医保的补充和延伸，这也是用中国智慧解决医疗改革这个世界性难题的重大理论和实践创新，是正确处理政府和市场、公益属性和商品属性关系的一个成功典范。之所以说它是"中国式"的创新，是因为我国的大病保险制度是史无前例的。医疗保险作为一种特殊的商品，不仅有公共产品的特征，也有商品的属性。在此之前，世界上大多数国家都过度强调大病保险的商品属性而忽视了其公益属性，选择商业保险保大病；但由于商业保险追求利润最大化，多数国家会刻意避开"老弱病残"者参保，因此很多真正需要大病保险的人就得不到保障。为解决这一难题，我国大病保险采取了政府主导与市场化运作相结合的方式，即由政府确定大病保险的筹资标准、报销比例等大方向，具体交由商业保险机构来承办，政府对商业保险机构进行监管。这样一来，就把政府的作用与市场的力量结合起来，既充分发挥了政府的主导作用，保证了大病保险的公平性和普惠性，也发挥了商业保险的效率优势，让有限的医保基金最大限度地发挥作用，实现了效率与公平的有机统一。

当前我国大病保险在受益人群、保障水平等方面都有了很大提高，但仍存在一些问题：一是医疗资源浪费现象严重。我国实行大病保险制度的初衷是对重大疾病患者进行二次报销，避免他们因病致贫、因病返贫。但从大病保险制度的实际实施情况来看，很多地方都将大病保险的报销等同于对住院费用的报销，也就是说只要是住院，不管是否属于重大疾病，都进行报销。这就导致现实中出现了很多"挂床住院，小病大治"这种浪费医疗资源的现象。二是大病保险的统筹层次较低。2016 年，我国商业保险机构承办的大病保险项目一共是 605 个，其中省级统筹的项目有 13 个，地市级统筹的项目有 324 个，县区级统筹的项目有 268 个①。可见，大病保险项目主要以地市级统筹为主，省级统筹的项目只占 2.1%，甚至还有44%的项目属于县区级统筹。而统筹层次直接关系到保险待遇的公平性和资金筹集的可持续性。一般而言，统筹层次越高，参与人数就越多，分散风险的能力就越强，越有利于保险的可持续发展；相反，统筹层次太低，

---

① 中国网. 国新办就城乡居民大病保险创新发展有关情况举行发布会［EB/OL］.（2016-10-19）［2024-06-05］. http://www.china.com.cn/zhibo/2016-10/19/content_39505621.htm?show=t.

则不利于风险均摊，进而会影响大病保险的长期稳定发展。总体来看，我国大病保险统筹层次还需提高，这将直接影响保险待遇的公平性。

（3）城乡居民养老保险制度不完善。

人口老龄化是指一个国家或地区总人口中青年人口比例不断降低、老年人口比例不断上升的过程。根据联合国标准，当一个国家或地区60周岁以上的人口占总人口比重达到10%，或65周岁以上人口占总人口比重达到7%，就意味着这一国家或者地区已进入老龄化社会[①]。我国的老年人口比例已经大大超过了这一标准，《中华人民共和国2019年国民经济和社会发展统计公报》相关数据显示，2018年年末，我国60周岁及以上人口为25 388万人，占总人口的比例为18.1%，其中65周岁及以上人口为17 603万人，占总人口的比例为12.6%。可见，我国人口老龄化现象已经非常严重了。如果将城市与乡村分开来讨论，我国乡村人口老龄化程度要高于城市。根据民政部门的统计数据，我国农村老年人口数量约占全国老年人口总数的六成。

在人口老龄化不断加剧的背景下，老年人养老尤其是农村老年人养老问题日益突出。这是因为：一方面，土地养老保障功能不断弱化。当前农业收入在家庭总收入中的比重逐渐下降，尤其是在农业生产成本上升、农产品价格持续走低的大环境下，光靠种地的收入已经无法承担起农民的养老费用。另一方面，家庭供养能力有限。家庭养老包括精神支撑、生活照料和精神慰藉三个方面[②]。随着人们生育观念的转变，家庭结构越来越趋于小型化，"421"家庭结构越来越多。在"421"家庭结构下，一对年轻夫妇要承担起四个老人的养老任务，不仅经济压力巨大，而且从现实方面考虑，年轻人普遍外出打工，能否给老人必要的生活照料与精神慰藉是一个难题。可见，我国养老问题面临较大挑战。

为解决养老难题，2009年，我国开启了新型农村社会养老保险试点工作；2012年，新型农村社会养老保险制度基本实现了地域全覆盖，但保障水平偏低，且与城镇居民社会养老保障水平相比，仍存在一定差距。为了解决城乡社会养老保险的二元化问题，2014年，国家将新型农村社会养老保险和城镇居民社会养老保险两项制度合并。合并之后的农村居民参保人

---

① 董克用，张栋. 高峰还是高原?：中国人口老龄化形态及其对养老金体系影响的再思考 [J]. 人口与经济. 2017 (4)：43-53.

② 穆光宗. 我国农村家庭养老问题的理论分析 [J]. 社会科学，1999 (12)：50-54.

数不断增加,《人力资源和社会保障事业发展统计公报》相关数据显示,2014—2019 年,我国城乡居民基本养老保险参保人数由 50 107 万人增长至 53 266 万人,增长了 6.3%,其中实际领取待遇人数由 14 313 万人增长至 16 032 万人,增长了 12.0%。

进入新时代,我国参保人数不断增加,养老保障水平不断提高,养老保险制度不断完善。2023 年,我国城乡居民基本养老保险参保人数达到 54 522 万人,其中实际领取待遇人数为 17 268 万人。尽管我国城乡居民的基本养老参保人数有所上涨,养老保障水平有所提高,但仍存在一些问题,主要表现在:一是居民被动参保。城乡居民基本养老保险坚持自愿参保原则,这一原则的设计有其合理之处,但也存在一定的弊端,其最主要的弊端就是不利于调动人们参保的积极性。虽然在各级政府的动员下,我国居民的参保率已接近 90%,但由于养老保险的缴费周期长,领取养老金的时间跨度大,很多居民应付式地选择最低档次参保标准。二是保障水平偏低。城乡居民基本养老保险待遇由基础养老金和个人账户养老金构成。据人力资源和社会保障部的相关数据统计,2013—2017 年,城乡居民养老保险待遇领取人员实发月人均养老金水平分别为 77.5 元/月、84.9 元/月、107.8 元/月、114.2 元/月和 125 元/月①。虽然月人均养老金水平逐年提高,但城乡差距仍然存在。

4. 城乡社会救助水平差距大

社会救助是社会保障体系最基本、最悠久的制度安排,也是免除国民生存危机、维护社会底线公正的国家治理机制②。当前我国社会救助主要存在以下几方面问题:

(1)城乡差异显著。

长期以来,在城市偏向的思维导向下,我国城乡社会救助制度具有浓厚的二元性。以最低生活保障制度为例,我国最低生活保障制度被分为城镇居民最低生活保障制度和农村居民最低生活保障制度,且城镇居民与农村居民在保障标准上存在显著差异。当然,城乡居民在生活成本上存在差异,城市居民的生活成本高于农村,因此城市低保平均标准高于农村有

---

① 华迎放,张兴,郭婕,等.城乡居民基本养老保险待遇确定和基础养老金正常调整机制研究 [J].中国劳动,2019 (9):68-90.

② 郑功成.中国社会救助制度的合理定位与改革取向 [J].国家行政学院学报.2015 (4):17-22.

其合理性，但必须将这一差距控制在一定范围之内。据民政部的相关数据统计，2010年，我国农村低保的平均标准为1 404元/人/年，城市为3 014.4元/人/年，是农村的2.14倍。随着国家财政对"三农"的投入力度不断加大，我国农村低保平均标准不断上升，且增长幅度自2010年以来一直高于城市，这也促使我国城乡低保平均标准差距逐渐缩小。2018年，农村低保的平均标准为4 833.4元/人/年，城市为6956.4元/人/年，是农村的1.4倍。可见，与2010年相比，城乡居民低保平均标准的差距已经明显缩小。

（2）地区差异较大。

地方财政是我国城乡居民最低生活保障资金的主要来源，若地方政府财力雄厚，则当地城乡居民享受到的最低生活保障水平就相对较高；相反，则当地居民享受到的最低生活保障水平则较低。由于我国区域经济发展不平衡，东、中、西部地区经济发展差距大。因此，东、中、西部地区的居民所享受到的最低生活保障水平也存在较大差异。

《中国社会统计年鉴2019》相关数据显示，2018年，全国农村居民最低生活保障平均标准为4 833.4元/人/年，北京、上海农村居民最低生活保障标准分别为12 000.0元/人/年、12 840.0元/人/年；东部地区的江苏、浙江农村居民最低生活保障标准分别为7 777.1元/人/年、9 083.3元/人/年；中部地区的河北、山西农村居民最低生活保障标准分别为4 321.7元/人/年、4 072.6元/人/年；西部地区的青海、宁夏农村居民最低生活保障标准分别为3 713.1元/人/年、3 965.5元/人/年[①]，北京、上海、江苏、浙江、河北、山西农村居民最低生活保障标准分别是青海的3.2倍、3.5倍、2.1倍、2.4倍、1.2倍、1.1倍。可见，我国不同地区城乡居民最低生活保障标准存在较大差异，北京、上海等发达城市以及东部地区远远高于西部地区，中部地区则略高于西部地区。

（3）救助对象识别不精准，准入退出调整不及时。

准确识别救助对象是开展社会救助活动的前提。虽然我国社会救助制度在救助水平、救助范围等方面取得了较大突破，但是仍未建立起科学的准入与退出机制，造成了"应保未保、应退未退"的局面。一是准入机制

---

① 国家统计局社会科技和文化产业统计司. 2019中国社会统计年鉴 [M]. 北京：中国统计出版社，2019：236-237.

不完善。我国统计部门主要针对医疗救助进行了相关数据统计，而对其他专项救助均缺乏相关的统计口径，且与社会救助相关的政府部门尚未建立互通有无的信息共享机制，相关部门无法及时、准确、全面地掌握受助者的收入、财产、家庭经济压力等信息，导致社会救助在对象识别和救助内容上缺乏精准性。此外，个别地区尤其是农村地区在识别救助对象时程序不够透明，使得部分救助资源没有送到应该接受救助的人手中，形成了"应保未保"的局面。二是退出机制不健全。被救助者的情况是不断变化的，个别地区没有对被救助者情况进行及时跟踪调查，导致一些不需要再被救助的人口依然占有救助名额，甚至对社会救助产生了依赖心理，缺乏自力更生的动力，浪费了国家资源，形成了"应退未退"的局面。

（4）专项救助与低保制度之间存在制度捆绑。

当前缺乏为社会救助设计的相关标准和识别机制，导致医疗救助、教育救助、住房救助等专项救助在识别被救助对象时，普遍将低保标准作为其专项救助标准，将专项救助的准入资格与最低生活保障资格挂钩，这就使得各种专项救助成为低保户附加的福利，即低保的受助者可以同时享受多项救助，而没有纳入低保的人则很难享受到其他专项救助①。这就降低了社会救助的功能，导致救助资源配置不公。

（5）全民覆盖尚未到位。

"坚持应保尽保"是社会救助的基本原则之一。虽然我国社会救助的覆盖人群越来越多，但仍存在一定漏洞。当前的社会救助制度是由地方政府管理的，主要针对本地户籍人口，即受助者要向其户籍所在地政府申请社会救助，这就导致流动人口被排斥在外。如现行最低生活保障制度并没有将农民工这一特殊群体囊括在内。农民工长期居住在城市，却没有城市户口，因此他们没有资格申请城镇居民最低生活保障；与此同时，他们虽然有农村户口，但由于其收入水平普遍高于农村常住人口，因此他们一般也很难申请到农村居民最低生活保障。当前城市中有很多农民工尤其是老一代农民工年岁已高，已经达到退休返乡的临界点，但逼不得已选择继续在城镇打工。对这部分人而言，很多实际上是符合低保标准的，但他们却申请不到低保。可见，当前我国社会救助制度仍需完善。

---

① 邢治特，杨怀印. 我国贫困救助相关要素的完善 [J]. 社会科学家，2016（9）：77-81.

三、城乡居民收入不均衡

我国是社会主义国家，共同富裕是社会主义的本质，也是中国特色社会主义的根本原则①，新时代城乡融合发展的目标是实现全民共享，即让城乡居民共享改革开放的伟大成果而不是实现少数人的富裕，这一点超越了西方资本主义国家城乡融合发展的局限。习近平总书记指出，"让广大人民群众共享改革发展成果，是社会主义的本质要求"②；"共享发展是人人享有、各得其所，不是少数人共享、一部分人共享"③。近年来，城乡居民尤其是农村居民收入水平不断提高，城乡居民收入差距不断缩小。这主要表现在：一是农村居民人均可支配收入增速连续快于城镇居民。国家统计局相关数据显示，2014—2019年，城镇居民人均可支配收入年增长速度分别为8.98%、8.15%、7.76%、8.27%、7.84%、7.92%；同期，农村居民人均可支配收入年增长速度分别为11.23%、8.90%、8.24%、8.65%、8.82%、9.61%④。可见，2014年以来，农村居民人均可支配收入年增长速度均超过了城镇居民。二是城乡居民收入差距不断缩小。国家统计局相关数据显示，2013—2019年，城乡居民收入差距从2.81倍缩小至2.64倍⑤。

但与此同时，农村居民收入也出现了增长乏力、后劲不足的问题。国家统计局相关数据显示，2014—2019年，农村居民人均可支配收入由9430元增长到16021元，增长了69.9%，但年增长速度分别为11.23%、8.90%、8.24%、8.65%、8.82%、9.61%。可见，农民收入虽然逐年增长，但增速开始放缓。从农村居民人均可支配收入的各项构成来看：

（一）工资性收入是农民收入的主要来源但增速放缓

随着工业化城镇化的发展，外出务工的农民越来越多，农民的工资性收入逐渐超过经营性收入。以2015年为拐点，2015年以前，经营性收入仍是农民收入中最主要的组成部分；2015年之后，农民工资性收入开始超过经营性收入，成为农民收入的最主要来源。2019年，农村居民人均可支

---

① 胡锦涛.坚定不移沿着中国特色社会主义道路前进，为全面建成小康社会而奋斗：在中国共产党第十八次全国代表大会上的报告 [M]. 北京：人民出版社，2012：15.

② 中共中央文献研究室.十八大以来重要文献选编：中 [M]. 北京：中央文献出版社，2016：827.

③ 中共中央宣传部.习近平总书记系列重要讲话读本 [M]. 北京：人民出版社，2016：136.

④ 根据国家统计局相关年度统计数据整理计算所得。

⑤ 同④.

配收入为 16 021 元，其中工资性收入为 6 583 元[①]，占比 41.1%，是农民可支配收入中最主要的组成部分。在当前经济新常态的背景下，我国经济已由高速增长阶段转向高质量发展阶段，正处在转变发展方式、优化经济结构、转换增长动力的攻关期，建设现代化经济体系是跨越关口的迫切要求和我国发展的战略目标。我国的经济结构不断优化升级，传统劳动密集型产业如建筑业、制造业正面临转型升级的困难，对农民工的吸纳能力降低。与此同时，农民工工资增长也面临后劲不足的困境。国家统计局相关数据显示，2014—2018 年，农村居民人均可支配工资性收入从 4 152 元增长到 5 996 元，但年增长速度从 13.7%下降到 9.1%。

（二）经营性收入增长乏力但仍是重要来源

从全国来看，经营性收入仍是农民家庭收入的重要组成部分。尽管 2015 年之后，工资性收入超过经营性收入成为农民家庭收入的主要来源，但经营性收入占农民可支配收入比重仍然较大，是农民的第二大收入来源。

当前我国农产品价格受成本"地板"和价格"天花板"双重挤压、国际农产品价格低迷、国内农业生产政策调整等因素的影响，农民经营性收入增长的空间越来越小。国家统计局相关数据显示，2014—2018 年，农民人均可支配经营性收入从 4 237 元增长至 5 358 元，但年增长速度从 7.67%下降至 6.56%。

农民经营性收入增长乏力与农业生产成本上升、利润下降有关。以小麦、玉米、大豆为例，2009—2017 年，我国种植一亩大豆的平均总成本由 378.19 元增长到 668.80 元，上涨 76.8%，其中平均生产成本由 248.35 元增长到 417.51 元，平均土地成本由 129.84 元增长到 251.29 元；平均每亩大豆净利润由 107.52 元下降到 -130.89 元，平均成本利润率由 28.43%下降至 -19.57%[②]，即生产大豆由赚转赔。同期，我国种植一亩玉米的平均总成本由 551.10 元增长至 1 026.48 元，上涨 86.3%，其中平均生产成本由 433.66 元增长到 816.18 元，平均土地成本由 117.44 元增长到 210.30 元；平均每亩大豆净利润由 175.37 元下降到 -175.79 元，平均成本利润率由 31.82%下降至 -17.13%，即生产玉米也由赚转赔。种植一亩小麦的平均总

---

① 根据国家统计局相关年度统计数据整理计算所得。

② 根据《全国农产品成本收益资料汇编 2010》和《全国农产品成本收益资料汇编 2018》相关数据整理而成。

成本由 567.00 元增长到 1 007.64 元，上涨 77.7%，其中平均生产成本由 463.12 元增长到 800.52 元，平均土地成本由 103.88 元增长到 207.12 元；平均每亩小麦净利润由 150.51 元下降到 6.10 元，平均成本利润率由 26.54% 下降至 0.61%。可见，2009 年以来，我国小麦、玉米、大豆的生产成本均出现不同程度上涨，利润率也呈现出下降趋势。

（三）转移性收入比重不断增加

党的十八大以来，为全面建成小康社会和实现社会主义现代化，我国加大了对农业农村的投入力度。尤其是随着乡村振兴战略的提出，我国在城乡发展战略上由城市优先转向农业农村优先，在这样的大背景下，农民转移性收入不断增加。国家统计局相关数据显示，2013—2018 年，农村居民人均可支配转移净收入由 1 648 元增长至 2 920 元，增长了 77.2%。但一方面，我国农村人口数量众多，分摊到每个农民身上的转移性收入极其有限；另一方面，受经济下行压力大的影响，农民转移净收入年增长率也有所下滑。国家统计局相关数据显示，2014—2018 年，农民人均转移净收入的年增长率由 13.90% 下降至 12.18%。

（四）财产性收入占比低且增长潜力有待释放

与城镇居民相比，农村居民财产性收入非常低。从数量上看，城乡居民财产净收入绝对值相差甚远。2018 年，农村居民人均可支配财产净收入为 342 元，城镇居民为 4 028 元，是农村居民的 11.8 倍，可见城乡居民财产净收入差距非常大。从财产净收入占总收入的比重来看，城乡居民也存在显著差异。2013—2018 年，城镇居民人均可支配财产净收入占总收入的比重一直保持在 9.5%~10.5%；同期，农村居民人均可支配财产净收入只占总收入的 2% 左右。

农村居民财产性收入主要来源于土地租金、房屋租金、金融资产、征地补偿、集体经济分红等。其中，土地租金、房屋租金和集体经济分红是主要来源。就土地租金和房屋租金而言，其受地理位置影响较大。当前除少数城郊地区农民可以凭借优越的地理位置获得可观的租金之外，广大偏远地区农民无法凭借房屋、土地等资产获得较高的财产性收入。就集体经济分红而言，也存在明显的地区差异，即东部沿海地区和城市周边地区的农民可以获得较高的集体分红，而广大中、西部地区的农民得到的集体分红非常少，这主要是因为广大中、西部地区的农村集体经济相对薄弱。据统计，2017 年，全国无经营收益的村占 46.5%，有经营收益的村占

53.5%。在有经营收益的村中，经营收益在 5 万元以下的占24.3%，5 万~50 万元的占 22.7%，50 万元以上的仅占 6.5%①。可见，大多数农村都没有稳定的经济收入，这就决定了大多数农民不可能获得较高的集体分红。但随着农村土地改革的深入推进，未来农民财产性收入增长潜力不容忽视。

从以上对农民各大收入构成的分析可以看出，虽然近年来农村居民收入增长速度快于城镇居民，城乡居民收入差距不断缩小，但受经济转型升级等因素影响，当前城乡居民收入差距依然较大。

四、城乡生态文化发展不融合

城乡融合不只是城乡产业发展、基础设施、公共服务、空间布局等物质方面的融合，更为关键的是精神文化方面的融合。因为城乡文化融合不仅是城乡融合发展不可或缺的组成部分，而且作为一种内在力量影响着城乡融合发展。然而在工业化城镇化浪潮中，我国乡村正由以血缘和地缘为基础的传统农耕共同体向以业缘为基础的现代信息化社会转变。在这一转变过程中，乡村文化不断受到城市文化的冲击和挤压，造成了乡村文化空心化、乡村文化认同危机、乡村社会秩序失范等问题。

（一）我国乡村文化衰落的表现

我国是一个有着悠久历史的农业大国，勤劳勇敢的中国农民在长期的农业生产生活中形成了独具特色的中国乡村文化。它是人们思想观念、行为规范、风俗习惯、交往方式、行为方式等方面的集中体现，并作为一种潜移默化的力量影响着农民，反映了农民的社会心理、处事方式、人生态度等。乡村文化的表现形式也是多种多样的，不仅包括文物古迹、民间手工艺品、传统村落、传统建筑等有形载体，也包括民风民俗、民间传说、古谚语、传统节日、地方戏曲、民间禁忌等无形的表现形式。对我国而言，我国农业历史悠久，乡村文化博大精深，影响深远，不仅是中华文化的重要组成部分，也是中华文明的根与源，始终影响着中华文明。但如今，建立在工业文明之上的城市文明正解构着建立在农业文明之上的乡村文化，乡村文化也在逐渐走向衰落。乡村文化衰落主要表现在以下两个方面：

---

① 根据《中国农村经营管理统计年报（2017 年）》相关数据整理计算而成。

第一，农民对乡村文化出现认同危机。在工业化城镇化的浪潮中，越来越多的农村剩余劳动力转移到城镇，城市文化也以其强势的文化姿态影响着这部分转移人口的行为方式、思维方式和交往方式。当这部分转移人口返回乡村时，就会把城市文化带回乡村，进而影响留村人口的生产生活习惯和思维方式。再加上当前务农收入远远低于务工收入，农民在外打工两三个月的收入就抵得上务农一年的收入，这更让农民对乡村文化失去了兴趣和信心，由此产生对乡村文化的认同危机。

第二，乡村文化无人传承。我国农村社会存在着大量非物质文化遗产，如民间戏曲、传统工艺、民间杂技等，它们是我国乡村文化的重要组成部分。如今，这些乡村非物质文化遗产正在逐渐消亡。而"物"的消亡根源于"人"的消亡。乡村传统工艺主要掌握在老一代农民手中，能够传承到新一代农民身上的少之又少。如果传承人消失了，这些工艺也会消失。但当前本应该承担起乡村文化传承任务的农村青壮年大量流失，留在乡村的老人和小孩居多，他们无法胜任传承乡村文化的重任，从而导致我国乡村文化传承出现断层。

以上分析了我国乡村文化衰落的主要表现，而我国乡村文化之所以会走向衰落，从根本上说，是由乡村经济的衰落所引起的。文化作为一种上层建筑，是由经济基础所决定的。我国乡村文化形成和积淀于几千年的农业社会。在中国传统农业社会，农业是立国之本，农业经济占主导地位，农业文化也被人们所认可。改革开放以来，伴随着工业化城镇化的快速发展，工业取代农业成为国民经济的主导力量，我国逐渐由传统小农社会向现代社会转变，由农业文明向工业文明转变，在这一转变过程中，乡村文化也伴随着乡村经济的衰落而衰落。

（二）对城乡文化关系的理性思考

1. 工业生产方式与农业生产方式的差异造就了城乡文化的差异

生产方式是文化与文化心理赖以产生的基石，城乡生产方式是城乡文化及其心理和行为形成与演变的根源，是造成农村文化和城市文化差异的最为重要的因素①。农业生产方式与工业生产方式的差异塑造了农民与市民不同的价值观念和行为习惯，也形成了各具特色的城乡文化。农业生产的地域性塑造了农民安土重迁、依恋土地、封闭保守的性格；农业生产的

---

① 李炳全，张旭东. 农民工城市适应的文化心理障碍探析：兼论城乡文化心理的差异及其根源［J］.江苏师范大学学报（哲学社会科学版），2015（1）：153-158.

季节性和周期性使农民树立了尊重自然、天人合一的价值观念；农业生产所需要的艰辛劳动形成了中国农民勤劳勇敢、吃苦耐劳、勤俭节约的品格；农民日出而作、日落而息的生产习惯形成了农民较为自由的处事风格。与农业生产不同，工业生产具有专业化、规模化、集中性、分工化、科学化等特点，要求工人具有良好的合作意识、效率意识、时间意识、竞争意识、学习意识、创新意识等，这些理念正是快速变革的现代社会所需要的。因此，随着农业文明向工业文明的转型，城市文化由于很好地适应了现代社会的需要，被越来越多的人所认可，乡村文化则逐渐走向衰落。

2. 城乡文化有差异但无优劣

当代中国城乡文化关系不是先进与落后、替代与被替代、改造与被改造的关系，而是不同文化形态、同等文化地位、共享文化发展权利之间的关系，是功能各异、优势互补、融合发展的和谐共生关系①。人们之所以会对城乡文化关系产生认识误区，认为城市文化优于乡村文化，主要是由城乡经济差异所引起的。也就是说，乡村文化的衰落源于乡村经济的衰落。

生活在乡村的农民，世世代代靠种地为生，儿辈遇到的问题父辈几乎都遇到过，所以依靠世世代代传下来的经验就可以生活。而城市则不同，城市是一个“变革”的社会，每一天都有新的问题产生，因此，生活在城市的居民光靠传统经验是无法解决这些层出不穷的新问题的。此外，农村人与城市人的生活方式、价值观念也不同，这是由他们的生活环境所决定的。因此，城市文化与乡村文化的差异是由城市与乡村这两个不同的社会环境所决定的，城市文化与乡村文化只存在内容上的差异，而没有地位上的差别。

五、城乡生态环境保护不平衡

改革开放以来，在城市偏向的思维导向下，受经济发展水平、城乡二元结构、国家财政力量等因素的影响，我国在城乡生态环境治理方面存在着“重城市、轻农村”的倾向，相关资金、政策、人员、基础设施等资源优先向城市倾斜，而农村生态环境保护与治理一直处于边缘地带。2015 年，原农业部表示，我国农业已经超过工业成为最大的面源污染产业，土壤污

---

① 徐之顺，胡宝平.文化自觉、文化自信与城乡文化和谐共生 [J]. 南京师大学报（社会科学版），2018 (6)：5-11.

染、水体污染、农产品质量安全风险日益加剧，农业可持续发展前景堪忧①。

（一）我国农村生态环境透支的主要表现

从当前来看，我国农村环境治理已经取得显著成效。《2019 中国生态环境状况公报》相关数据显示，2019 年中央财政安排 532 亿元专项资金用于支持各地大气、水、土壤污染治理和农村环境综合整治，完成 2.5 万个建制村农村环境综合整治②。《中国农业绿色发展报告 2023》相关数据显示，2022—2023 年，我国农业绿色发展水平稳步提升，农业资源节约保育水平持续提高，农业产地环境保护与治理成效显著，绿色优质农产品供给能力持续提升。该报告以客观、权威数据为支撑，多角度系统反映 2022—2023 年我国农业绿色发展的总体水平、重大行动和主要成就。数据显示，2022 年全国农业绿色发展指数为 77.90，较上一年提高 0.37，比 2015 年提高 2.71。2022 年国家农业绿色发展先行区农业绿色发展指数平均为 80.45，明显高于全国平均水平③。总体来看，我国农村生态环境已进入全面治理修复期，但客观地讲，治理能力仍有待提高，实现乡村绿色发展依然任重道远。当前我国农村生态环境污染严重主要表现在以下三方面：

1. 水污染严重

当前，我国农村水污染问题依然相对严重。相关数据显示，2016 年我国农村饮用水水源地水质达标率为 79.3%，与城市饮用水水源地水质达标率（90%以上）④、"水十条"中要求的饮用水卫生合格率（90%以上）相比，仍存在明显差距。

农村水污染一般分为内生性污染和外生性污染。内生性污染包括农业生产污染和农民生活污水污染。其中，农业生产污染主要是指农业种植、养殖所导致的污染，如大量使用农药、化肥造成农村水体污染；农民生活污水污染主要是指农民日常生活产生的污水和垃圾未经过处理随意倾倒所导致的污染。外生性污染是指由农村之外转移过来的污染，既包括城镇生活污水，也包括工业企业排放的污水。以城镇生活污水为例，《中国环境统

---

① 新华网. 污染总量超工业 农业成我国最大面源污染产业［EB/OL］.（2015-04-15）［2024-06-02］. https://www.12371.cn/2015/04/15/ARTI1429078295327341.shtml.

② 根据《2019 中国生态环境状况公报》相关数据整理而成。

③ 杨舒. 我国农业绿色发展水平稳步提升［N］. 光明日报，2024-09-01（03）.

④ 根据《2016 中国环境状况公报》相关数据整理而成。

计年鉴 2018》相关数据显示，2000—2017 年，城市污水排放量由 331.8 亿立方米增长到 492.4 亿立方米[①]，增长了 48.4%。作为一种外生性污染，城市污水排放量的增加也加剧了农村水污染。

2. 大气污染严重

我国农村大气污染的来源有多个方面：一是农业生产产生大气污染。比如，农业生产中大量使用农药，这些农药在喷洒过程中会渗透到大气中，造成大气污染。再比如，我国农村对秸秆的处理方式主要是露天焚烧，焚烧秸秆会产生大量的二氧化硫，造成大气污染，且我国秸秆利用率不高，这更是加重了大气污染。《2017 中国生态环境状况公报》相关数据显示，2017 年我国秸秆综合利用率达到 82%，东北地区还低于这一水平，为 75%[②]。可见，我国秸秆利用率较低。二是农民在生活中产生的大气污染。在我国农村，农民做饭和取暖的主要方式是使用燃煤，由于煤炭的燃烧效率低、传播面广，因而也会造成空气污染。《中国能源统计年鉴》相关数据显示，按电热当量计算法来算，在煤炭、石油、天然气、水电、核电等各类能源中，煤炭占能源消费总量的比重始终排在第一位，远远超过了石油、天然气、水电、核电等其他能源。虽然在 1980—2016 年，煤炭占能源消费总量的比重由 74.2% 下降至 66.7%[③]，但仍然位于各类能源消费总量的第一位。以 2016 年为例，我国煤炭、石油、天然气、一次电力及其他能源、水电、核电占能源消费总量的比重分别为 66.7%、19.9%、6.7%、6.7%、3.6%、0.6%[④]。可见，煤炭的能源消耗量远远超过了其他能源。三是工业企业导致的大气污染。随着农村基础设施的完善及经济发展水平的提高，一些城市工业企业逐渐向农村搬迁。这与农村土地价格较低、劳动力资源丰富且成本低廉等原因有关。工业企业由城市向农村转移降低了企业生产成本，但也加重了农村大气污染。四是城市污染的转移。由于大气具有流动性，城市的雾霾随着大气运动输入农村地区，加重了农村大气污染，这主要发生在距离城市较近的农村。

3. 土壤污染严重

土壤污染具有分布不均匀、污染物很难扩散、降解难度大等特点，因

---

① 国家统计局生态环境部. 中国环境统计年鉴 2018 [M]. 北京：中国统计出版社，2019：95.
② 根据《2017 中国生态环境状况公报》相关数据整理而成。
③ 能源统计局. 2017 中国能源统计年鉴 [M]. 北京：中国统计出版社，2017：58-59.
④ 同③.

此土壤污染的治理难度非常大。2014 年的《全国土壤污染状况调查公报》相关数据显示，我国土壤总的超标率为 16.1%，其中轻微、轻度、中度和重度污染点位比例分别为 11.2%、2.3%、1.5% 和 1.1%[①]。可见，我国土壤污染状况不容乐观。

我国农村土壤污染的来源主要包括三方面：一是工业"三废"。一些工业企业为降低生产成本，直接将有毒的化学物质排放到附近的水源，这些有毒物质会随污水一起渗透到土壤中，造成土壤污染。二是农药、化肥和杀虫剂等化学制品。这些化学制品的使用大多直接进入土壤，成为土壤的有机污染物。三是农用塑料薄膜。农用塑料薄膜具有保温、抗旱、防虫等功能，但由于其主要成分是不易降解的化合物，使用后不及时处理不仅会形成"白色污染"，而且会破坏土壤结构，甚至引起土壤的次生盐碱化。

（二）我国农村生态环境严重透支原因剖析

1. 资源环境约束下农业生产方式不可持续

生态环境问题归根结底是发展方式和生活方式问题[②]。长期以来，为了解决吃饭问题，在农业科技水平非常有限的条件下，我国不得不采取粗放的农业生产方式来保障国家粮食安全。例如，为了增加粮食产量，我国大量使用农药、化肥和农用塑料薄膜，这也造成了农村土壤污染、水污染和大气污染。就化肥而言，中国已经成为世界上化肥施用量最多且增长最快的国家之一。国家统计局相关数据显示，1990—2017 年，我国化肥施用量由 2 590.3 万吨增加到 5 859.4 万吨，增长了 126%，这加重了农村土壤污染和水污染。就农药而言，我国农药使用量增长迅速，1990—2017 年，我国农药使用量由 73.3 万吨增长至 165.5 万吨，增长了 125.8%。农药的过量使用也造成水污染、大气污染、土壤污染以及农产品污染，威胁着人们的食品安全。就农用塑料薄膜而言，1990—2017 年，我国农用塑料薄膜使用量由 48.2 万吨增加到 252.8 万吨，增长了 424%[③]。可见，1990 年以来，为了增加粮食产量，我国化肥、农药和农用塑料薄膜的使用量大大增加，这是当前农村生态环境透支的一个重要原因。

2. 农民生活方式不合理

农民生活方式是千百年来居住在农村的人们逐渐养成的、经祖祖辈辈

---

① 根据 2014 年的《全国土壤污染状况调查公报》相关数据整理而成。

② 习近平. 习近平谈治国理政：第三卷 [M]. 北京：外文出版社，2020：361.

③ 根据 1991—2018 年的《中国环境统计年鉴》相关数据整理计算而成。

流传下来的衣食住行等方面的生活技能与习性。其中，有一些不良的生活习惯对农村生态环境产生了恶劣影响。例如，生活在北方的农民习惯于用秸秆来做饭和取暖，尤其是在春、秋、冬三季。但其实，秸秆的热能利用率是比较低的，老百姓之所以喜欢用它，主要是因为其使用方便且经济实惠。然而，燃烧秸秆通常会带来严重的大气污染。可见，这种陈旧的生活方式是农村环境问题产生的一个重要原因。

3. 农村生态环境保护基础设施不完善

我国环境保护基础设施建设存在明显的城市偏向，主要表现在国家将有限的资金优先投入城市环境的污染防治中，城市生态环境保护基础设施较为完善，而对农村环境保护基础设施建设资金投入不足，导致农村生态环境污染防治不力。例如，在污水处理方面，我国农村生活污水处理水平较低。国家统计局发布的《第三次全国农业普查公报》相关数据显示，2017 年我国生活污水集中处理或部分处理的村只占总村数的 17.4%，而城市污水处理率达到 94.5%[①]，可见农村污水处理率与城市相比，差距非常显著。此外，我国污水处理水平区域差异明显。东部地区对生活污水进行处理的村占 27.1%，中部地区占 12.5%，西部地区占 11.6%，东北地区占7.8%[②]。在生活垃圾处理方面，与过去相比，农村生活垃圾产生量变大了，成分复杂了。《第三次全国农业普查公报》相关数据显示，2017 年我国对垃圾进行集中处理或部分处理的村占总村数的 73.9%，其中东部地区为 90.9%，中部地区为 69.7%，西部地区为 60.3%，东北地区为 53.1%[③]。这与城市相比，仍存在一定差距。《2019 中国生态环境状况公报》相关数据显示，到 2019 年年底，全国城市生活垃圾无害化处理率已达到 99.2%，远远高于农村生活垃圾无害化处理率。

4. 生态环境具有特殊性

首先，生态环境作为一种公共物品，每个人都有使用权且无权阻止他人的使用，为了追求个人利益最大化，每个人都存在过度使用的倾向，这就容易造成农业资源的过度消耗和环境的过度损害这种"公地的悲剧"发生。其次，农业生态环境具有外部性，个人保护农业生态环境所产生的正外部性或损害生态环境所产生的负外部性都难以内部化，因此市场在解决生态环境问题时，经常面临市场失灵的状况，这也增加了生态保护难度。

---

① 国家统计局生态环境部. 中国环境统计年鉴 2018 [M]. 北京：中国统计出版社, 2019：95.

② 根据《第三次全国农业普查公报》相关数据整理而成。

③ 同②.

第二节　新时代城乡融合发展面临的体制机制障碍

城乡二元体制机制是我国城乡二元结构形成、发展和固化的主要原因。计划经济体制下所形成的户籍制度、人民公社制度和统购统销制度使我国城乡二元结构得以形成；改革开放后，我国逐渐加大了市场化改革力度，尤其是党的十四大以来，我国确立了社会主义市场经济体制，促进了城乡交流，也使城乡二元结构得以松动。党的十八届三中全会以来，在全面深化改革的背景下，我国进一步加大了城乡领域的各项改革力度，促进城乡发展取得历史性成就，但阻碍城乡要素双向流动和资源均衡配置的体制机制仍然存在，不管进城还是下乡，渠道都没有完全打通，要实现城乡融合发展依然任重道远。总体来看，我国城乡融合发展面临的体制机制障碍主要包括人口流动障碍、土地制度障碍、财政制度障碍。

一、人口流动障碍

按照二元经济结构理论，城乡人口流动是在城市"拉力"和农村"推力"的共同作用下完成的，但我国的城乡人口流动却体现了"政府推动"和"市场拉动"的双重动力机制①。虽然我国户籍制度已经不再具备直接限制人口流动的功能，但依然间接影响人口流动和人口迁移。21世纪以来，农村人口向城市流动基本没有限制，但不同城市等级之间落户条件差异显著。中小城市已经全面放开落户条件，而特大城市和大城市由于其发展潜力大、发展机会好、户口含金量高，一直处于人口净流入状态。为了将人口限制在一定范围之内，这些城市的落户门槛不仅没有降低，反而越来越严格。此外，在当前农村户口含金量不断提高的背景下，越来越多已经进城的农村人不愿放弃农村户籍，而城市人下乡也存在诸多限制，影响了劳动力资源的优化配置和城乡融合发展。当前人口流动主要存在以下三方面障碍：

（一）不同等级城市之间落户条件差异显著

与改革开放之前户籍制度直接限制人口流动不同，当前户籍制度已经

---

① 辜胜阻，易善策，李华.中国特色城镇化道路研究［J］.中国人口·资源与环境，2009（1）：47-52.

完全放开了在人口流动方面的限制，不再具备限制人口流动的功能。我国建制镇和小城市已经全面放开了户籍限制，但由于其发展潜力有限，聚集效应不强，很难吸引人口落户。而对特大城市和大城市而言，由于其发展潜力大、工作机会多、工资待遇高、基础设施完善、户口含金量高等优势，一直处于人口净流入状态。如果完全放开户籍限制，势必会使人口容量超出资源环境的承载力，造成社会混乱。为了将人口限制在一定范围之内，这些城市的落户门槛不仅没有降低，反而越来越严格，能够达到落户条件的人少之又少。在这种情况下，越来越多的农民工尤其是"农二代"选择在保留农村户籍的前提下，去大城市打工赚钱而不谋求获得城市户籍，形成城乡往返的人口流动模式，而不愿意迁移到可以落户的中小城市。会出现这种情况，是因为对流动人口而言，虽然不能享受到与大城市户籍人口同等水平的福利待遇，但大城市所拥有的更好的基础设施、就业机会、发展机会具有极大的吸引力。

（二）户籍制度仍然与部分社会福利相挂钩

虽然户籍制度本身只是作为一种人口管理手段，其并不涉及利益问题，但当前我国户籍制度与社会福利制度联系起来，拥有不同户籍的人口享受着不一样的福利待遇。虽然在市场经济体制改革深入推进、人口流动越来越频繁、劳动力市场不断放开的背景下，城市就业已经不再依赖户口，户籍与和就业相关的社会保险也逐渐脱钩，但一些具有较强的竞争性和排他性的社会福利如社会救助、社会保障、随迁子女平等就学和参加高考等，由于具有较高的稀缺性，依然与户籍制度联系在一起①，使拥有不同户籍的同一城镇常住人口享受着不同的福利待遇。例如，在随迁子女教育方面，虽然很多城市已经允许农业转移人口的随迁子女进入城镇公办学校就读，但由于公办学校数量有限，只有少数农业转移人口的随迁子女能够进入城镇公办学校就读，而大部分只能在城市私立学习就读，这一问题在大城市尤为严重。

（三）越来越多的农村人口不愿放弃农村户籍

当前农民工是"离乡不离土"的流动人口，即虽然有大量的农村人口进城，但是同时将农村户籍转移为城市户籍的人却寥寥无几。这里的城市户籍主要是指中小城市户籍而非大城市户籍，也就是农民工更愿意保留农

---

① 邹一南. 城镇化的双重失衡与双重转型 [M]. 北京：中国社会科学出版社，2017：120.

村户籍而不是到中小城市落户，这是因为中小城市户籍含金量较低，而农村户籍含金量则不断提高。随着国家对"三农"投入的增多，农民拥有很多市民没有的权利，如耕地补贴、土地承包经营权、宅基地使用权和集体经济收益分配权等。尤其是对近郊农民而言，随着城市的扩张，城市近郊土地的价值不断攀升，使得越来越多的农民不愿意放弃农村户籍。

此外，不仅农民不愿意放弃农村户口，而且很多退伍军人，大、中专毕业生都渴望将户口重新迁回农村。有学者对浙江省遂昌县进行调研后发现，该县大学生毕业后有 1 000 人左右将户口放在人才交流中心，这些人当中每天都有人向当地政府部门表示，想将自己的户口迁回原籍，享受农村户口的待遇①。可见，在农村户籍含金量不断提升的背景下，越来越多人守着农村户口不愿放弃。

二、土地制度障碍

土地制度作为国家配置土地资源的重要手段，影响着土地资源的配置效率和城乡融合发展水平。我国城乡土地制度"二元性"明显，城市土地属于国家所有，农村土地属于农民集体所有，农村土地在发展权利、流转权利和物权保护等权能方面都低于城市土地。这种城乡二元土地制度是我国城乡土地要素配置不畅的主要根源，也是掣肘城乡融合发展的关键障碍。具体而言，当前我国城乡土地二元性主要表现在城乡土地发展权不平等、城乡土地流转权不平等、城乡土地收益权不平等。

（一）城乡土地发展权不平等

通俗地讲，土地发展权就是变更土地使用权性质以获取更高土地收益的权利。《中华人民共和国土地管理法》出台以前，农用地转为建设用地是不受限制的；1986 年《中华人民共和国土地管理法》颁布实施之后，农村建设用地的管理也依旧宽松。比如，这部法律规定"国有土地和集体所有土地的使用权可以依法转让"，新增农村建设用地由县级政府负责审批，使用存量建设用地乡镇政府就可以审批。这种相对宽松的政策环境使得改革开放之前兴办社队企业和改革开放之初兴办乡镇企业都可以较为容易地申请到土地。现有绝大多数农村集体经营性建设用地也大都源于乡镇企业用地。所以严格来讲，农村集体经营性建设用地并不是一种由法律所规定

---

① 童禅福. 走进新时代的乡村振兴道路：中国"三农"调查 [M]. 北京：人民出版社，2018：394.

的用地类型,而是在农村建设用地上兴办乡镇企业之后遗留的产物①。1998 年,我国对《中华人民共和国土地管理法》进行了修订,新修订的《中华人民共和国土地管理法》规定,"任何单位和个人进行建设,需要使用土地的,必须依法申请使用国有土地"。这就意味着,农村集体土地入市只能通过"先征地、后出让"这一条途径,即国家通过征收的方式将农村集体所有土地"转性"为国家所有土地,再通过出让、划拨等方式提供给建设用地使用权人使用②。从此,农用地转为建设用地开始受到限制。

20 世纪 90 年代后期,随着乡镇企业的衰落,乡镇企业所占用的大量建设用地被闲置,与此同时,工业化城镇化发展对建设用地的需求增加。为了缓解建设用地供应紧张的局面,盘活闲置的乡镇企业遗留用地,国家开始进行集体建设用地使用权流转试点。2000 年,国土资源部将芜湖、南京、苏州、湖州以及上海市青浦区、佛山市南海区等 9 个地区设为集体建设用地使用权流转试点。为了规范这一行为,试点地区还出台了相应的地方性政策,如安徽省 2002 年出台了《安徽省集体建设用地有偿使用和使用权流转试行办法》,广东省也在 2003 年出台了《广东省人民政府关于试行农村集体建设用地使用权流转的通知》。

但从国家层面来看,由于集体经营性建设用地入市存在较大风险,且涉及乡村稳定、农民利益、粮食安全、土地财政、集体经济等一系列大问题,因此理论界和政策制定层面始终对集体经营性建设用地入市存在较大分歧,国家也一直没有出台相应的政策,这使得集体经营性建设用地入市长期以来一直处于地方试点阶段。

面对现实中农村集体经营性建设用地使用权流转越来越频繁的既成事实,为了有效规范这一行为,2004 年,国务院发布了《国务院关于深化改革严格土地管理的决定》。该文件指出,"在符合规划的前提下,村庄、集镇、建制镇中的农民集体所有建设用地使用权可以依法流转"③。这就为集体经营性建设用地使用权流转开了一个口子。2013 年,党的十八届三中全会提出,允许农村集体经营性建设用地出让、租赁、入股,与国有土地同

---

① 陈明.农村集体经营性建设用地入市改革的评估与展望 [J].农业经济问题,2018 (4):71-81.

② 沈开举,邢昕.加快建立城乡统一的建设用地市场 [J].人民论坛,2019 (27):116-117.

③ 国务院.国务院关于深化改革严格土地管理的决定 [EB/OL].(2004-10-21) [2024-06-03].http://www.gov.cn/zwgk/2005-08/12/content_22138.htm.

等入市、同权同价①。2015 年，我国农村集体经营性建用地入市改革正式进入试点阶段。2020 年，我国正式开始实施新的《中华人民共和国土地管理法》，允许农村集体经营性建设用地直接入市。这就正式打破了多年来农村集体经营性建设用地不能直接进入市场流转的规定，意味着集体经营性建用地可以不通过国家征收而直接入市。可见，长期以来，我国城乡土地发展权利不平等，农村集体经营性建设用地要变为城市建设用地，必须先通过国家征收的途径变为国有土地，且农村土地变为国有土地之后所产生的增值收益也主要归政府所有，农民和村集体得到的补偿较少，这在一定程度上损害了村集体和农民的土地权益，也制约了农村发展。

（二）城乡土地流转权不平等

我国城市国有土地使用权以招标、拍卖、协议等出让方式取得的部分可以依法转让、出租和抵押，而农村土地使用权流转则存在较大限制。比如，农村宅基地使用权只能在本集体经济组织内部成员之间流转。在当前农村人口结构、农民收入结构、农业生产方式都发生巨大变化的情况下，农村宅基地的居住保障功能逐渐弱化，财产收益功能不断凸显，很多农民尤其是"农二代"已经不再把宅基地作为安身立命之所，而是更看重宅基地的财产性功能。也就是说，宅基地的功能由生存型向发展型转变。但当前宅基地使用权流转受限，未能很好地适应乡村转型发展的需要，也无法满足乡村振兴和城乡融合背景下各类主体对土地的需求。再比如，在土地承包经营权的流转上，农村集体经济组织成员也享有优先权。如今越来越多的农民离开农村进城务工，很多农民甚至已经在城市有了稳定工作和稳定住所，但依然保留着农村土地承包权，而一些真正从事农业生产的农民却没有土地，只能租种从别人手中流转过来的土地。这种相对固化的人地矛盾不仅使得农民在城市与农村之间徘徊进而导致人口城镇化滞后，而且产生了土地经营分散、农业生产效率低下等弊端。虽然农村承包地"三权分置"改革的提出在一定程度上解决了这一问题，在保障农民土地权益的基础上为推进农业适度规模经营创造了条件，但在经营权流转上依然存在一定限制。可见，城乡土地流转权利仍不平等。

（三）城乡土地收益权不平等

2020 年新修订的《中华人民共和国土地管理法》出台之前，农村土地

---

① 中共中央. 中共中央关于全面深化改革若干重大问题的决定 [N]. 人民日报，2013-11-16（001）.

要变为城市建设用地必须先通过国家征收的方式变为国有土地，而变为国有土地之后所产生的土地增值收益主要归国家所有，农民只能得到一些基本的补偿。新修订的《中华人民共和国土地管理法》实施之后，我国开始允许农村集体经营性建设用地入市，这就正式打破了多年来农村集体经营性建设用地不能直接进入市场的局面。而之所以要推进农村集体经营性建设用地入市改革，从根本上说，就是要打破凡农村集体土地要变为城市建设用地必须通过国家征收转为国有制的制度设计[①]，改变国家垄断土地一级市场、国有土地与集体土地地位不平等的局面。这一制度创新本质上就是一个利益重构，即通过允许集体经营性建设用地入市，改变之前征地制度下地方政府攫取绝大部分农地非农化增值收益的局面，形成土地收益在国家、集体、个人之间重新分配的新格局[②]。这不仅有利于增加农民财产性收入，保障农民土地权利，而且可以促进土地要素在城乡之间合理配置，推动城乡融合发展。因为与政府征地相比，农村集体经营性建设用地入市价格主要由市场而不是政府决定，因此在区位条件较好的地区，集体经营性建设用地入市的交易价格一般较高，且集体经营性建设用地入市所产生的土地增值收益主要归村集体和农民所有，用于支持农村各项事业的发展和改善农民生活。不过值得注意的是，由于地理位置所造成的市场需求不同，发达地区与欠发达地区之间集体经营性建设用地入市价格也存在较大差异。东南沿海地区经济基础好，地理位置优越，对建设用地的市场需求较大，集体经营性建设用地入市的价格也较高。而对于我国大多数中、西部地区而言，由于地理位置较差，经济发展水平低，城镇化发展对农村集体经营性建用地的市场需求也不强烈，因此集体经营性建设用地入市很难卖出高价，更多的是通过调整入市的方法来分享部分土地增值收益。可见，长期以来我国城乡土地收益权不平等，这也影响了城乡融合发展。

三、财政制度障碍

财政作为国家治理的基础和重要支柱，在推动城乡融合发展的过程中发挥着重要作用。长期以来，在工业优先和城市偏向的思维导向下，我国

---

① 盖凯程，于平. 农地非农化制度的变迁逻辑：从征地到集体经营性建设用地入市 [J]. 农业经济问题，2017（3）：15-22.

② 同①.

财政制度也体现出明显的二元性：国家财政优先投入城市和工业领域，而对农业农村投入不足，这也是我国城乡发展不平衡的一个重要原因。党的十六大以来，为全面建成小康社会，我国开始从根本上调整城乡关系，确立了"多予、少取、放活"的方针，不断加大财政对农业农村的投入力度，推进城乡统筹发展，但城乡发展差距不断拉大的趋势并未得到根本扭转。党的十九大之后，随着乡村振兴战略的提出，我国开始由城市优先发展转向农业农村优先发展，财政"支农""惠农"的力度不断加大，推动了城乡融合发展。但当前财政制度仍存在一些问题，主要表现在以下四方面：

第一，财政"支农"总量不足，无法有效满足"三农"发展需要。虽然国家始终强调要重视"三农"问题，加大财政对"三农"的投入力度，但长期以来，受经济发展水平等客观条件的约束，国家财政不可避免地存在对"三农"投入不足的状况。尤其是 2012 年以来，随着我国经济步入新常态，经济发展速度由高速转向中高速，经济结构不断转型升级，国家财政收入总量虽然不断增加，但增速逐渐下滑。国家统计局相关数据显示，2012—2019 年，国家财政收入总额由 117 253.52 亿元增长至 190 382.23 亿元[①]，涨幅达 62.37%，但年增长速度由 12.9%下降至 3.8%，平均每年下降 1.3 个百分点。可见，受经济下行压力大的影响，我国财政收入增速逐年放缓。与此同时，财政支出增速也逐年下降。国家统计局相关数据显示，2012—2019 年，国家财政支出年增长率由 15.3%下降至 8.1%，平均每年下降 1.0 个百分点。在农业农村领域，《中国农村统计年鉴》相关数据显示，2008—2017 年，国家财政用于农业农村的各项支出不断增加，其中农业方面的支出由 2 278.9 亿元增长至 6 194.6 亿元，增长了 171%；农业综合开发支出由 251.6 亿元增长至 571.2 亿元，增长了 127%；农村扶贫支出由 320.4 亿元增长至 3 249.6 亿元，增长了 914%。但从财政"支农"资金的增长速度上看，除扶贫支出和南水北调支出外，其余各项支出年增长率均呈下降趋势。例如，农业支出年增长率由 2009 年的 67.93%下降至 2017 年的-4.09%；林业支出年增长率由 2009 年的 25.50%下降至 2017 年的 1.67%；农村综合改革支出年增长率由 2011 年的 46.01%下降至 2017 年的-1.45%。可见，虽然国家财政对"三农"的支出总额不

---

① 根据国家统计局相关年度统计数据整理而成。

断增加，但年增长率并没有保持持续增长的势头，这也影响了农业农村各项事业的发展。

第二，财政"支农"结构欠佳。一方面，财政"支农"资金区域投入不合理。总体而言，东部发达地区财政"支农"资金投入规模较大，中、西部欠发达地区财政"支农"资金投入规模较小。以 2013 年为例，2013 年，北京、江苏、广东、湖南的财政"支农"支出分别为 298 亿元、868 亿元、595 亿元和 516 亿元，而吉林、宁夏、西藏、青海分别为 318 亿元、150 亿元、149 亿元和 160 亿元。可见，发达地区财政"支农"支出明显高于西部地区。另一方面，行政性支出和生产性支出的结构不合理①。这主要表现在财政用于农林、水利、气象等单位日常运转的行政性支出比例较高，而用于农业技术研发和应用、农村基础设施建设、农民职业技能培训等农业生产性支出的比例较低。

第三，财政"支农"资金缺乏整合，资金使用效率不高。从财政"支农"的内容上看，农业支出、农村综合改革支出、农村扶贫事业支出、林业支出等各项支出条目存在内容交叉或重合的问题。此外，财政"支农"资金管理体制不完善，财政支农资金管理涉及多个部门，部门之间沟通协调难度较大，导致资金投入条块化、分散化、碎片化问题突出，个别地方资金投入存在"撒胡椒面"的倾向，没有形成有效合力，这也降低了财政"支农"资金的使用效率。

第四，财政"支农"管理体制不健全。我国财政"支农"资金管理流程涉及中央、省（区、市）等多个层级，这种多级管理方式也存在审批环节过多、管理成本较高等问题。此外，财政"支农"资金监管体制不健全，现实中"支农"资金配套不到位、专项资金被挪用和被挤占等现象时有发生，使得财政惠农效果与预期存在一定差距。

第三节　本章小结

本章对我国城乡融合发展现状及阻碍城乡融合发展的体制机制障碍进行了分析。总体来看，党的十八届三中全会以来，党中央全面推进城乡领

---

① 王银梅，刘丹丹. 我国财政农业支出效率评价 [J]. 农业经济问题, 2015 (8): 49-55.

域的各项改革，推动我国城乡发展取得了历史性成就。但我国城乡融合发展体制机制还不健全，城市资源要素"下乡"还无法完全突破长期以来形成的制度壁垒，这就导致我国城乡发展不平衡、农村发展不充分问题依然突出。其主要表现在：一是城乡要素双向流动局面还未形成；二是城乡产业发展不融合；三是城乡公共资源配置不均衡；四是城乡居民收入不均衡；五是城乡文化发展不融合。

以上我国城乡发展不平衡的种种表现都与当前存在的体制机制障碍有关。在人口流动方面，我国城乡二元户籍壁垒还没有根本消除。虽然中小城市已经全面放开落户条件，但特大城市和大城市由于其发展潜力大、发展机会好、户口含金量高，一直处于人口净流入状态。为了将人口限制在一定范围之内，这些城市的落户门槛不仅没有降低，反而越来越严格。此外，在当前农村户口含金量不断提高的背景下，不仅农民不愿意放弃农村户口，而且很多退伍军人，大、中专毕业生都渴望将户口重新迁回农村。与此同时，城市人下乡也存在诸多限制，影响了劳动力资源的优化配置和城乡融合发展。在土地制度方面，我国城乡土地在发展权、流转权、收益权等方面存在明显的二元性，农村土地抵押、宅基地转让依然面临重重阻碍，城乡统一的建设用地市场尚未建立，这些体制机制壁垒影响了城乡土地要素的优化配置，是掣肘城乡融合发展的关键障碍。在财政投入方面，长期以来，国家将有限的财政资金优先投入城市和工业领域，而对农业农村的投入不足。党的十九大之后，随着乡村振兴战略的提出，我国开始由城市优先发展转向农业农村优先发展，财政"支农""惠农"的力度不断加大，推动了城乡融合发展，但仍然存在财政"支农"总量不足、财政"支农"结构欠佳、财政"支农"资金缺乏有效整合以及财政"支农"管理体制不健全等问题，影响了财政"支农"资金的使用效率。这些体制机制障碍已经成为新时代影响城乡融合发展的主要因素，为此，我国必须全面深化改革，释放改革红利，坚决破除城乡融合发展的体制机制弊端，为城乡要素自由流动、平等交换和公共资源合理配置扫清障碍，推动城乡融合发展和全体人民共同富裕。

第六章 建立健全城乡要素合理流动体制机制

　　土地、资本、人才等要素在城乡之间双向流动是城乡融合发展的内在动力，也是城乡融合的重要标志。但当前各要素依然呈现出从乡村到城市的单向流动局面，这一方面是受到利益驱动的影响，另一方面也与当前存在的体制机制障碍有关。长期以来，我国实行城乡分割的二元体制，人才、资本、技术等要素源源不断地从农村流向城市，导致农村"造血"不足，加上"失血"过多，出现严重"贫血"。为此，我们必须破除城乡融合发展体制机制障碍，建立健全城乡要素双向流动的体制机制，促进资本、技术、人才等要素在城乡之间自由流动，推动城乡融合发展。

第一节　建立健全城乡人才双向流动体制机制

　　人才兴则城乡兴。在资本、技术、土地、劳动力等各类要素中，劳动力是最重要、最关键的要素。因为人是生产力中最活跃的因素，只有人才能让其他"静"的要素"活"起来。当前我国劳动力流动依然呈现出从农村到城市的单向流动状态，这也是乡村衰败和城乡发展不平衡的重要原因。为此，我们必须建立健全城乡人才双向流动体制机制，促进各类人才在城市之间自由流动，实现劳动力的优化配置和城乡融合发展。

一、建立健全农业转移人口市民化体制机制

　　我国城镇化进程还没有结束，农民进城依然是大趋势。我们要顺应这趋势，继续推进农业剩余人口向城镇转移，实现农业转移人口市民化。

而要实现农业转移人口市民化，就必须解决农民工住房、就业以及公共服务三大问题。只有同时解决了这三大问题，才能顺利实现农业转移人口市民化；相反，如果没有解决好这三个问题，盲目地把农民从农村转移到城镇，就会引发更大的社会问题。如拉美一些国家，将大量农村人口转移到城市却没有解决其住房、就业等问题，导致出现了大量的城市贫民窟，威胁社会稳定，也使拉美国家陷入"中等收入陷阱"，长期无法实现经济跃迁。就住房问题而言，它关系到农民工对城镇的归属感，只有在城镇有了稳定住所，农民工才会把自己定位为城镇人；否则，就是居无定所的漂泊者。这一点在老一代农民工身上体现得尤为明显。老一代农民工进城主要是为了就业和增收，除少数人可以在城市定居下来之外，绝大多数人年老后都要返回农村养老，因此他们是城镇化进程中光荣而让人痛心的一代[1]。就就业问题而言，它是农民工市民化的前提。如果在城镇没有工作，农民工是不会轻易离开农村的。就公共服务问题而言，让农民工享受到城镇的基本公共服务是农民工市民化的基本要求，若享受不到城镇基本公共服务，农民工就是"二等居民"。因此，我们要尽可能地让农民工在子女教育、基本医疗、社会保障等方面享受到与城镇居民同样水平的基本公共服务。为解决农民工市民化的这三大问题，应从以下三方面着手：

第一，考虑到我国当前发展阶段和经济发展水平，应将新生代农民工作为农业人口转移人口市民化的重点对象，建立以新生代农民工为重点的农业转移人口市民化机制。与第一代农民工不同，新生代农民工大多没有务农经验，对农村没有深厚的依恋，有些甚至从小就跟随父母在城市长大。因此，他们在生活习惯、行为习惯、思想观念等方面已经趋于城镇化，他们也不把自己当作农民，而认为自己已经是城市人。我们可以把他们作为农业转移人口市民化的重点对象，建立以新生代农民工为重点的农业转移人口市民化机制，推进新生代农民工顺利实现市民化。为此，一要创新社会管理体制机制，即改变城乡分治的社会管理体制，建立城乡一体的社会管理体制，探索新生代农民工市民化管理与服务的新模式。二要建立新生代农民工公共服务保障机制。不仅要重点解决新生代农民工随迁子女教育问题，让新生代农民工子女接受到高质量的学前教育、中小学教育；而且要解决新生代农民工社会保障问题，探索城镇职工基本养老保险

---

① 沈水生.农民工市民化的可能路径及政策建议［J］.行政管理改革，2019（7）：48-53.

与城乡居民基本养老保险之间的有效衔接机制，提高新生代农民工在城镇的参保率。三要探索新生代农民工住房保障机制。老一代农民工进城打工是为了挣钱，对住房条件要求不高，新生代农民工进城不仅是为了挣钱，还非常注重生活环境，因此他们对住房条件要求较高，尤其偏向正规住房。为此，我们不仅要扩大住房公积金制度的覆盖范围，提高新生代农民工公积金水平，而且要探索公共租赁住房建设管理机制，多渠道满足新生代农民工的住房需求。

第二，建立健全由政府、企业、个人共同参与的农业转移人口市民化成本分担机制，这是实现农业转移人口市民化的关键[①]。农业转移人口市民化的成本主要包括住房成本、基本生活成本、社会保障成本、医疗卫生成本、子女教育成本、基础设施成本等。我们必须明确政府、企业和个人三大主体各自承担的责任：政府要承担起农业转移人口市民化当中的那些具有公共性质的成本，如基础设施成本、公共服务成本等；企业要分担部分住房成本、基本医疗成本、社会保障成本等；个人则主要承担基本生活成本、子女教育成本以及缴纳养老保险、医疗保险、失业保险等社会保险中的个人缴纳部分。我们要在明确政府、企业、个人各自责任的基础上，建立健全财政转移支付同农业转移人口市民化挂钩机制，为农业转移人口市民化提供财政支持，促进农业转移人口顺利实现市民化。

第三，加大农村产权制度改革力度，提高农业转移人口市民化的成本分担能力。我们要探索宅基地、承包地依法自愿有偿、公平公开合理的市场化退出机制，并推进农村集体经营性建设用地与国有土地同等入市、同权同价。尤其要注意的是，考虑到农民存在进城失败后被迫返乡的风险，为给农民留有退路，我们必须维护进城落户农民的土地承包权、宅基地使用权和集体收益分配权。对于已经进城落户的农民，我们要引导其依法自愿转让"三权"，并给予其科学合理的补偿；对于不愿意转让"三权"的农民，我们要充分保障其权益，不得以退出"三权"作为其进城落户的条件。

二、建立健全城市人才入乡激励机制

人口流动是要素流动的核心，对资源配置具有关键性作用。推动城乡

---

① 谌新民，周文良.农业转移人口市民化成本分担机制及政策涵义 [J].华南师范大学学报（社会科学版），2013（5）：134-141.

融合发展必须扭转当前人口由农村到城市的单向流动状况，建立城市人才入乡激励机制，吸引各类人才返乡创业就业，为乡村振兴提供人才支撑。

首先，建立人才返乡创业激励机制，优化创业环境，落实优惠政策，吸引人们到乡村创业。一是为返乡创业人员提供税收、信贷等方面的优惠，解决他们的资金难题；二是成立返乡创业指导机构，为他们提供市场信息、技术指导等服务；三是深化农村土地制度改革，让闲置的建设土地"活"起来，解决创业者的用地难题。

其次，建立"新乡贤"参与乡村建设的激励机制。"新乡贤"是指一些有知识、有能力、有浓厚的乡土情怀且心系乡村发展的各类社会贤达，包括一些党员干部、企业家、知识分子等各类人才。他们不仅是城乡交流的桥梁和纽带，可以将城市的新思想、新观念、新技术传播到乡村，而且是乡村治理的重要力量，因为他们有较高的文化水平和知识素养，在乡村具有较高的威望，有助于调和邻里之间的矛盾，维护乡村秩序。因此，我们要搭建"新乡贤"投身乡村建设的平台，如建立"新乡贤"理事会，将"新乡贤"组织起来，为家乡发展献言献策。

最后，建立健全各类人才投身乡村的激励机制。一方面，要鼓励大学生、退伍军人、党政干部、科技人员等有知识、有才能的人投身乡村建设。例如，对于下乡服务的党政干部，可以给予其工资待遇、社会保障、职务晋升等方面的优惠。另一方面，建立乡村与高等院校、科研院所、医院等之间的合作交流机制，促进大学生、专家学者、医生为乡村振兴贡献力量。

第二节　建立健全城乡资金合理配置体制机制

资本的本性是逐利性。与农村相比，城市的投资环境更优越，投资回报率更高。因此，资本为追求利润最大化会逐渐从农村流向城市，这是我国城乡发展不平衡的重要原因。为此，我们必须建立健全城乡资金合理配置的体制机制，在加大财政对农业农村投入力度的基础上，吸引金融资本、社会资本向农村回流，推动城乡融合发展。

一、建立健全乡村振兴财政投入保障机制

稳定的财政投入是农业农村各项事业稳步发展的基础。为推动城乡融

合发展，我们必须改革现有财政制度，建立健全乡村振兴财政投入保障机制，推动财政资金更大力度地向"三农"倾斜，将农业农村优先发展落到实处，为新时代实施乡村振兴战略提供重要物质保障。

第一，增加财政"支农"规模，改善财政"支农"结构。稳定的财政投入是农业农村稳定发展的基础条件。《中华人民共和国农业法》规定，农业投入总量的增长幅度应该高于财政经常性收入的增长幅度。为此，我们要建立国家财政稳定投入"三农"保障机制，确保各级财政涉农支出总量不断增长，支出比例不断提高，且涉农支出增长速度不低于财政收入增长速度。在当前全面建成小康社会的背景下，尤其要加大对农村偏远地区的财政支持力度，确保全面小康顺利实现。此外，还要调整财政"支农"结构，适当压缩用于农林水利气象等单位的事业费用，增加财政对农业技术研发、农村基础设施建设、农村公共服务完善等方面的投入，提高财政"支农"资金的使用效率。

第二，有效整合财政"支农"资金，提高财政"支农"效果。针对当前财政"支农"资金涉及面广、使用分散、利用效率不高等问题，我们要增强财政投入"三农"的科学性、系统性和协调性，有效整合财政支持农业投资、农业综合开发、农村综合改革、农田水利建设等项目的资金，将各类涉农资金捆绑使用，形成资金合力，并将有限的资金优先投入乡村振兴的重点领域，实现财政"支农"效益最大化。

第三，制定财政"支农"政策的长远规划。我国财政"支农"政策目标应该随着城乡发展阶段的变化而做出相应调整。例如，财政"支农"重点应该由主要保障粮食安全向促进农业农村全面发展方向转变，农业保护政策应该由改变农产品价格的"黄箱"政策向加大农业基础设施建设以及农业技术研发投入力度的"绿箱"政策上转变。

第四，建立健全财政"支农"资金使用监管体制。我国财政"支农"资金使用效率不高与当前财政"支农"资金使用监管不力有关，为此我们要建立健全财政"支农"资金使用监管体制，审计部门要加大对财政"支农"资金的审计力度，对财政"支农"资金的使用情况实行全程监控，提高"支农"资金使用透明度，让财政"支农"资金"在阳光下运行"，确保专款专用，坚决防止财政"支农"资金被挤占或挪作他用等现象的发生。

二、建立健全金融资本支持乡村发展体制机制

金融机构是乡村投资的重要力量，但农业项目由于周期长、利润小、稳定性差等原因，往往很难获得金融部门的支持。中国人民银行发布的《金融机构贷款投向统计报告》显示，2008 年以来，农村贷款余额虽然逐年增加，但增长率由 2009 年的 35.2%下降至 2019 年的 8.3%①，平均每年下降 2.69 个百分点。在当前乡村振兴的大背景下，现行金融体制显然难以满足农业农村发展对资金的需求。为此，一要深化农村金融体制改革，坚持农村金融"扶农""支农"的正确方向，引导涉农金融机构将更多的金融资源用于支持乡村振兴，提高农村金融服务水平。二要发挥政策性银行"扶农""支农"的战略使命，强化政策性银行的功能定位，支持政策性银行开展多元化筹资，拓宽政策性银行的资金来源范围，增强其对农业农村的资金供给能力。三要强化县域金融机构服务"三农"的激励约束，扩大县域金融对农村的信贷投放规模，加大县域金融对涉农信贷的优惠力度，对农业贷款减免适当的利息。四要扶持农村合作金融，建立村级资金互助组，为社员提供贷款业务，解决他们的资金难题。五要加强农村金融监管，落实金融监管部门的监管职责，防范并化解涉农金融风险，严厉打击金融欺诈、非法集资等违法行为，为乡村振兴提供良好的金融生态环境。

三、建立健全工商资本入乡促进机制

社会资本是投资乡村的主要力量。2016 年，农业投资较上年增长 21.9%，其中民间投资占农业总投资的 79.8%②，可见民间资本是农业投资的主要力量。但由于农业生产自然风险和市场风险大、投资回报率低，长期以来，很难吸引社会资本投入乡村。近几年来，随着农业农村生态、文化、旅游等价值的凸显，社会资本投入乡村新产业新业态的现象越来越普遍，有利促进了乡村产业兴旺和农民增收致富。我们要顺应这一趋势，建立健全工商资本入乡促进机制，吸引资本下乡，繁荣农村经济。具体来说，一要加大国家财政对农业农村的投入力度，加强农村道路、水利、水电、网络等基础设施建设，优化农村营商环境，提高工商资本下乡的投资利润率，吸引工商资本入乡兴办企业。二要发挥财政对社会资本的引导作

---

① 根据 2008—2019 年的《金融机构贷款投向统计报告》相关数据整理计算而成。

② 罗必良. 明确发展思路，实施乡村振兴战略 [J]. 南方经济，2017（10）：8-11.

用，借助财政资金撬动更多社会资本投入乡村振兴中来，构建农业农村多元投入格局。例如，我们可以采取降低贷款利率、减免贷款利息、给予资金补贴和税收优惠等手段吸引社会资本投入乡村振兴。三要建立工商资本下乡的风险防范机制，加强对工商资本下乡的监督管理，严格资本下乡的准入条件，明确工商资本下乡的经营范围，定期对下乡企业的经营状况、合同履行情况、土地用途等情况进行检查，防止其进行圈地等投机行为以及损害生态环境等违法行为。四要建立健全农民权益保障机制。工商资本下乡就是为了追求利益，为防止社会资本下乡后可能存在的侵犯农民利益的风险，要建立企业主与农民之间的利益联合机制。例如，我们可以采取"公司+农户""公司+合作社"等工商资本与农民的利益联结的方式，探索农民以土地经营权入股等形式的利益分配方式，实现企业与农民的双赢。此外，我们还可以借鉴浙江等地建立土地流转风险保障金制度的做法，防范农户因工商企业经营不善"跑路"而遭受损失，保障流出地农民的合法权益。

第三节　建立健全城乡土地要素平等交换体制机制

土地问题是关系我国城乡改革的关键性问题，土地制度改革是城乡改革的重要内容，并与城乡改革形成了耦合联动、互促互馈的机制，是推动城乡改革和城乡融合发展的重要抓手。当前我国城乡土地制度"二元性"明显，城市土地制度相对完善，为要素进城提供了条件，而农村土地制度改革则相对落后，并在一定程度上阻碍了要素下乡。为此，我们必须深化农村土地制度改革，虽然这一改革的出发点在乡村，但是立意点却在整个城乡地域系统①。这不仅有利于破解当前乡村发展困境，实现乡村生产、生活和生态空间的重构，促进乡村转型发展，而且可以打通城乡要素流动的制度性障碍，撬动城市资本下乡，带动城市人才、技术、资金等要素向农村聚集，推动城乡融合发展。

---

① 陈坤秋，龙花楼，马历，等.农村土地制度改革与乡村振兴 [J].地理科学进展，2019（9）：1424-1434.

一、改革完善农村承包地制度

工业化、信息化、城镇化与农业现代化同步发展是城乡融合发展的必然要求，但当前我国农业现代化仍然是"四化"同步的"短腿"，这与我国农村承包地制度改革相对滞后密切相关。新时代我国已经进入城乡融合发展的新阶段，农业农村处于转型发展的关键期，农民与土地的关系也发生了新变化，我们必须顺应这些新形势，继续深化农村承包地制度改革，为推进农业现代化提供制度保障。

（一）新时代农民与土地关系的变化呼唤农村承包地制度改革

新时代我国农民与土地关系呈现出一些新特征，主要表现在以下三个方面：

1. 农民"离农不离土"

随着工业化城镇化的推进，越来越多的农民离开农村进城务工，很多农民甚至已经在城市有了稳定工作并在城市定居，但依然保留着农村土地承包权，而一些真正从事农业生产的农民却没有土地，只能租种从别人手中流转过来的土地，这种固化的人地矛盾不仅使得农民在城市与农村之间徘徊，进而导致人口城镇化滞后，而且造成了土地经营分散、农业生产效率低下等问题。农村承包地"三权分置"改革的提出在一定程度上解决了这一问题，它在保障农民土地权益的基础上为推进农业适度规模经营创造了条件，有利于提高农业生产效率和农业现代化水平，但仍然存在土地生产成本高的问题。

2. 兼业化农户越来越多

舒尔茨认为，农民不是愚昧的，而是理性的，他们会有效配置资源，实现自身利益最大化。在工业化城镇化的浪潮中，农民为实现收入最大化，不仅会在工业领域和服务业领域打拼，还不愿放弃农业带来的收益。所以纯农户已经不是主体，兼业农户所占比重越来越高。一般来说，如果农民打工地点离家较近，他们会选择农忙时回家务农，农闲时进城打工，在城市与乡村之间奔波。如果离家较远，则会把全部或部分农业生产环节外包出去，而不愿完全放弃农村土地承包权。

3. 农业投入结构和种植结构呈现"去劳动化"的特征

21 世纪以来，外出务农的机会成本不断上升，农民外出打工两三个月的收入就抵得上一年的务农收入，这也导致农村劳动力成本不断上升，进而带来了农业要素相对价格的变化。为了实现家庭收益最大化，农民开始将更多的劳动力投入非农领域，而在农业领域投入的劳动力成本则不断减少，这也导致我国农业投入结构和种植结构发生变化。在农业投入结构上，我国长期依靠高劳动投入来提高土地单产的农业投入方式开始发生变化，农民开始减少劳动投入，增加机械投入和资本投入；在农作物的选择上，农户开始更多地选择一些机械化程度高、社会化服务完善的"劳动节约型"农作物来代替之前需要大量人力投入的农作物。

可见，与改革开放之初相比，如今农民与土地的关系已经发生了深刻变化，这就对农村承包地制度提出了新的要求，倒逼承包地制度改革。正是在这一背景下，2014年，习近平总书记提出，要推进农村承包地"三权分置"改革，这一改革拓展了农村土地集体所有制的实现形式，丰富了双层经营体制的内涵，提高了农业生产效率。而这项改革之所以能提高生产效率，是因为它通过产权细分满足了不同主体的需求，提高了资源配置效率。巴泽尔指出，产权是一系列可以分割的权利束，将所有细分产权统归于一人所有并不一定最有效率，而将细分产权分配给不同的主体则会提高效率①。承包地"三权分置"改革就是通过细分产权来满足不同主体的需求进而实现农地资源的合理配置和效率优化。具体来说，就是将承包经营权分为承包权和经营权，这既顺应了城镇化背景下农村劳动力转移后保留土地承包权和流转土地经营权的意愿，也满足了新型农业经营主体扩大种植规模的需求，符合现代农业的发展方向，实现了承包者和经营者的双赢，是我国农村改革的又一次重大创新。

（二）深化承包地"三权分置"改革的对策建议

为顺应农民与土地关系呈现的新变化，推进农业转型升级，实现"四化"同步，我们要继续深化承包地"三权分置"改革。具体而言，要从以下五方面着手：

1. 继续推进土地承包经营权确权登记颁证工作

土地确权是推进土地经营权流转的基础性工作，也是维护农民土地权益的重要保障，同时对农民是否愿意流转土地也有重要影响。程令国、张晔和刘志彪的研究发现，稳定清晰的产权会促进土地经营权的流转。因为确权颁证使农户对土地有了稳定的预期，减少了土地流转过程中的不确定

---

① 巴泽尔. 产权的经济分析：第二版［M］. 费方域，钱敏，段毅才，等译. 上海：上海人民出版社，2017.

性风险，进而使农户参与土地流转的可能性和交易量显著上升①。当前我国土地承包经营权确权登记颁证工作已经接近尾声，但仍存在漏人漏地、四至不清等问题，未来我们要继续做好土地确权登记颁证的收尾工作，提高土地确权颁证质量，为维护农民土地权益和发展农业适度规模经营提供有力支撑。

2. 有序推动承包地有偿退出

承包地有偿退出要充分尊重农民意愿，坚持"地是用来种的，不是用来炒的"原则，明确承包地的生产要素功能，限定承包地的用途，完善承包地补偿退出机制，为不同类别的农户提供多元化的补偿方案，引导具备条件的农户理性退出承包地。

3. 充分保障农民对土地流转的独立决策权

土地承包经营权是农户享有的独立的用益物权，是否流转应该由农户自己决定，而不是采取投票的方式，由多数人来决定，或者强迫不愿意流转土地经营权的农户跟随大多数人的意志来流转土地经营权。为此，我们要规范土地流转程序，保障农民土地权益，对于在集体内部采取这种方式强迫农民流转土地的干部，应该追究其党纪责任或法律责任。

4. 建立健全农村土地流转服务体系

一是要完善农地流转信息网络平台，建立流转信息库，开展信息咨询、评估等服务；二是要成立土地流转交易平台，为承包者和经营者开展拟定合同、法律咨询等相关服务，使土地流转更加依法有序，实现承包户和经营户的双赢；三是要建立科学的土地流转价格形成与指导机制，即对不同的土地进行等级划分，确定不同等级土地流转的基准价格，再在基准价格的基础上确定土地流转的最终价格。

5. 建立健全农村土地流转监管机制

土地经营权流转涉及流出方、流入方、监管方等多方利益，关系到农户、集体经济组织、新型农业经营主体、工商资本等多方主体，各方利益的不同必然导致土地经营权流转过程中出现各方争相逐利的局面。为了保障农户利益和土地资源，我们应该建构起系统的土地经营权流转监管体系，加强动态监管和风险防控，防范土地流转中的投机炒作、为骗取补助

---

① 程令国，张晔，刘志彪. 农地确权促进了中国农村土地的流转吗？[J]. 管理世界，2016（1）：88-98.

而假流转、随意更改土地用途等行为。例如，针对工商资本进入农业农村可能带来的挤占农民就业空间，与基层政府勾结滋生腐败，经营失败进而"中途跑路""毁约弃耕"等风险，应该加强对涉农企业的主体资质、农业经营能力、经营项目等方面的资格审查，并加强对基层政府的监督管理，防止其与工商资本相勾结。此外，还要加强土地的用途管制，防止耕地流转后出现的"非农化""非粮化"等倾向。

二、稳慎改革农村宅基地制度

农村宅基地制度改革是城乡融合发展的重要抓手，在盘活农村闲置宅基地、提高农村土地利用率、增加农民财产性收入、吸引人才和资金等要素下乡、优化村庄空间布局等方面都有重要意义。但宅基地改革由于涉及利益敏感，改革难度和风险大，因而是我国农村"三块地"改革中争议最大、改革最滞后的一块地。新时代要顺应农业农村转型发展的趋势，稳慎推进农村宅基地制度改革，助推城乡融合发展。

（一）农村宅基地制度改革势在必行

随着工业化城镇化的快速推进，农村人口不断向城镇转移，农村人口空心化、房屋空巢化、"一户多宅"现象越来越多。与此同时，宅基地的居住保障功能逐渐弱化，财产性功能不断上升。为唤醒农村宅基地这一"沉睡资产"，我们就必须推进宅基地制度改革，为城乡融合发展增添新动能。具体来看，之所以要推进农村宅基地制度改革，主要是因为以下三个原因：

1. 农村宅基地使用方面仍存在诸多不合理之处

这主要表现在两方面：一是"一户多宅"现象较为普遍。我国农村宅基地是一种福利供给，只要是集体经济组织的成员，就可以免费获取，而且使用期限上具有无限性，但是一户只能拥有一处宅基地。但由于在具体落实时面临巨大的监管成本，因此现实中存在很多"一户多宅"的现象。国家统计局相关数据显示，截至 2016 年年底，99.5% 的农户拥有自己的住房。其中，拥有 1 处住房的有 20 030 万户，占 87.0%；拥有 2 处住房的有 2 677 万户，占 11.6%；拥有 3 处及以上住房的有 196 万户，占 0.9%；拥有商品房的有 1 997 万户，占 8.7%①。可见，我国农村还存在很多"一户

---

① 根据《第三次全国农业普查主要数据公报（第四号）》相关数据整理而成。

多宅"现象。二是大量宅基地被闲置和荒废。当前农村由人口空心化所导致的房屋空巢化和宅基地闲置化问题非常普遍。在农村土地改革存在大量不确定性，且宅基地有偿退出机制还不完善的背景下，很多已经进城的农民不愿意放弃宅基地，导致大量农村土地被浪费。2018年2月5日举行的《中共中央 国务院关于实施乡村振兴战略的意见》新闻发布会介绍，武汉市的相关调查显示，到2016年年底，武汉市1 902个行政村中，农村房屋有73万套，其中长期空闲的农房占到了15.8%；针对河南某村庄216户的调研，该村常年闲置的农房和宅基地有46户，占比为21.3%。可见，我国宅基地浪费现象较为严重，利用效率十分低下。

2. "农二代""离土不回乡"给宅基地改革带来新机遇

在农村人口大量流失的背景下，农村房屋"空巢化"、宅基地闲置化现象凸显，尤其随着"农二代"逐渐取代"农一代"成为进城务工的主体，这一问题越来越严重。因为与"农一代"相比，"农二代"的一个显著区别就是"进城不回乡"，而是选择在大中城市或小城镇买房，这在客观上为推进宅基地制度改革提供了机会。但与此同时，还要注意"农一代"正在逐渐返乡的趋势。"60后""70后"农民工随着年龄增长，他们的身体素质、职业素质、知识文化水平难以适应城市需要，不得不回乡养老。为此，贺雪峰指出，农民退出宅基地应当是一个可逆的过程，应保留一定的宅基地资源冗余，以应对农民进城失败的风险①。

3. 宅基地居住性功能弱化，财产性功能凸显，推动宅基地制度改革

农村宅基地具有居住保障和财产收益两大基本功能。21世纪以来，宅基地的居住保障功能逐渐弱化，财产收益功能不断凸显，也就是说，宅基地的功能由生存型向发展型转变。尤其是城市近郊地区，由于地理位置优越，其宅基地价值居高不下，不少农民都渴望宅基地被征收，进而可以获得一大笔补偿款。对广大中、西部地区的农村居民而言，虽然其宅基地距离城市远，地理位置较差，价值很低，但在当前土地改革的背景下，不少农民也仍然期望凭借宅基地获得一笔不少的收益。尤其是对那些已经在城市买房和定居的"农二代"，他们回村的可能性较小，之所以保留宅基地使用权并不是因为宅基地本身的居住功能，而是希望它可以带来源源不断的财产性收益。

---

① 贺雪峰. 农地改革要提供返回农村的退路 [J]. 决策，2018 (12)：13.

在以上三大主要原因共同作用下，倒逼我国推进宅基地制度改革。2018年中央一号文件提出，要探索宅基地所有权、资格权、使用权"三权分置"的有效实现形式，这是继承包地"三权分置"之后，我国农村土地产权制度的又一次重大改革。这项改革的主要创新之处就在于它通过细分产权赋予了宅基地更多的权利内容，满足了不同主体的需求。在经济学中，产权并不是某一项权利，而是一束权利，而且权利束并非是固定不变的，而是随着社会需求而不断变化的，即随着经济社会的发展，产权权利束的内容也会越来越丰富。宅基地"三权分置"改革提出之前，宅基地使用权一方面承担着土地保障功能，另一方面又包含着财产属性。两者的内在冲突导致宅基地使用权难以市场化流转，这集中表现为宅基地保障功能的延续与财产价值的实现之间出现了某种难以调和的矛盾，其本质上是公平价值和效率价值在一定程度上的对立①。宅基地"三权分置"改革提出之后，通过细分产权赋予宅基地更多的权利内容，解决了宅基地保障功能与财产价值之间的矛盾。可以说，宅基地"三权"分置改革实际上是一种折中方案，以"资格权"表达了宅基地使用权的身份属性，这就意味着宅基地制度改革并不否定宅基地的保障功能；以"使用权"表达了宅基地使用权的财产属性，既有利于增加农民的财产性收入，又可以充分利用闲置宅基地②。

（二）宅基地制度改革的对策建议

通过以上分析可以看出，宅基地"三权分置"改革在一定程度上解决了宅基地土地保障与财产属性之间的冲突，适应了不同主体对宅基地的差异化需求，是我国农村土地产权制度的伟大创新。未来，我们仍要继续深化宅基地制度改革，具体而言，应从以下四方面着手：

1. 落实宅基地集体所有权

虽然法律规定宅基地的所有权归农村集体所有，农民只有使用权，但宅基地无偿无限期近似于"私产"的制度安排导致农户对宅基地产权存在"宅基地私有"的认知错位③，再加上当前农村集体经济基础薄弱、不具备

---

① 董新辉. 新中国70年宅基地使用权流转：制度变迁、现实困境、改革方向 [J]. 中国农村经济，2019（6）：2-27.

② 宋志红. 农村三权分置政策执行偏差的成因及其矫正 [J]. 法学评论，2018（4）：23-30.

③ 黄健元，梁皓. 农村宅基地退出制度的源起、现实困境及路径选择 [J]. 青海社会科学，2017（6）：132-139.

"收回"宅基地的经济条件，宅基地退出机制不完善，农村集体土地资产难以有效盘活等原因导致集体进行宅基地整治的动力不足。为此，我们要从两方面着手，巩固集体的宅基地所有者地位：一要强化集体收回宅基地的权利。当前农村普遍存在"一户多宅"、超占宅基地等现象，要对这些不当行为进行调整和纠正，可以借鉴四川泸县的经验，对超标准占用农村宅基地的农户实行有偿使用，对拒不配合的农户，村集体有权无偿收回其多占的宅基地。二要落实农民集体土地收益权。在征地补偿时，我们要合理分配国家、集体和农民之间的比例，保障集体的土地权益。此外，我们还可以将整理出来的宅基地集中起来，委托农村集体经济组织或企业经营，发展壮大农村集体经济。

2. 探索宅基地所有权在不同集体之间流转的模式

当前我国宅基地的所有权是不变的，即固定地属于某一集体经济组织。这种宅基地所有权不能流动的现状使得集体经济组织成员只能在本集体土地上申请建房，而不能到其他地方建房。对于一些人烟稀少的村庄来说，人口流失现象非常严重，整个村庄甚至只剩下十几户人家，但依然要单独为这些人口提供基础设施和公共服务，服务成本高且效率低。推进乡村振兴必须有效整合村庄，把一些人口寥寥无几、没有发展潜力的村庄合并到中心村或其他经济发达的村庄中去。这就需要探索不同村庄宅基地所有权互相流转和置换的模式，允许一些即将衰落的村庄人口到其他村庄申请宅基地和建造房屋，这不仅可以有效整合村庄，提高农村土地利用效率，提高基础设施和公共服务的规模效益，而且也是应对村庄衰败趋势、壮大乡村实力的有效举措。

3. 建立健全宅基地自愿有偿退出机制

为解决农村土地利用率低、大量宅基地被闲置等问题，我们要因地制宜探索农村闲置宅基地自愿有偿退出机制。其一，宅基地资格权的退出应遵循自愿原则，不得强制要求农户退出或以退出农户资格权作为农民进城落户的条件。其二，完善农村宅基地退出补偿机制。在补偿范围方面，我们要科学核算宅基地和农房的价值，从宅基地补偿和房屋拆迁补偿两个方面对自愿退出宅基地的农民给予科学合理的补偿。在补偿标准方面，我们既要考虑当前土地价格，也要考虑未来宅基地的增值空间。在补偿资金来源方面，我们要通过市场机制引入更多社会投资主体，拓宽宅基地补偿资金的融资渠道，缓解政府财政压力。在补偿方式方面，我们要探索货币补偿、社会保障、就业安置等多元化补偿方式。

4. 建立宅基地"三权分置"风险保障机制

"三权分置"为实现宅基地流转、抵押提供了可能，同时也不可避免地隐含着一定风险，因此我们必须构建宅基地"三权分置"的风险保障机制，以应对各种可能存在的风险。首先，一些没有条件进城落户的农户，可能为了获得一笔补偿款而忽视长远利益，盲目退出宅基地。为避免农户退出宅基地后又无法进城落户导致的流离失所，我们要设立宅基地退出指导服务机构，向农户讲清各种利弊，同时还要完善农村住房保障机制，为进城失败的农户提供退路。如贺雪峰指出，农民退出宅基地应当是一个可逆的过程，应保留一定的宅基地资源冗余，以应对农民进城失败的风险①。其次，为维护乡村和谐稳定，保障农民权利，我们要建立宅基地使用权流转监管机制，明确监管主体，强化监管职责；对流转后的宅基地使用权进行监督，严格控制流转期限、用途，尤其要禁止有人将宅基地用于房地产开发、建设别墅和私人会馆。

三、推进农村集体经营性建设用地入市改革

推进农村集体经营性建设用地入市改革是解决城乡土地发展权和收益权不平等，以及工业发展和城镇发展用地紧张与农村建设用地利用率低并存问题的重要抓手，在缓解城镇用地紧张、增加农民财产性收入、保障农民土地权益以及缩小城乡差距等方面具有重要意义。

（一）推进农村集体经营性建设用地入市改革是新时代城乡融合发展的必然要求

之所以要推进农村集体经营性建设用地入市改革，从根本上说，就是要打破凡农村集体土地要变为城市建设用地必须通过国家征收转为国有土地的制度设计②，也就是改变国家垄断土地一级市场、国有土地与集体土地地位不平等的局面。这一制度创新本质上就是一种利益重构，因为与政府征地相比，农村集体经营性建设用地入市价格主要由市场而不是政府决定。这就使得区位条件好的农村推进集体经营性建设用地入市可以获得较高的土地增值收益，且这部分土地增值收益主要归村集体和农民所有，也

---

① 贺雪峰. 农地改革要提供返回农村的退路 [J]. 决策，2018（12）：13.
② 盖凯程，于平. 农地非农化制度的变迁逻辑：从征地到集体经营性建设用地入市 [J]. 农业经济问题，2017（3）：15-22.

因此改变了之前征地制度下地方政府攫取绝大部分农地非农化增值收益的局面，形成了土地收益在国家、集体和个人之间合理分配的新格局。同时，农村集体经营性建设用地入市改革会倒逼征地制度改革，因为集体经营性建设用地入市所产生的直接影响就是政府征地范围的缩小，这也正是当前征地制度改革所强调的重点。但缩小征地范围并不是要减少城市新增建设用地，而是说，因缩小征地范围而空缺出来的城市新增建设用地由农民集体土地直接入市来填补。城市发展所需的建设用地究竟是采取征地的方式还是集体经营性建设用地入市的方式来填补，其决定性因素是土地用途是公益性的还是非公益性的。公益性建设用地通过征收来供给，非公益性建设用地则由农村集体土地直接入市来供给①。鉴于征地与集体经营性建设用地入市之间的关联性，我们必须将征地制度改革与集体经营性建设用地入市改革结合起来，推进缩小征地范围与扩大集体建设用地入市联合并举，协调推进。这样做不仅有利于唤醒农村"沉睡"资产、壮大农村集体经济，而且可以促进土地增值收益在国家、集体、个人之间的合理分配，增加农民财产性收入，保障农民土地权益；此外，还能促进土地要素在城乡合理配置、推动城乡融合发展。

（二）推进农村集体经营性建设用地入市改革的对策建议

随着越来越多的人从农村转移到城镇，城镇第二、第三产业越来越发达，城镇对土地的需求也会越来越强烈。为了满足城镇建设对土地的需求，部分农村建设用地就会转为城市建设用地，这是应该的，也是可行的。但我们必须明确，城乡建设用地的调整是一个伴随城镇化进程而逐步演变的过程，是一个与社会经济发展相适应的过程，是一个城乡发展利益相互协调的过程②。城乡建设用地的调整必须与城镇化发展和人口转移规模相一致，不能损害农民利益和乡村可持续发展，更不能用行政手段强制推动，在坚持这一基本前提的基础上来推进农村集体经营性建设用地入市改革就可以避免犯颠覆性、历史性的错误。具体而言，推进农村集体经营性建设用地入市改革需要从以下四方面展开：

1. 建立城乡统一的建设用地入市交易市场

我们可以在国有土地交易市场的基础上，增加农村集体经营性建设用

---

① 贺雪峰. 三项土地制度改革试点中的土地利用问题 [J]. 中南大学学报（社会科学版），2018（3）：1-9.

② 李兵弟. 城乡统筹规划：制度构建与政策思考 [J]. 城市规划，2010：24-32.

地使用权交易功能，形成城乡统一的土地交易市场，探索国有建设用地和农村集体建设用地统一竞争、统一交易的新路径。为此，一方面，要建立交易信息收集和发布的平台，成立合同签订、政策咨询、纠纷调解等配套机构；另一方面，要建立健全市场价格形成机制，在政府划定基准地价的基础上，采用公开交易的方法，通过市场招标、拍卖、挂牌等方式，根据市场需求确定最终的交易价格。

2. 规范农村集体经营性建设用地入市流程

现实中，农村集体经营性建设用地被非法出租、出让、买卖的现象较为普遍，从而导致农民土地权益受损。我国自 2020 年 1 月起开始实施的最新修订的《中华人民共和国土地管理法》对集体经营性建设用地入市程序做了规范，这为维护农民的知情权和参与权提供了法律保障。具体到实践中，在集体经营性建设用地入市之前，有关部门应当将入市形式、拟建项目、土地使用者情况、土地收益和土地使用期限等相关信息告知村民，以充分保障农民的土地权益。

3. 完善农村集体经营性建设用地入市收益分配机制

在分配主体上，在兼顾国家、集体和个人利益的基础上，我们要让收益尽可能地向集体和农民倾斜。就集体内部分配而言，我们要对集体经济组织成员进行合理界定，尤其要处理好外嫁女、外来转移人口、大学生、退伍军人等特殊群体的分配问题。在分配方式上，我们可以采取集体统一预留支配、集体和成员按比例分配、集体收益量化为农民股权等多种方式，以实现集体经济收益不断增长。由于收益分配既关系到集体的长远利益，又关系到集体组织成员的当下利益，因此我们必须在两者之间找准平衡。科学的做法是将农村集体经营性建设用地入市收益留存一部分在集体经济组织，以实现"集中力量办大事"的优势，而要尽量避免将所有土地增值收益一次性均分给所有集体成员，因为这不仅对农民增收起不到任何实质性效果，而且不利于集体经济的发展壮大。以贵州省遵义市湄潭县的湄江街道办回龙村为例，回龙村 2015 年 10 月通过调整入市共出让土地1.32 公顷，出让总收入为 339 万元，扣除青苗和占地补偿费、测量评估费用等各项成本开支之后，剩余部分全村每人分得 92.3 元[①]。再以贵州省湄潭县茅坪镇为例，该镇将农村集体经营性建设用地入市后所得的第一笔收

---

① 蒲方合. 农村集体经营性建设用地土地增值收益调节金探微：从农村集体经营性建设用地使用权出让视角 [J]. 财会月刊，2017（14）：104-110.

益平均分配给集体成员，每人得到 50.02 元①。可见，将集体经营性建设用地入市增值收益一次性均分给所有成员并不能明显地改善居民生活。

4. 建立土地增值收益的使用监管机制

为保障农民合法权益，防止集体负责人侵占、挪用集体提留的土地增值收益，我们必须建立严格的土地增值收益使用监督机制。第一，成立专门的财务监督小组，对集体提留的土地增值收益的使用情况进行监督。第二，制定村务公开制度。地方政府的主要负责人必须定期向村民公开集体土地增值收益的使用情况和分配情况，接受成员监督。第三，限定集体提留的土地增值收益的用途，明确规定集体提留的土地增值收益主要用于发展集体经济、改善农村基础设施和公共服务、为集体成员提供生存保障以及成员安置补偿等。

第四节　本章小结

上一章论述了新时代城乡融合发展面临的体制机制障碍，本章及后两章分别从要素合理流动、功能互补耦合、公共资源均衡配置三个方面提出了建立健全新时代城乡融合发展体制机制的对策建议。其中，本章主要论述建立健全新时代城乡要素双向流动体制机制的对策建议。

土地、资本、人才等要素在城乡之间双向流动是城乡融合发展的内在动力，也是城乡融合的重要标志。针对当前各要素从乡村到城市的单向流动局面，本章提出要建立健全城乡人才双向流动体制机制、城乡资金合理配置体制机制以及城乡土地要素平等交换体制机制。

具体来看，在人才流动方面，一方面，我们要健全农业转移人口市民化体制机制，包括创新社会管理体制，探索新生代农民工住房保障机制，建立健全由政府、企业、个人共同参与的农业转移人口市民化成本分担机制等。另一方面，我们要建立健全城市人才入乡激励机制，包括建立人才返乡创业激励机制；建立健全"新乡贤"参与乡村建设的激励机制；建立健全各类人才投身乡村的激励机制等。

---

① 周应恒，刘余. 集体经营性建设用地入市实态：由农村改革试验区例证 [J]. 改革，2018：54-63.

在资金流动方面，一要建立健全乡村振兴财政投入保障机制，推动财政资金更大力度向"三农"倾斜，将农业农村优先发展落到实处，为新时代实施乡村振兴战略提供重要物质保障。二要建立健全金融资本支持乡村发展的体制机制，深化农村金融体制改革，提高农村金融服务水平。三要建立健全工商资本入乡促进机制，借助财政资金撬动更多社会资本投入乡村振兴，构建乡村发展多元投入格局。

　　在土地制度方面，我们要以深化农村土地制度改革为抓手，撬动城市资本下乡，推动城乡融合发展：一要改革完善农村承包地制度；二要稳慎改革农村宅基地制度；三要推进农村集体经营性建设用地入市改革。

第七章 建立健全城乡功能互补耦合体制机制

城市与乡村是地位平等、功能互补、不可替代的关系，它们共同构成了一个相互依存、相互促进的功能体系。城乡融合发展的过程也就是城市与乡村充分发挥各自的功能，形成功能互补的耦合机制，共同推动形成城乡命运共同体的过程。具体来说，城乡功能互补体现在生产功能、生态功能、文化功能等方面。其中，生产功能体现为城乡产业发展融合化，即不仅要提高农业现代化水平，提高农产品供给质量和效率，保障国家粮食安全，而且要挖掘农业多种功能，发展乡村新产业新业态；生态功能体现为发挥乡村的生态涵养功能，维持生态平衡，提供生态产品，满足人民日益增长的美好生态环境需要；文化功能体现为发挥乡村在传承中华优秀传统文化方面的功能，维护好中华民族永续发展的根脉。

第一节 建立健全城乡产业融合发展体制机制

产业融合是城乡融合的关键，也是现代产业发展的趋势和要求。面对当前我国城乡产业割裂、乡村产业空心化、农业现代化水平不高等问题，我们必须从提高农业现代化水平、发展乡村新产业新业态等方面着手，建立健全城乡产业融合发展体制机制。

一、促进小农户与现代农业发展有机衔接

"四化"同步是城乡融合发展的必然要求，但当前我国农业现代化仍是"四化"同步的"短腿"。考虑到我国城镇化发展阶段以及特殊国情，

必须促进小农户与现代农业发展有机衔接，这是现阶段提高农业现代化水平的必然选择。

（一）促进小农户与现代农业发展有机衔接是走中国特色农业现代化道路的必然要求

小农户在现代农业发展中的前途和命运问题是学术界始终关注的一个热点问题。关于这一问题，学者们从不同角度出发，提出了有价值的见解。综合来看，主要有四种观点：其一，马克思和恩格斯的观点。马克思和恩格斯将小农定义为"小块土地的所有者或租佃者——尤其是所有者，这块土地既不大于他以全家的力量通常所能耕种的限度，也不小于足以让他养家糊口的限度"[①]。小农生产的特点主要体现在以下多个方面：就生产方式而言，小农生产方式简单落后，基本没有分工，生产处于停滞状态。就生产者而言，小农主要依靠自己及其家庭成员进行生产，没有雇佣他人。就思想观点而言，小农的思想相对较为落后保守。就社会关系而言，小农的社会关系具有封闭性。根据小农的生活状况和资本主义大工业的特点，马克思和恩格斯认为，小农生产与工业化大生产是不相容的，未来小农必然会走向灭亡。但这是一个客观的、长期的历史过程。其二，舒尔茨的观点。舒尔茨认为，小农并不是愚昧的，而是理性的，像资本家一样，是追求利润的。他们能够在现有的技术条件下实现资源优化配置。其三，恰亚诺夫的观点。与舒尔茨的观点相反，恰亚诺夫从俄国革命前市场经济不发达条件下的小农社会出发，以"家庭生命周期说"为基础，提出了"劳动—消费均衡理论"，认为小农生产的主要目的并不是利润最大化，而是满足家庭成员的消费需求。与恰亚诺夫的观点相一致，斯科特通过研究东南亚的小农社会指出，小农生产不同于企业生产，并不是追求利润最大化而是规避风险，追求安全第一。其四，黄宗智的观点。黄宗智对近代中国长江三角洲地区的农村进行了分析，认为小农生产既要满足自家消费需要，也要追求利润最大化，根据市场需求来做选择。因此，小农既是维持生计的小农，又是利益的追求者。

以上学者们的研究虽然存在分歧，但并不存在对错之分。他们都是从不同政治制度、社会环境、经济发展水平出发，从具有不同特征的小农身上所得出的结论。分析我国小农的特征，也必须从我国特殊国情出发，不

---

① 马克思，恩格斯.马克思恩格斯选集：第4卷［M］.中共中央马克思恩格斯列宁斯大林著作编译局，译.北京：人民出版社，2012：358.

能盲目照搬这些理论。

从我国特殊国情来看，我国农业发展面临的难题是由经营规模小导致的农业生产效益低。但这只是表象，从深层次来看，扩大农业经营规模并不是一件难事，关键在于扩大农业经营规模后，失去土地的农民如何生存和就业的问题。从这个意义上讲，我国农业面临的困境表面上是一个技术难题，其实质是一个社会问题。我国农业现代化的关键在于实现社会效益和经济效益的有机统一。那么，如何实现两者的统一呢？从我国的基本国情来看，"大国小农"在当前及未来很长一段时间都将是我国的基本农情，基于这一基本事实，我国农业现代化的路径选择是促进小农户与现代农业发展有机衔接，而不是为了盲目追求经营规模而消灭小农。具体来说，这主要由以下四方面原因所决定：

第一，从基本国情来看，我国不适合走土地大规模经营道路，不能为了实现土地规模效益而强制消灭小农。从世界上已经实现农业现代化的国家来看，农业现代化道路主要有两种：一种是以美国为代表的劳动力节约型道路。美国人少地多，农业劳动力短缺，劳动力价格要高于土地价格和机械价格，所以美国农业追求劳动力产出最大化。另一种是以日本为代表的土地节约型道路。日本的情况与美国恰恰相反，人多地少，土地价格高于劳动力价格，所以日本农业追求土地产出最大化。据统计，1970年，美国农民1人1台拖拉机，日本则是45人1台拖拉机，美国劳均生产粮食是日本的10倍，而单位土地产量仅为日本的1/10[①]。我国耕地只占世界7%，却要养活世界22%的人口，因此我国农业生产最重要的目标是土地产出最大化。而小农户生产由于精耕细作，不计劳动报酬，正是高产出的生产方式。因此，我们不能消灭小农。

第二，从农业生产的特点和家庭组织的特点来看，家庭是农业生产最恰当的主体。从农业生产的特点来看：一是农业生产具有地域性。农业生产依赖土地，土地具有不可移动的特点，这决定了农业生产只能在同一地域上进行。二是农业生产具有季节性和周期性。农作物生长不仅需要人工劳动，还需要阳光、空气、水等自然条件的配合，这就决定了人们要根据农作物生长的自然规律进行时间安排，而不能通过分工，让播种、插秧、施肥、收割等不同劳动在同一时间内完成。三是农业劳动质量没有一个明

---

① 刘奇. 大国"三农"清华八讲 [M]. 北京：中国发展出版社，2016：3.

确的衡量标准，往往根据经验来判断，使得农业生产监督困难，机会主义行为普遍存在。农业生产的这些特征要求农业生产者具有高度的自觉性和责任感、丰富的经验以及充足而自由的时间。从家庭的特点来看，家庭是由血缘关系组成的一个有机体，家庭内部每个成员的付出都是自觉而无私的。因此，家庭从事农业生产不需要监督，不存在机会主义行为，这是其他任何组织从事农业生产都不具备的优势。可见，家庭组织的特点很好地适应了农业生产的要求，历史选择家庭作为农业经营主体有其天然的原因。也正是家庭经营与农业生产的这种天然吻合性，决定了家庭经营在任何时候都可以发挥重要作用。例如，改革开放以后，我国通过实行家庭联产承包责任制赋予农民生产自主权，解决了农民吃饭问题。如今，通过完善农业社会化服务体系，把小农户与现代农业发展有机衔接起来，也可以解决农业生产效益低的问题。

第三，从我国当前发展现状及农业发展规律来看，据统计，2017 年，在全国拥有承包地的 2.3 亿农户中，大约有 30% 的农户将其承包地的经营权部分或者全部移转出去①。这就意味着，仍有 70% 的农户在其承包地上自耕自营。也就是说，小农户仍然是农业经营主体的主要力量。而实现规模经营需要绝大多数农民离开农业农村，少部分人来经营农业。但农村人口向城镇转移是一个自然而然的历史过程，要有足够的历史耐心，不能强制推动，否则会产生更大的问题。

第四，从农业生产的多重目标来看，农业生产不仅要看经济效益，还要考虑社会效益、生态效益、文化效益。小农生产在传承农耕文明、稳定农业生产、保障农民就业、促进农村社会和谐等方面都具有不可替代的作用。

所以，走中国特色农业现代化道路，关键在于在坚持农村基本经营制度的前提下，为小农户生产注入活力，使其更好地适应现代农业的发展要求。

（二）小农户与现代农业发展有机衔接要处理好的三对关系

1. 处理好扶持小农户与发展适度规模经营的关系

发展适度规模经营是建设现代农业的前进方向，扶持小农户是尊重我国特殊国情的必然选择，处理好两者的关系是我国当下发展现代农业的必

---

① 张红宇. 准确把握农地"三权分置"办法的深刻内涵 [J]. 农村经济，2017（8）：1-6.

然要求。之所以要把发展适度规模经营与扶持小农户结合起来，是因为：首先，我国农业的比较优势逐渐降低，小规模经营导致的农业生产效率低、成本高等弊端日益凸显，这倒逼我们必须发展农业适度规模经营，提高农业生产效率和竞争力。其次，我国地域广阔，不同地区地理条件差异很大，并不是所有地区都具有发展规模经营、进行机械化耕种的条件，尤其是丘陵山区。最后，发展规模经营必然要求减少小农，而小农户的减少是一个客观的、长期的历史过程，与工业化城镇化对农民的接纳程度相适应。从当前情况来看，大部分"农一代"是无法顺利实现市民化和必然返乡的，部分"农二代"可能也要返乡。因此，在未来二三十年，小农户都将长期存在，必须尊重这一客观现实。如果强行消灭小农，违背这一客观规律，必然会影响我国社会稳定发展和现代化目标的实现。

2. 处理好小农户与新型农业经营主体的关系

新型农业经营主体是我国现代农业建设的新生力量，小农户则是我国农业生产的基本单元①。现阶段而言，小农户与新型农业经营主体在发展规模、功能定位等方面虽然不太相同，但两者都是维护国家粮食安全的重要力量，都不可或缺。当前个别地方存在盲目追求土地经营规模的误区以及对新型农业经营主体的特殊偏爱，甚至为了支持新型农业经营主体而损害小农利益，这是脱离我国现实国情的错误做法。

3. 处理好政府与市场的关系

扶持小农、提升小农是政府的基本职责，但政府在制定政策时，应坚持市场化取向，注重提高小农户的市场竞争力，更多地采取改善农业基础设施、为农民提供技术服务等"绿箱"政策，而不是扭曲市场机制的"黄箱"政策来支持小农，要防止陷入日本农业和韩国农业所出现的高补贴、高价格、竞争力弱的恶性循环。

（三）促进小农户与现代农业发展有机衔接的政策建议

当前小农户生产面临着规模小、效率低、老龄化与兼业化严重、科技化与机械化水平低等现实挑战，为实现小农户与现代农业发展有机衔接，我们必须从以下四方面着手：

1. 继续减少小农

要富裕小农，就要先减少小农。当前存在很多农村户籍人口已经在城

---

① 陈锡文，韩俊. 农业转型发展与乡村振兴研究 [M]. 北京：清华大学出版社，2019：21.

市实现了稳定定居，返回农村的可能性很小，但依然享有土地承包经营权、宅基地使用权、集体经济收益分配权的现象。他们之所以不愿意放弃农村户籍，并不是因为土地对他们而言依旧承担着重要的社会保障功能，而是因为农村户籍的含金量较高，这主要是指农村居民所享有的"三权"。对于这种"不在地地主"，国家要加快对相关法律政策的研究制定，既要加快户籍制度改革，逐步取消农民进城落户的各种壁垒和门槛，引导有能力在城市定居的农民稳定退出"三权"，也要保障农民的合法权益，不得以强制手段逼迫其退出"三权"。

2. 提升小农户的自我发展能力

为使小农户更好地适应现代农业的发展要求，我们不仅要通过系统培训提高其知识水平和职业技能，促进传统小农户向现代小农户转变，而且要提高小农户的土地经营规模。小农户生产不等于小规模生产，只要为小农户提供完善的社会化服务，小农户也可以实现适度规模经营。我们要推动土地经营权有序流转，通过代耕代种、联耕联种、土地托管等多种方式扩大小农户的经营规模。

3. 提升小农户的组织化程度

我们要发挥集体经济组织对小农户的带动作用。我国家庭联产承包责任制是统分结合的双层经营体制，但当前大部分农村只强调"分"而忽视了"统"的功能。当初为了解决温饱问题重点强调"分"是必须的，如今为了推动适度规模经营、提高农业生产效率，也必须重新强调"统"的功能。我们要鼓励集体经济组织将农民重新组织起来，通过改善农业基础设施，为农户提供资料供应、技术咨询、市场销售等服务，增强小农户应对市场的能力。

4. 建立完善的农业社会化服务体系

规模经营包括土地的规模经营和服务的规模经营，受客观条件约束，我国无法达到美国那样的土地经营规模，但可以通过建立多元化的农业社会化服务体系，实现服务的规模效益。我们要鼓励经济合作组织、龙头企业、其他社会组织等积极参与，为小农户提供信息、生产、技术、销售等方面的服务，这样既方便了小农户，也降低了服务成本。

二、推进农业供给侧结构性改革

保障国家粮食安全、提高农产品供给质量是实现城乡融合发展的重要前提。当前我国农业的主要矛盾已经由总量不足转为结构性矛盾，面对农产品供求关系、国内国际市场环境、工农城乡关系等发生的新变化，为加快农业现代化步伐，推进"四化"同步以及城乡融合发展，亟待推进农业供给侧结构性改革，提高农业供给质量和竞争力。

（一）新时代我国农业发展面临的新特征

新时代我国农业发展也面临一些新特征，这些新特征主要表现为：

第一，在农业要素投入上，各要素价格的变化引起了农业投入结构的变化。其主要表现在劳动力价格的上涨导致劳动力投入降低，机械和资本投入增加。而农业劳动力价格上涨不仅与农忙时农业劳动力短缺有关，还与在劳动力市场一体化背景下，工商业劳动力价格高所导致的农业劳动力的机会成本上升有关。这就导致长期以来主要靠密集劳动力投入来提高单产的传统农业发展方式，向依靠科技、机械、资本等要素投入的现代农业发展方式转变。

第二，在农业经营主体上，由家庭经营为主向多种经营主体共同发展转变。21世纪以来，除了传统的小农户之外，还涌现了大批家庭农场、专业大户、农民合作社等新型农业经营主体，它们在发展农业适度规模经营、提高农业生产效率等方面发挥了重要作用。

第三，在农业生产目标上，由主要追求产量向追求产量和质量并重转变。随着收入水平和消费水平的提高，人们对农产品质量的要求也越来越高，绿色优质农产品越来越受到人们的欢迎。在人们需求发生变化的情况下，我国农业生产的目标也要由主要追求产量向追求产量与质量并重转变。

第四，在农业的功能定位和价值定位上，由粮食农业向多功能农业转变。城镇化发展到一定阶段，农业农村就会成为稀缺资源。2020年，我国城镇化率已经超过60%，个别地区还出现了逆城镇化现象，农业的生态功能、文化功能、旅游功能、文化教育功能凸显，人们不仅要求农业为其提供绿色优质农产品，还需要农业为其提供乡愁寄托、文化教育等精神文化产品，这种农业多种功能凸显的状况是城镇化发展到一定阶段的必然结果。

第五，在农产品需求上，人们对农产品结构和质量的需求发生了变化。从质量上看，随着消费水平的提高，人们对农产品质量的要求也越来越高，其中一个有力证明就是人们对食品安全问题的关注度越来越高。从结构上看，人们对直接粮食的消费减少，对肉、蛋、奶、蔬菜、水果的消费增加，这也反映了人们消费水平的提高。

以上农业发展的新特征对农业发展提出了新要求，但农业现代化仍是"四化"同步的"短腿"，农业转型发展仍面临重重困难。

（二）新时代我国农业转型发展面临的主要问题

新时代我国农业发展面临的矛盾集中表现为国内市场供需失衡，矛盾的主要方面在供给侧，即国内农产品生产难以满足市场需求，这就导致我国大量进口国外农产品，形成生产量、进口量、库存量"三量齐增"的奇怪局面和"洋货入市、国货入库"的尴尬局面。供需失衡主要表现在：一是数量失衡，即市场需求旺盛的农产品生产不足，而市场饱和的农产品生产过剩；二是质量失衡，即人们需要的绿色优质农产品少，难以满足人民消费结构升级的需要。这种供需失衡并不是哪些品种多了哪些品种少了的数量不均衡问题，而是农业整体效率低下和竞争力不强的问题。其背后反映了我国农业生产面临的多方面问题：

第一，国内外农产品价格倒挂，我国农产品竞争力不强。我国农产品供过于求并不都是因为生产过剩，有些是由于价格过高，部分农产品价格甚至高于国际农产品到岸完税价格。在开放的市场环境下，进口农产品大量挤压国内市场，国内农产品生产出来却卖不出去，被迫入库，形成了供给市场的相对过剩。而国内外农产品价格倒挂的原因在于成本倒挂。我国农业生产成本高，一是由我国资源禀赋所决定的。"人均一亩三分地、户均不过十亩田"，是我国许多地方农业的真实写照①。可见，我国农业经营规模属于超小规模，难以形成规模效益。二是由于农业生产成本尤其是土地和劳动力成本不断攀升。据统计，2004—2018 年，我国稻谷、小麦、玉米三大粮食每亩生产的人工成本由 141.26 元上升到 419.35 元，上升了197%；土地成本由 54.07 元上升到的 224.87 元，上升了316%②。劳动力和土地成本之所以出现如此大幅度上涨，是由于我国农业发展受到了"要素再定价"规律的制约。温铁军指出，"农业的基本生产要素（包括劳动力、土地等）现在已被其他产业定价了，不能再按照农业去定价，这就是现代农业的困境所在，农业产业化就失败在支付不起要素价格"③。可见，

---

① 习近平. 习近平谈治国理政：第三卷 [M]. 北京：外文出版社，2020：259.

② 根据 2005 年和 2019 年的《全国农产品成本收益资料汇编》相关数据整理而成。

③ 温铁军. 中国农业如何从困境中突围 [J]. 决策探索（下半月），2016（3）：13-14.

我国农业生产面临成本"地板"和价格"天花板"的双向挤压,农民增收面临严重压力。

第二,农业资源环境长期透支,农业资源环境约束日益紧张,传统农业发展方式难以持续。长期以来,为提高粮食产量,我国大量使用农药、化肥,据统计,2004—2017 年,全国化肥施用量从 4 636.6 万吨增长到 5 859.4 万吨,增长了 26%,其中复合肥从 1 204.4 万吨增长到 2 220.3 万吨,增长了 84.0%;钾肥从 467.3 万吨增长到 619.7 万吨,增长了 33%。农药使用量从 1 386 028 吨增长到 1 655 066 吨,增长了 19%[①]。这些大量使用的化肥农药也造成了农村土壤污染、水污染。

第三,农业政策受外部约束日益增强,传统农产品价格支持政策难以为继。2004 年以来,为了刺激农业生产,保障国家粮食安全,我国开始实行最低收购价和临时收储政策,这些政策在维护种粮农民收益方面起到了积极效果,但长期的"托市"政策也造成了一些问题:一是造成农产品供求关系失衡,即已经过剩的农产品还在生产,而市场需求旺盛的农产品则生产不足;二是扰乱了农产品市场价格形成机制,国内市场价格居高不下,严重高于国际市场价格,在开放的国际环境下,进口商品严重挤压国内市场;三是造成国家财政负担过重。在多重压力下,农产品价格支持政策已经到了不得不改的地步。自 2014 年起,国家开始按照"市场定价、价补分离"的思路,改革重要农产品价格形成机制和收储制度。这些改革措施也取得了明显的效果。以玉米为例,实行"价补分离"政策后,玉米价格由市场决定,长期居高不下的价格得以回落,有效抑制了国际进口;取消临时收储政策后,玉米种植面积和产量减少,去库存效果明显,也减轻了国家财政负担。但受路径依赖的影响,农业政策改革仍存在一些问题,改革还需进一步深化。

(三)新时代我国农业政策转型的基本方向

为解决以上农业发展面临的各种问题,我们必须推进农业供给侧结构性改革。当前我国推进农业供给侧结构性改革并非简单地调整农业种植结构,采取"头痛医头,脚痛医脚"的对策,而是要从根本上调整不适宜的农业政策。

农业发展的目标是多层面的,包括保障国家粮食安全、维护农业生态

---

① 根据 2004 年和 2017 年的《中国环境统计年鉴》相关数据整理而成。

平衡、促进农业可持续发展、增加农民收入、提高农产品的国际竞争力等。作为决策者，在制定农业发展政策时应该综合考虑这些因素。在现实生活中，决策者很难制定一项政策可以同时实现所有目标，而且在农业发展的不同阶段，主要目标不同，为了实现某一主要目标，不可避免地会牺牲其他次要目标。例如，温饱问题没有得到解决之前，农业政策主要围绕提高粮食产量展开，为了提高粮食产量不得不加大对化肥、农药的投入力度，这必然会损害农业生态环境，影响农业可持续发展的目标；为了刺激农民种粮的积极性，政府不断加大对农民的补贴力度，但同时也扰乱了市场机制，造成农产品竞争力不强的局面；为了维持农村稳定，在农村社会保障体系还不完善的情况下，土地不得不承担起就业与社会保障的双重功能，这也使得我国农业小规模经营的局面难以突破，影响了农业生产效率和竞争力的提高。进入新时代，我国农业生产的主要矛盾已经由总量不足转为结构性矛盾，这意味着保障国家粮食安全这一主要目标已经基本实现，农业政策也要适应这一变化趋势，由增产导向转向提高农产品质量和竞争力以及促进农业可持续发展的导向上来。

根据发达国家农业现代化发展的一般经验，一国工业化过程中农产品价格政策的变化，与一国工业化不同阶段的发展目标及发展水平紧密相关，并且呈现出一种规律性的变化①。具体来说，工业化第一阶段采取征收农业税的政策。工业化初期，工业企业弱小，工业产值较低，农业则是国民经济的主要产业。为了促进工业发展，各国通常会采取对农业征税的政策，通过抽取粮食剩余来支持工业发展。工业化第二阶段采取工农业平等发展的政策。这一时期，工业逐渐成为国民经济的主导部门，基本具备了自我积累的能力，对农业剩余的依赖度明显降低，而农业发展速度则较慢。为了促进农业发展，各国会改变之前的农业挤压政策，实行工农业平等发展的政策，促进工农协调发展。工业化第三阶段实行农业保护政策。这一时期，工业发展进一步壮大，不但不需要农业提供积累，而且具备了反哺农业的能力。与工业相比，农业则由于需求弹性较低、技术相对落后等发展滞后，形成工业与农业发展不平衡的局面。为了解决这一问题，国家通常会采取人为设定农产品价格，对农民进行补贴等方式来支持农业发展。工业化第四阶段则改革农业保护政策。上一阶段实行的农业价格保护

---

① 李澍. 工业化不同阶段的农产品的价格政策 [J]. 经济纵横, 1994（2）：35-39.

政策虽然维护了种粮农民的利益，但也扰乱了市场机制，降低了农业生产效率，同时也导致国家财政负担过重。为此，这一阶段就需要改革农业保护政策，将改变农产品价格的"黄箱"政策向加大对农业基础设施的建设力度和技术研发力度投入的"绿箱"政策转变。

根据发达国家农业转型的一般经验，未来我国农业政策要实现以下两方面转型：第一，从保障粮食数量安全转向稳定农业生产能力。"无农不稳，无粮则乱"的历史经验赋予了粮食安全问题在中国特殊的政治意义[①]。因此，历届中央政府都把粮食安全置于维护国家安全和社会稳定的高度，这是无可厚非也是必要的。问题的关键在于如何理解国家粮食安全，采取何种手段来保障国家粮食安全。确保国家粮食安全是否意味着我国每年都要生产足够多的粮食，是不是进口越少就意味着我国粮食越安全呢？事实上，粮食安全的关键不在于粮食数量本身，而在于粮食生产能力。与"实际生产了多少粮食相比"，"能够生产多少粮食"是一个更为重要的问题。因此，我们要实施"藏粮于地""藏粮于技"战略，不断提高粮食生产能力。第二，从提高粮食产量转向提高农业国际竞争力。长期以来，我们似乎只强调维护国家粮食安全这一目标而忽视了提高粮食国际竞争力这一目标。随着对外开放程度的加深，国内外农产品交换会越来越频繁，农业对外开放程度也必然会越来越深。因此，我们必须把粮食问题放在一个更加宏观的环境中考量。在开放的环境下，与提高农产品数量相比，提高农产品的质量和竞争力更为重要。例如，即使我国可以生产足够多的粮食来满足国内需求，但如果国际农产品价格更低、质量更优，国内农产品必然会被国际农产品挤压。若是不能改变这一趋势，我国农业产业必然会衰退。国际玉米对国内玉米的冲击就是一个典型案例，这也充分说明农产品的竞争力比农产品的数量更为重要。为此，我国农业政策必须向提高农业生产的竞争力方面转变。而为了提高农业竞争力，首先要降低农业生产成本。我国农业生产成本低的主要原因在于农业经营规模小，为此就要推进土地经营权有序流转，扩大农业经营规模。此外，还要探索农民退出"三权"的政策，并完善农业转移人口市民化的保障政策。其次要改变现有农业补贴体系和农产品价格支持政策，这是我国农业国际竞争力下降的直接原因。事实上，我国实行的"撒胡椒面"式的农业补贴政策在提高农民收

---

① 全世文，于晓华. 中国农业政策体系及其国际竞争力 [J]. 改革，2016 (1)：130-138.

入、缩小城乡居民收入差距上所起的作用是杯水车薪，反而增加了土地流转成本，不利于扩大规模经营。因此，我们必须改变现有的农业补贴政策。

三、建立乡村新产业新业态培育机制

实现城乡产业融合不仅要解决农业现代化相对滞后的问题，而且要解决农村产业空心化的问题。而要解决农村产业空心化的问题，就需要建立健全乡村新产业新业态培育机制，促进乡村产业兴旺。

（一）挖掘农业多种功能，培育乡村新产业

农业具有经济、社会、政治、生态、文化等多种功能。例如，在经济方面，农业可以为人类提供农产品，满足人类生存和发展的物质需求；在社会方面，农业具有提供就业岗位、增加居民收入的功能；在政治方面，农业具有维护国家粮食安全和社会稳定的作用；在生态方面，农业具有改善生态环境、维持生态平衡的功能；在文化方面，农业具有传承乡村文化、保护文化多样性等方面的功能。我们要充分利用农业在经济、文化、社会、生态等方面的功能，发展新产业新业态。一是构建农产品从生产到消费完整的产业链条。将农业生产与农产品的加工、包装、仓储、物流、销售等环节连接起来，全面打通"从田间到餐桌"的全产业链发展模式，形成高效完善的现代农业产业体系，这样既降低了农业经营成本，也延长了农业产业链条，增加农产品附加值，进而有利于实现农民增收。二是充分挖掘农业的多种功能，将农业与文化、旅游、教育、康养等产业深度融合，催生休闲农业、景观农业、创意农业、智慧农业、研学农业、康养农业等农业新产业新业态。例如，对于一些旅游资源丰富的村镇，要充分利用当地特有的自然资源以及历史文化资源，将它们打造成设施完善、功能齐全的休闲农业和乡村旅游示范区。需要注意的是，发展乡村旅游要处理好经济效益与生态效益、眼前利益与长远利益之间的关系。不能盲目追求经济利益而采取"涸泽而渔"的手段，影响乡村可持续发展。三是充分利用互联网、物联网、大数据等现代科学技术，创新农业交易模式，大力发展农村电子商务。这就需要加大财政对农村物流设施的投入力度，完善农村网络、信息、交通、仓储等基础设施建设，健全农村物流交通网络，实现农村移动网络全覆盖。

（二）优化农村产业空间布局

要科学规划乡村产业空间布局，合理划定粮食生产功能区、特色产业

发展区和现代农业示范区，统筹推进农业产业园、创业园等各类园区建设。一要保障耕地用地，统筹推进高标准农田建设，确保国家粮食安全。由于土地是有限的，发展乡村旅游会在一定程度上挤占粮食用地，因此我们要科学处理保障粮食用地和发展乡村新产业新业态之间的关系，在确保耕地数量不减少、耕地质量不降低的前提下，科学规划乡村旅游、休闲农业、创意农业、设施农业等产业的用地问题。二要推动现代农业产业园区建设。建设现代产业园是党中央、国务院做出的重大决策。建设现代产业园不仅有利于在一定区域范围内吸引和聚集现代生产要素及经营主体，延长农业产业链，提高区域农业产业发展的质量、效益和竞争力，而且可以促进农村三次产业融合发展，带动农民就近、就地就业和增收。我们要按照有利于生产要素集聚的原则，科学规划现代农业产业园区，合理布局休闲旅游、科技创新、农村电商等功能板块，形成各大产业相互促进、协调发展的局面。

（三）建立健全乡村产业发展的土地保障与土地使用监督机制

发展乡村新产业，首先要解决建设用地问题。一方面，要通过村庄整治、宅基地有偿退出等手段开展农村土地综合整治，盘活农村建设用地，加大乡村产业发展的用地供给力度。另一方面，为鼓励乡村新产业发展，要在保障耕地占补平衡的基础上，对农村偏远地区、产业基础较好的地区给予一定的政策倾斜，适当增加它们的建设用地指标，并在年度新增建设用地计划指标中安排一定比例专门支持农村新产业发展。其次要建立健全乡村土地使用监管机制，强化土地利用动态监管和风险防控。我们要明确监管主体，强化监管职责，加强对承租企业的主体资质、农业经营能力、经营项目等方面的资格审查；定期对企业经营项目进行监督管理，核查其经营活动是否符合土地利用规划、是否有损乡村生态环境、是否符合国家政策，防止它们打着发展乡村新产业的名义打"擦边球"，享受国家优惠政策，骗取资金补贴，损害农民利益，尤其要禁止其利用农村宅基地搞房地产开发、建设别墅大院和私人会馆。

第二节　建立健全乡村文化发展体制机制

城乡融合不仅体现在城乡产业发展、基础设施、公共服务等"物"的融合上，还体现在城乡文化这一"精神"融合上。推动城乡文化相互借鉴、互利共生、共同繁荣不仅是城乡融合发展的重要内容和题中之意，也是城乡融合发展的内在动力。因为文化作为一种更深层次、更持久的内在力量，会对城乡"物"的融合产生积极的推动作用。但在工业文明的冲击下，乡村文化发展正面临衰退危机，为此，我们必须建立健全乡村文化发展体制机制，推动乡村文化繁荣兴盛，维护好中华民族永续发展的根脉。

一、建立健全乡村文化保护机制

我国是一个有着悠久历史的农业大国，我国农民在长期的农业生产生活中形成了独具特色的乡村文化。乡村文化博大精深，影响深远，不仅是中华文化的重要组成部分，而且是中华文明的根与源，影响着一代又一代中国人。因此，我们要建立健全乡村文化保护机制，加强对乡村文化的传承与保护，推动乡村文化振兴，增强中华文化自信。

第一，划定乡村建设的历史文化保护线[①]。乡村建设要控制开发规模，实现乡村可持续发展。我国乡村文化的表现形式是多种多样的，不仅包括文物古迹、民间手工艺品、传统村落、传统建筑等有形载体，还包括民风民俗、民间传说、古谚语、传统节日、地方戏曲、民间禁忌等无形的表现形式。我们既要加强对有形载体的保护与维修工作，也要注重对无形载体的传承与保护工作，让人们"记得住乡愁"。

第二，建立健全乡村文化保护法律法规，为乡村文化传承与保护提供法律保障。考虑到各地在经济发展水平、风俗习惯、文化遗产、政府财力等方面存在较大差异，开展乡村文化保护工作也很难在短时间内形成统一的标准和规范，因此我们可以因地制宜，制定地方性法规，为各地开展乡村文化传承与保护工作提供基本依据。

第三，盘点、记录和保存乡村文化载体。我们要深入发掘我国乡村文

---

① 中共中央，国务院. 中共中央 国务院关于建立健全城乡融合发展体制机制和政策体系的意见 [M]. 北京：人民出版社，2019：11.

化资源，包括文物古迹、民间手工艺品、传统村落、传统建筑等物质形态遗存，民风民俗、民间传说、古谚语、传统节日、地方戏曲、民间禁忌等非物质文化遗存，以及各类乡村文化艺术传承人等；我们要充分利用现代信息技术对它们进行分门别类的盘点，并以文字、录音、录像等多媒体的形式记录下来，以便长期保存。

二、建立健全乡村文化产业发展体制机制

乡村文化振兴与乡村文化产业发展相辅相成，发展乡村文化产业是乡村文化振兴的重要举措，乡村文化振兴是乡村文化产业发展的重要目的。我们要大力发展乡村文化产业，以乡村丰富的历史文化资源为基础，发展具有地域特色和民族特点的文化产业。这不仅有利于优化乡村产业结构，拓宽农民增收渠道，而且有利于传承和保护乡村传统文化，增强人们对传统文化的认同感和自豪感。

2020 年以来，我国乡村文化产业发展已经取得显著成绩，但仍存在发展方式粗放、发展效益不好、发展质量不高等问题。为此，我们要创新乡村文化产业发展机制，改变乡村文化资源粗放式开发模式，实现文化产业发展由资源驱动向创新驱动转变。第一，要创新乡村文化产业发展的主体培育机制。我们要加强对文化产业发展的示范引导，吸引企业、社会组织等多元主体参与乡村文化产业建设，推动乡村文化繁荣。第二，我们要创新乡村文化产业发展的政府引导与激励机制。地方政府应以乡村振兴战略的实施为契机，制定本地乡村文化产业发展规划，加快完善乡村文化产业发展的配套支持政策，优化营商环境，帮助企业解决资金短缺、人才匮乏等难题，为乡村文化产业发展创造有利条件，促进乡村文化产业健康有序发展。

三、建立健全乡村文化人才培育与引进机制

实现乡村文化振兴，人才培养是关键。我们要建立健全乡村文化人才培养与引进机制，优化乡村文化人才发展环境，鼓励和引导社会各界人士广泛参与乡村文化建设，推动乡村文化振兴。

第一，挖掘现有乡土文化人才。乡村有很多传统艺人、能工巧匠、文化能人、非遗传承人等乡村本土文化人才，他们长期生活在乡村，了解、热爱乡村文化，是乡土文化的传承者和传播者。因此，我们要深入挖掘和

培养这些乡土文化人才，并为他们搭建展示和服务的平台，发挥他们在乡村文化振兴中的推动作用。

第二，建立健全乡村文化人才培育机制。一方面，我们要加强对新一代乡土人才的培育，增强新生力量对乡土文化的认同感与自豪感。我们可以通过以师带徒、举办培训班等方式培养新一代乡土人才，为乡村文化传承注入新鲜血液。另一方面，我们要培育一批高层次乡村文化研究、文化传承、文化创新等方面的人才，形成高层次领军人物的重要后备力量。

第三，健全乡村文化人才引进机制。我们要加快落实乡村文化人才引进优惠政策，吸引城市文化工作人员、文艺工作者、专家学者、大学生、志愿者、企业家等各界人士参与乡村文化建设，为乡村文化振兴提供人才保障。

四、建立健全乡村公共文化服务体系

完善的公共文化服务体系是实现乡村文化振兴的重要条件[①]。为保障人民基本的文化权益，满足人民日益增长的文化需求，我们必须建立健全乡村公共文化服务体系。

第一，完善乡村公共文化服务基础设施。公共文化服务基础设施是开展公共文化活动的平台，然而我国乡村公共文化服务基础设施建设一直存在短板，这不仅无法满足人民群众日益增长的多样化的文化需求，而且不利于乡村文化的传承和发展。因此，我们要加大财政对乡村公共文化基础设施建设的投入力度，为农民群众提供更多更好的农村公共文化产品和服务，让健康的公共文化生活充实农民群众的闲暇时间，丰富农民的精神文化生活。

第二，建立乡村居民文化需求反馈机制。从广义上讲，公共文化服务也是一种产品，既然是产品，就要符合人们的需求。我们要推动文化需求引导文化供给，建立居民文化需求征集机制，定期了解居民的文化需求，搜集群众关于文化发展的意见和建议，使乡村公共文化服务更加符合乡村居民的喜好。

第三，建立乡村文化活动有序开展的激励与保障机制，鼓励并支持各地开展丰富多彩的文化活动。其中，乡村文化活动要有效利用乡土文化资

---

① 陶晶. 乡村振兴视域下农村公共文化服务体系建设的路径选择 [J]. 农业经济，2010 (10)：30-32.

源，重内涵、重品质、重效果。我们要鼓励各地广泛开展农民乐于参与的群众性文化活动，将文化活动的主题、内容、形式等与乡村优秀传统文化结合起来，这既可以丰富农民的文化生活，又有利于保护和传承乡村传统文化。

五、建立健全乡村文化健康发展的引导与监督机制

政府不仅是农村公共文化产品的供给者，同时也是乡村文化健康发展的引导者和监督者。可以说，政府作为领航人，把握着乡村文化发展的大方向，引领乡村文化朝着积极健康的方向发展。

第一，政府要制定有利于乡村文化健康发展的政策法规，加强对乡村文化发展方向和质量的宏观调控，鼓励各地积极创作具有地方特色的乡村文化产品，使健康有益的、反映农村生产生活实际的文化产品在农村得到广泛传播，增强人们对乡村优秀文化的认同感和自豪感。

第二，政府要加大对乡村文化市场的监督与管理力度，规范乡村文化市场，创造积极健康、文明和谐的农村文化市场环境；要坚决打击各种不文明的文化产品和服务，抵制低俗文化的传播，对非法的文化市场经营行为采取必要的经济、行政和法律手段，保证乡村文化产品市场的纯洁性。

第三节　建立健全城乡生态环境保护体制机制

城乡融合发展要发挥城乡尤其是乡村在维持生态平衡方面的功能。为此，我们要打破城乡生态治理失衡格局，建立健全城乡融合发展的生态治理体系，构建城乡生态环境共建共治共享新格局，推动城乡生态环境质量同步提升。党的十九届四中全会强调，要推动国家治理体系和治理能力现代化。作为国家治理体系和治理能力现代化的重要组成部分，生态治理也必须依靠制度、依靠法治。为此，我们要建立健全城乡生态环境保护体制机制，让制度成为刚性的约束和不可触碰的高压线①，为改善城乡环境提供根本保障。

---

① 习近平. 习近平谈治国理政：第三卷 [M]. 北京：外文出版社，2020：363.

一、建立健全城乡生态保护领导体制

中国共产党的领导是中国特色社会主义最本质的特征和中国特色社会主义制度的最大优势，也是中国特色社会主义各项事业顺利前进的根本保证。新时代推进城乡融合发展要始终坚持党对城乡融合发展的绝对领导地位，确保党在推动城乡融合发展中始终总揽全局、协调各方，这是实现城乡融合发展的根本保障。具体到生态环境领域，我国生态文明建设正处于压力叠加、负重前行的关键期，为有效解决生态环境领域的突出难题，我们必须发挥中国共产党的领导核心作用，建立健全生态保护领导体制，为推进城乡绿色发展提供强有力的组织保障①。一要建立健全领导干部生态环境绩效考核评价机制。虽然中央一直强调生态文明建设的重要性，但部分地区仍然存在重经济发展轻环境保护、以牺牲生态环境为代价来谋求经济发展的问题。这与当前我国领导干部考核评价体系有关。为此，我们必须突出生态效应在干部考核评价体系中的位置，对生态环境保护立法执法情况、生态环境质量状况、公众对生态环境的满意程度、年度生态环境改善任务完成情况等内容开展考核。通过完善干部考核评价体系和奖惩机制，引导干部树立科学的政绩观，强化他们有关生态文明建设的政治意识，使其自觉担负起生态文明建设的政治责任。二要建立健全领导干部生态环境损害责任追究机制。责任能否落实是生态文明建设能否搞好的关键。建立健全生态环境保护责任追究机制，是从制度层面保障政府环境治理效果的有效手段。2015年，国务院出台的《党政领导干部生态环境损害责任追究办法》指出，地方各级党委和政府对本地区生态环境和资源保护负总责。因此，我们要加强对领导干部环境治理效果的考核评价，并把评价结果作为其奖惩任免的重要依据；对造成生态环境损害的责任者不仅要其赔偿损失，而且要依法追究刑事责任。

二、建立健全城乡绿色发展激励机制

我们要有效发挥价格、财税、金融等政策工具的引导作用，完善城乡绿色发展的激励政策，形成长期稳定的利益驱动机制，调节企业和个人的生产消费结构，引导他们自觉养成绿色生产和绿色消费的习惯。一是完善

---

① 刘燕. 坚持和完善党对生态文明建设领导制度的着力点与实践路径 [J]. 环境保护，2010 (19)：49-52.

绿色财税政策。我们要对资源消耗量大、环境污染严重的企业征收资源税、环境税；对生产绿色产品的企业适当减免税收，并给予一定财政补贴；对环境污染严重的产品征收一定的消费税①，如对不同排放量的汽车征收不同等级的消费税。二是完善绿色信贷政策。我们要将企业生产对环境的影响作为金融机构衡量企业信贷资质的重要标准。对生产绿色产品、坚持绿色循环低碳发展的企业给予更多的信贷支持；相反，对高污染、高能耗的企业设置信贷壁垒，从而达到调整企业生产结构、优化产业布局的目的。总而言之，绿色税收和绿色信贷政策是利用经济杠杆来影响企业和个人的生产消费行为，促使其参与环境改善，推进城乡绿色发展。

三、建立健全政府对城乡生态环境的监管体制

政府是生态环境监管的主体力量，在生态环境保护中发挥着监督和管理的职能。因此，我们要建立健全政府对生态环境的监管体制，推动生态环境监管的法律化和规范化。

一要充分发挥政府在生态文明建设中的管理职责。政府的管理职能主要表现在制定并完善相关政策和法律法规，包括生态补偿制度、生态修复制度、生态损害赔偿制度以及地方性环境保护法规等，以规范企业、组织、个人等各类主体的行为，使损害生态环境的组织或个人受到应有的处罚；同时，对改善生态环境的组织和个人也要做出相应的奖励。

二要建立健全生态环境保护政府督察体制。环境保护督察就是通过建立相对独立的环保督察机构，对各级政府和环保部门开展督查，对在督察过程中发现的违法违规行为予以监督和纠正。这一制度是我国生态环境治理的一大制度创新，是督促地方政府加强生态文明建设、及时解决关系民生环境问题的重要举措。值得一提的是，2016年以来，中央环保督察组对地方党委政府履行环境保护职责的情况进行督察，对各地领导干部形成了强大的政治压力，迫使其对环境违法行为进行大力整改，有利推动了各地的生态环境保护工作。未来，我们还要继续完善环境保护督察体制，推动环境保护督察向纵深发展。

---

① 熊文，刘纪显. 双重红利：我国环境保护税对企业绿色发展激励作用探讨［J］. 环境保护，2019（19）：51-54.

四、建立健全城乡环境治理的社会监督反馈机制

公众不仅是生态保护的受益人，也是生态保护的责任人。因此，我们要充分发挥公众在环境治理方面的监督作用。

第一，建立环境信息公开机制。发挥群众监督作用的前提是保障群众的知情权，即让群众了解和掌握全面的信息。在网络发达的信息社会，我们应当充分利用广播、电视、报纸、互联网等媒体，及时向公众发布环境保护的相关政策、环境测评情况等信息，让公众充分掌握相关信息以便形式监督权。

第二，拓宽公众监督渠道，建立公众监督反馈机制，保障公众监督的有效性。公众可以通过信函、电话、微信等多种渠道参与监督，向环保部门举报身边企业或个人存在的损害环境的违法行为。对于公众举报的内容，有关部门要秉持公开透明的原则，依法、及时、有效地进行处理，并向公众公开处理流程、处理结果等内容。

第三，建立公众环保监督的激励与保护机制。一方面，我们要建立公众环保监督激励机制，对积极举报的群众给予一定的奖励，调动人们参与环境治理的积极性；另一方面，我们也要建立公众环保监督的保护机制，建立完善的保护措施，保障举报者的安全。

第四，充分发挥新闻媒体的监督作用。电视、网络等新闻媒体具有广泛的传播力和社会影响力，是强有力的监督工具。因此，我们要充分利用这些工具对企业的生产经营行为以及相关环保部门的用权履责情况进行监督，对污染环境的企业以及不作为或乱作为的政府部门进行及时、准确的信息披露。相信在大众监督和舆论监督的巨大压力下，必然会约束违法违规企业以及相关负责人的行为，迫使他们遵守环境保护法律法规。

五、建立健全城乡生态保护补偿机制

生态环境作为一种公共物品，具有典型的外部性。因此，建立生态保护补偿机制是实现生态环境外部影响内部化的有效手段。尽管我国生态保护补偿机制建设已经取得了阶段性进展，在改善生态环境方面也发挥了重要作用，但仍存在生态保护补偿资金来源单一、补偿范围偏小、补偿标准偏低等问题，在一定程度上影响了生态环境保护措施的实施成效。未来，我们还要坚持"谁受益，谁补偿"的原则，建立健全生态保护补偿机制，

推动形成受益者付费、保护者得到合理补偿的局面。

完善生态保护补偿机制应该从以下三方面入手：第一，建立常态化、稳定化的财政资金投入保障机制。政府是推进生态文明建设的主导力量，持续稳定的财政投入是改善生态环境的基本保障。我国生态文明建设正处于压力叠加、负重前行的关键时期，我们要在稳定财政投入的基础上，逐渐加大财政对环境治理的资金投入力度，要对重点生态功能区、农产品主产区、困难地区提供有效转移支付①。第二，建立市场化多元主体投资机制。想要解决生态环境问题，光靠政府投资是不够的，必须拓宽投融资渠道。为此，我们既要引导金融机构为生态环境治理提供资金支持，也要调动社会资本参与环境治理和生态保护的积极性，建立全方位、多元化投资机制。第三，创新生态保护补偿方式。生态保护补偿方式主要以资金补偿为主，但实际上除了资金补偿之外，受益地区还可以采取产业转移、人才支持、对口协作、共建产业园区等方式对保护地区提供补偿。

第四节　本章小结

本章提出了建立健全城乡功能互补耦合体制机制的对策建议。推动城乡融合发展不仅要促进城乡要素双向流动和公共资源均衡配置，而且要发挥城市与乡村各自不可替代的功能，促进城乡各司其职、功能互补、共生共荣。具体来说，城乡功能互补体现在生产功能、生态功能、文化功能等方面。其中，生产功能体现为城乡产业发展融合化，即不仅要提高农业现代化水平，提高农产品供给质量和效率，确保国家粮食安全，而且要挖掘农业多种功能，发展乡村新产业新业态；生态功能体现为发挥乡村的生态涵养功能，维持生态平衡，提供生态产品，满足人民日益增长的美好生态环境需要；文化功能体现为发挥乡村在传承中华优秀传统文化方面的功能，维护好中华民族永续发展的根脉。

为此，我们一要建立健全城乡产业融合发展体制机制，包括促进小农户与现代农业发展有机衔接；推进农业供给侧结构性改革；建立健全乡村新产业新业态培育机制。二要建立健全乡村文化发展体制机制，包括建立

---

① 习近平. 习近平谈治国理政：第三卷［M］. 北京：外文出版社，2020：273.

健全乡村文化保护机制；建立健全乡村文化产业发展体制机制；建立健全乡村文化人才培育与引进机制；建立健全乡村公共文化服务体系；建立健全乡村文化健康发展的引导与监督机制等。三要建立健全城乡生态环境保护体制机制，构建城乡生态环境共建共治共享新格局，推动城乡生态环境质量同步提升，包括建立健全生态保护领导体制，为城乡绿色发展提供强有力的组织保障；充分发挥价格、财税、金融等政策工具的引导作用，完善城乡绿色发展的激励政策，形成长期稳定的利益驱动机制；建立健全政府对城乡生态环境的监管体制，完善相关政策和法律法规，规范企业、组织、个人等各类主体的行为；拓宽公众监督渠道，建立公众监督反馈机制，保障公众监督的有效性；建立健全生态保护补偿机制，拓宽补偿资金来源，提高生态补偿标准等。

第八章 建立健全城乡公共资源均衡配置体制机制

　　推动城乡公共资源均衡配置是消除城乡二元结构、推动城乡融合发展的客观要求，也是贯彻共享发展理念，实现社会公平正义的必然选择。长期以来，受城乡二元体制机制的影响，我国在公共资源配置上存在"重城市、轻农村"的倾向，导致城市的基础设施建设水平和基本公共服务水平都高于农村。为推动城乡融合发展，我们必须改变现有城乡有别的公共资源配置制度，建立健全城乡基础设施一体化发展的体制机制和城乡基本公共服务普惠共享的体制机制，推动城乡公共资源均衡配置，让城乡居民共享现代化成果。

第一节　建立健全城乡基础设施一体化发展体制机制

　　城乡基础设施一体化是城乡融合发展的物质保障和硬件支撑。从发达国家城乡融合发展的经验来看，基础设施是城乡交流的桥梁和纽带，完善城乡基础设施可以打破城乡之间的界限，促进城乡交流，实现城乡互通互融①。可以说，城乡基础设施一体化是推动城乡融合发展直接有效的举措。我国城乡基础设施差距大已经成为城乡发展不平衡最直观的表现，这与我国基础设施规划、建设与管护机制有关。改革开放以来，我国城市基础设施与乡村基础设施的前期规划和后期管理、养护都是分开的。城市基础设

---

　　① 梅德平，洪霞.城乡发展一体化中的公共基础设施投融资问题研究［J］.福建论坛·人文社会科学版，2014（11）：24-29.

施在建设之前有一套科学的规划体系，后期管护资金也较为充足，而乡村基础设施建设与管护资金缺乏，维护机制不完善，从而导致长期以来乡村基础设施建设一直滞后于城市。为此，我们必须建立健全城乡基础设施一体化规划、建设与管护机制。

一、建立健全城乡基础设施一体化规划机制

合理布局，规划先行。城乡基础设施建设规划是进行城乡基础设施建设的纲领，是基础设施一体化发展的前提。可以说，规划科学合理与否，直接关系到基础设施建设成果的好坏①。

过去我们在编制城乡基础设施建设规划的过程中，常常将城市与乡村分开，缺乏对城乡基础设施一体化发展的系统性规划，这也形成了城乡基础设施布局不合理、分散投资、分散建设、利用效率低下等问题。如今，城乡之间物质、信息、人才、资金等交流越来越频繁，城乡之间的联系也越来越紧密，这使得基础设施资源可以在一定的区域范围内达到一定程度上的共享。这就要求城乡基础设施规划必须摆脱各自为政的局部思维，从区域统筹发展的角度出发，制定城乡基础设施一体化规划机制，对该区域范围内的基础设施进行统一整合与筹划，实现基础设施在更大范围内的合理配置与资源共享。

具体到实践层面，推进城乡基础设施规划一体化既要编制总体规划，也要编制专项规划。第一，科学编制城乡基础设施一体化总体规划。城乡基础设施建设是一项综合性、系统性工程，涉及道路、供水、供电、交通、环保等方方面面。编制城乡基础设施一体化总体规划，就是要打破过去城市一套规划、农村一套规划的思路，从宏观层面出发，将某一区域范围内的各类基础设施作为一个整体，根据该地区经济发展水平、地理位置、产业结构、生产生活习惯等因素，合理布局交通、能源、环保、供水、通信、垃圾处理等基础设施，实现各类基础设施全面覆盖、相互衔接、普惠共享。第二，系统编制城乡基础设施一体化专项规划。推进城乡基础设施一体化除了要编制城乡基础设施总体规划外，还要根据基础设施的不同性质，编制城乡基础设施一体化专项规划，如供水系统规划、供电系统规划、排水系统规划、道路交通系统规划、防洪系统规划、环境卫生

---

① 邵诗杰.普洱市城乡基础设施一体化建设研究 [D].昆明：云南大学，2018：62.

系统规划等。编制城乡基础设施专项规划要从各地的经济发展水平、人口规模、生态环境等条件出发，因地制宜地规划基础设施的种类、样式、规格、技术指标等，确保各类专项规划定位清晰、功能互补、有机衔接。

二、建立健全城乡基础设施一体化建设机制

一般而言，基础设施尤其是公益性基础设施属于公共产品或准公共产品，具有正外部性。根据公共产品理论，这类物品应该由政府提供。此外，由于基础设施建设具有资金投入量大、资金沉淀周期长、投资短期回报率低等特点，私人资本投资积极性较弱，因此政府在基础设施建设中发挥着主导性作用。但考虑到政府财力有限，单靠政府的力量是无法满足社会需求的，因此必须将政府、企业、个人的力量结合起来，构建多元化的基础设施投融资格局。

具体来说，要按照公益性和经营性的性质对基础设施进行区分，采取不同的投资建设方法。对于关系国计民生、社会效益大的公益性基础设施，应发挥政府投资的主导性作用；对于经营性基础设施，则可以按照"谁投资、谁建设、谁受益、谁管理"的原则，引入公平竞争机制，吸引社会组织、企业、个人参与进来，形成多渠道、多元化投资体系，尤其要引导和鼓励社会资本参与农村基础设施建设，政府则在其中发挥监督和引导的作用，保障公众和投资者的利益。这既弥补了政府供给不足及供给效率较低的问题，也有利于提高供给水平，满足人们多元化、差异化的需求。

三、建立健全城乡基础设施一体化管护机制

我国基础设施不仅存在"重建设、轻管护"的问题，而且存在城乡基础设施管护不平等的问题。城市基础设施有一套科学完善的管护方式，有较为充足的管护资金以及专业化的技术人员，延长了城市基础设施的使用寿命，也提高了城市基础设施的利用效率。而农村由于基础设施布局分散，管护成本较高，缺乏充足的管护资金和专业化的管护队伍等因素，使得一些原本可以继续使用的基础设施没有及时补救就报废了。此外，我国农村基础设施主要由政府投资建设，政府既是投资者又是管理者，管理效率相对低下，管理方式也以实物管理和设备管理为主，缺乏必要的资产经营管理，甚至对一些经营性基础设施也是无偿提供，具有较强的社会福利

属性，这就导致"公地悲剧"的发生，即人人都尽可能多地去使用基础设施而不管怎样去维护，形成了"越是无偿供给，越是供给不足"的恶性循环。

为此，我们必须引入市场机制，建立与市场经济相适应的基础设施管护机制。这就需要明确乡村基础设施产权归属，由产权所有者建立管护制度，落实管护责任①。其中，对公益性基础设施而言，要坚持为社会服务的宗旨，采取无偿服务或低价服务的方式，将其管护成本和运营成本纳入一般公共财政预算，但要注意树立成本意识，讲究责、权、利相统一，提高经济效益和供给效率。同时，对承担了基础设施建设运营的事业单位，也要对其进行市场化改革，按照企业化的模式来运行。对经营性基础设施而言，要鼓励社会资本参与投资建设，建立现代企业制度，按照企业自主经营、自负盈亏的方式进行管理。例如，我们可以将农村的各类小型基础设施改建成股份合作经济的形式，按企业化原则经营，对公众提供服务并收取一定的服务费。

第二节　建立健全城乡基本公共服务普惠共享体制机制

基本公共服务是政府为全体社会成员提供的、与经济社会发展水平相适应的、能够体现公平正义原则的大致均等的公共产品和服务，是人们生存和发展最基本的条件②。当前，我国城乡基本公共服务仍呈现出明显的二元特征，城市基本公共服务水平较高，农村基本公共服务虽然实现了"从无到有—从有到好"的转变，但还未实现"从好到更好"的转变。为此，我们要建立健全城乡基本公共服务普惠共享的体制机制，补齐农村在基本公共服务方面的短板，这不仅是推进城乡融合发展的重要内容，也是改善民生、贯彻共享发展理念的必然要求。

一、建立健全城乡教育资源均衡配置机制

教育公平是社会公平的重要基础。建立健全城乡教育资源均衡配置机

---

① 中共中央，国务院. 中共中央 国务院关于建立健全城乡融合发展体制机制和政策体系的意见 [M]. 北京：人民出版社，2019：15.

② 何宇. 促进城乡公共服务一体化 [N]. 人民日报，2013-07-02 (007).

制、推动教育资源向农村地区尤其是农村偏远地区倾斜是推动社会公平正义的重要举措。我们要坚持教育公益性原则，把教育公平作为国家基本教育政策，大力推进教育体制改革创新①。

（一）建立城乡一体的义务教育经费保障机制

一方面，为适应新型城镇化发展和户籍制度改革的要求，要完善城乡统一的义务教育经费保障机制，继续对所有义务教育学生实行"两免一补"政策，统一城乡义务教育学生生均公用经费基准定额，实现"两免一补"和经费随学生流动可携带，即钱随人走，保障进城务工人员随迁子女的权益。另一方面，要完善义务教育转移支付制度，改变过去在资金投入上"重城市、轻农村"的做法，加大对农村尤其是农村偏远地区的教育经费投入力度，确保义务教育经费投入在城乡之间得到均衡配置，以促进教育公平，实现社会公正。

（二）建立城乡教师交流轮岗机制

我们要推进义务教育教师队伍"县管校聘"管理体制改革，为城乡教师交流轮岗提供制度保障；采取定期交流、跨校竞聘、学校联盟、对口支援等多种方式引导城乡教师双向流动，如鼓励城市中小学与乡村中小学建立教育联盟，引导城市优秀教师以支教、交流、送教下乡等形式到乡村学校进行传帮带，选派优秀校长到乡村学校进行指导，选派乡村教师到城镇学校跟岗学习，鼓励骨干教师、学科带头人、省特级教师到农村学校支教。

（三）建立健全乡村教师补充机制

我们要鼓励省级政府建立统筹规划、统一选拔的乡村教师补充机制②。一要推动所有农村义务教育阶段新进教师由省招统派，并对他们进行统一管理。二要扩大农村教师"特岗计划"规模，提高特岗教师的工资水平和福利水平，使他们能够在农村待得住、待得久、不愿走。三要建立高校毕业生到乡村任教的奖励机制。根据服务年限的长短对到乡村支教的毕业生给予相应的补偿，如在校期间申请助学贷款还未还清的可以减免贷款，"以奖代偿"。四要建立健全激励机制，鼓励城镇退休的特级教师、高级教师到乡村支教讲学。

---

① 习近平. 习近平谈治国理政：第三卷［M］. 北京：外文出版社，2020：348.

② 中共中央，国务院. 中共中央 国务院关于建立健全城乡融合发展体制机制和政策体系的意见［M］. 北京：人民出版社，2019：10.

（四）建立健全教育信息化发展机制

我们要充分利用互联网跨时空的优势，通过网络教育方式引进优质教育资源，解决乡村学校特别是偏远乡村学校教育资源短缺问题，促进优质教育资源共享，提高教育资源利用率。为此，我们要加快乡村网络基础设施建设，提升乡村学校信息化水平，同时实施乡村教师信息技术提升工程，全面提高乡村教师运用信息技术的能力。

二、深化医疗卫生体制改革

深化医疗卫生体制改革，健全乡村医疗卫生服务体系，对于坚持公共医疗卫生的公益性、保障全民健康具有重要意义。

（一）建立城乡医疗卫生资源均衡配置机制

建立城乡医疗卫生资源均衡配置机制是扭转我国大型医院超负荷运转与基层医疗卫生服务资源利用不足并存的"倒金字塔"式医疗卫生服务体系结构的有效举措。第一，统筹规划城乡医疗卫生资源。为实现城乡医疗卫生资源均衡配置，要打破当前我国医疗卫生资源配置不均衡的格局，重新对城乡医疗卫生资源进行统一规划布局，推动城市医疗卫生资源向农村延伸，政策向农村倾斜，实现城乡医疗卫生服务一体化。第二，建立健全城乡医疗卫生机构统一管理体制，在人才培养、资金保障、人员编制等方面实现一体化管理。例如，创新医护人员人事管理体制，放宽单位编制限制，实现医护人员的自由流动以及人才资源的最大化利用；完善医疗卫生事业的经费保障机制，加大对农村地区医疗卫生的资金投入力度，完善乡村卫生服务体系。

（二）建立县域医共体

建立县域医共体是合理配置医疗资源、提升基层医疗卫生服务能力；建立分级诊疗制度、推动病人合理分流；缓解"看病难"问题、形成科学合理就医新秩序的重要手段[1]。2015年以来，安徽、山西、浙江等地对县域医共体进行了积极探索，取得了一定成效，同时也积累了一些经验。未来，推动建立县域医共体应从两个方面着手：第一，建立城市大医院与县医院的对口帮扶机制。鼓励城市三甲医院通过人才培养、技术支持、服务衔接等方式与县医院开展医疗合作，推动城市优质医疗资源向基层辐射。

---

① 郁建兴，涂怡欣，吴超. 探索整合型医疗卫生服务体系的中国方案：基于安徽、山西与浙江县域医共体的调查 [J]. 治理研究，2020（1）：5-15.

例如，鼓励城市优秀医师到基层医疗卫生机构定期出诊、巡诊，对超出县级医院服务能力的危急重症患者进行治疗；邀请城市三甲医院的专家定期到县级医院进行传帮带，提高基层医护人员的水平。第二，县级医院主动对乡镇卫生院进行技术、设备、人员的全方面帮扶，提高乡镇卫生院的就诊率和服务水平。

（三）建立分级诊疗制度

建立分级诊疗制度是深化医药卫生体制改革的重中之重以及建立中国特色基本医疗卫生制度的重要内容，在合理配置医疗资源、提高医疗服务效率、促进我国医疗卫生事业健康长远发展等方面发挥着重要作用。分级诊疗制度的顺利实行需要相关体制机制作保障：一是加强基层医疗卫生人才队伍建设，提高基层卫生服务能力。为此，既要创造条件让基层医生到上级医院进修学习，也要通过优惠政策吸引城市优秀医生向基层流动。二是通过经济杠杆引导病人合理分流。例如，对不同级别的医院实行不同程度的医保报销比例，提高基层医疗卫生机构的医保报销比例，促使患者更倾向于在基层医疗机构就诊。

（四）建立医疗卫生网络化服务运行机制

在网络信息时代，信息技术可以突破时空限制，使资源共享成为可能。我们要充分利用互联网、大数据在医疗卫生服务中的巨大作用，提高医疗服务效率。第一，建立健全全国人口健康信息数据，对全国人口健康信息数据进行有效整合和动态监测，并努力实现信息跨区域共享，这样不仅可以为国家健康管理决策提供支撑和依据，而且有利于方便居民随时查询健康档案，掌握自身健康状况。第二，加快建设远程医疗系统，构建"互联网+健康医疗"服务新模式，提高医疗服务的可及性。这就要求为居民提供网上咨询、网上预约、网上查询检查结果、网上支付、随访跟踪等服务，并鼓励城市三甲医院向基层医院提供远程会诊、远程病理诊断、远程心电图诊断等服务，扩大优质医疗资源的服务范围，让更多的居民享受到优质、便捷、高效、均等的医疗服务，缓解"看病难、看病贵"问题。

三、完善城乡统一的社会保险制度

社会保险是社会保障体系的核心内容，是维护社会稳定、保障人民基本权益的内在要求。因此，我们要完善城乡居民基本医疗保险制度、大病保险制度和基本养老保险制度。

（一）完善统一的城乡居民基本医疗保险制度

我国城乡居民基本医疗保险是将城镇居民医保和新型农村合作医疗整合后建立的统一的城乡居民医保。与过去相比，整合后的城乡居民医保在保障范围、补偿标准、统筹层次等方面都有了较大提高，但仍存在一些不足。未来，完善城乡居民基本医疗保险制度应从以下三方面着手：

第一，进一步整合医疗保险。在全面落实城乡居民医保整合的基础上，进一步整合城乡居民医疗保险与城镇职工医疗保险，推动城职保、城居保和新型农村合作医疗"三保合一"。这样不仅可以有效解决长期以来部分居民重复参保的问题，而且可以解决医保两套政策、两套机构"各自为政"的难题。

第二，理顺医疗保险筹资机制，这是实现医疗保险可持续发展的重要保证。为解决当前财政负担过重的问题，就要合理划分政府与个人的筹资责任，调整居民个人与财政的筹资比例，适当提升个人缴费比例，以保证医保政策的可持续运行。

第三，提高基本医疗保险统筹层次。我国大多数地区的城乡居民医保已经实现了地市级统筹，此外，宁夏、青海等省份实现了省级统筹。未来，我们还要继续加大统筹力度，在确保地市级统筹的基础上，鼓励有条件的省份从自身经济发展水平、医疗消费水平等因素出发，积极推进省级统筹，促进人口流动，增强社会公平。

（二）完善城乡居民大病保险制度

大病保险是缓解"因病致贫、因病返贫"问题、维护人民健康权益、实现社会公平正义的重要举措[①]。2018 年以来，我国大病保险在受益人群、保障水平、减贫效应等方面都有了很大提高，但仍存在统筹层次较低、资金来源单一、政策设计有待完善等问题，未来仍需进一步完善大病保险制度。

1. 建立健全大病保险多渠道筹资机制

我国的大病保险制度是一项普惠性的制度，是基本医疗保险的补充和延伸。其资金来源不是政府额外的财政预算，而是由政府从现有的基本医保基金里拿出一小部分来为居民缴纳大病保险，这种单一的筹资渠道也限制了大病保险的保障水平。为此，我们必须扩大筹资渠道，建立企业、社

---

① 仇雨临，冉晓醒. 大病保险创新发展研究：实践总结与理论思考 [J]. 江淮论坛，2019 (6)：156-162.

会组织、个人、政府等多主体参与机制。一是政府要提供长期稳定的资金支持；二是要发挥工会、慈善机构等社会组织的力量，鼓励它们募捐一定的资金；三是根据参保人的收入水平制定相应的缴费标准，对相对贫困人口给予一定的政策倾斜。

2. 建立健全大病保险差异化补偿机制

对不同收入水平的家庭而言，其应对重大疾病的能力是不同的。在资金有限的情况下，对所有家庭实行统一的补偿标准可能会降低真正需要者的保障水平。为此，我们应该进一步明确大病保险的发展导向，准确定位大病保险的保障人群，重点瞄准相对贫困人口、患重大疾病者等群体，在条件允许的情况下，可以根据不同参保家庭的经济水平，对其抵御重大疾病的能力进行评估并分档，然后根据不同的档位标准制定不同等级的起付线，实施差异化的"二次补偿"标准，提高资源配置效率，强化大病保险化解灾难性医疗支出风险的功能。

3. 建立健全大病保险信息共享机制

大病保险涉及政府、保险机构、医疗服务机构等多个主体，存在大量数据和信息，但由于各个主体相对独立，缺乏有效的信息沟通媒介，各个部门之间数据共享与信息对接存在一定困难，这就产生了一些过度医疗、重复检查等浪费医疗资源的现象，降低了资源配置效率。为此，我们要推动建立大病保险信息共享机制，有效整合医疗保险信息资源，建立统一的信息共享平台，促进资源共享与信息交换。

（三）完善城乡居民基本养老保险制度

随着时间的推移以及社会的进步，新型农村合作医疗在制度设计上有了重大突破，但仍存在保障水平偏低、待遇确定和正常调整机制不健全、缴费激励约束机制不强等问题。考虑到人口老龄化是一个较为长期的过程，不可能一朝一夕得到改变。在家庭养老与土地养老功能逐渐弱化的背景下，为积极应对人口老龄化的长期性，我们必须保持长远的战略眼光，加大养老保障制度的改革力度。

1. 完善城乡居民基本养老保险待遇确定机制

城乡居民基本养老保险待遇主要由两部分构成：其一是基础养老金，由中央和地方支付。中央应根据国家财力确定基础养老金的最低标准；地方则根据当地经济发展水平、物价水平等因素，在保障中央确定的最低标准的前提下适当提高基础养老金标准。其二是个人账户养老金，由个人支付。我们要引导符合条件的城乡居民尽早参保，并根据个人经济实力尽可能选择较高档次的缴费标准，以提高养老待遇水平。

2. 建立健全全民参保缴费激励机制

我国城乡居民基本养老保险参保率虽然已经超过90%，但参保的缴费档次偏低，尤其是农村居民，普遍选择100元的最低档缴费标准。为此，我们要建立健全居民参保激励机制，鼓励长缴多得和多缴多得，如对选择较高档次缴费的人员可适当增加缴费补贴，通过政策激励增强农民的参保意愿，引导城乡居民选择高档次标准缴费。

3. 建立健全基础养老金稳步增长机制

我国建立城乡居民基本养老保险制度的基本目标是保障老年人的基本生活，防止他们陷入贫困。一般而言，随着生产力水平的提高，人们的收入水平会不断提高，同时，物价指数也在不断上涨，相应地，养老金标准也要随之提高。基础养老金待遇调整的最低要求是与物价上涨水平相当，否则，就无法保障老年人的基本生活。除了物价水平之外，基础养老金的调整还要考虑对城乡居民缴费的激励性、财政可承受能力、基金的可持续性、地方经济发展水平、生活成本等因素①，条件允许的地方要在保障老年人基本生活的前提下适当提高养老金标准，让人们分享经济发展成果，维护社会公平正义。

四、统筹城乡社会救助体系

社会救助是社会保障体系最基本、最悠久的制度安排，也是免除国民生存危机、维护社会底线公正、促进国家长治久安的国家治理机制②。

（一）建立城乡一体的社会救助制度

我国社会救助长期处于城乡分割的状态，即城市社会救助与农村社会救助独立运行，各行其是。虽然《社会救助暂行办法》在制度层面上打破了城乡分割，但实际效果并不明显，我国社会救助在很大程度上仍然处于城乡分割态势，这难以适应当前我国人口大规模流动的现实。

为此，我们要构建城乡一体的社会救助体系，在救助项目、救助标

---

① 李运华，叶璐. 城乡居民基本养老保险待遇调整方案的待遇与选择 [J]. 华南农业大学学报（社会科学版），2015（4）：114-123.

② 郑功成. 中国社会救助制度的合理定位与改革取向 [J]. 国家行政学院学报，2015（4）：17-22.

准、救助管理体制等方面实现城乡一体化，让全体人民不再受户籍限制，可以平等地享有社会救助的权利①。当前最主要的是实现城乡最低生活保障一体化。当然，推进城乡最低生活保障制度一体化并不是要消灭城乡最低生活保障标准的差异性，制定统一的城乡最低生活保障标准，因为城乡居民在生活成本上存在客观差异，农民通过种地、发展庭院经济等方式大大降低了其日常开销，因此农村居民的生活成本要低于城市居民，这是不能否认的客观事实。推进城乡社会保障一体化是要改变以户籍划分最低生活保障的做法，将城市最低生活保障制度与农村最低生活保障制度合并在一起，使它们在同一个体系下运转，这样就可以把流动人口纳入最低生活保障范围内，填补最低生活保障的"真空地带"。同时，在允许城乡居民在最低生活保障待遇上存在一定差异的前提下，综合考虑城乡经济发展差异、生活成本差异、居民收入差异等因素，将城乡最低生活保障标准差异控制在合理的范围之内，使得人们不论生活在城市还是农村，都能获得保障其基本生活所需的资金救助。

（二）建立社会救助标准动态调整机制

贫困不是绝对的而是相对的。随着经济社会的发展，人们生活水平不断提高，物价水平也会相应上涨，这就决定了社会救助的标准也不能一成不变，而应该根据物价水平和经济发展水平的变化及时主动地调整，以保障相对贫困人口的基本生活。具体而言，在制定社会救助标准时应综合考虑地区经济发展水平、物价水平、消费水平、恩格尔系数、政府财政状况等因素，确定科学合理的社会救助标准。

（三）建立社会救助多元主体供给机制

社会救助是一项综合性、系统性工程，需要大量的资金投入，单靠政府的力量是远远不够的，必须充分发挥政府、企业、社会组织的力量和优势，构建多元主体供给机制，以保证社会救助工作的长期稳定运行②。首先，坚持政府主导，加强财政投入。政府是社会救助的主要责任主体。政府要建立社会救助资金及时拨付机制，确保救助金及时足额发放；对于相对贫困地区而言，考虑到地方政府财力有限，中央政府要加大其转移支付

---

① 谢勇才. 中国社会救助70年：从数量扩张走向质量提升 [J]. 社会保障研究, 2019 (6)：44-54.

② 孙月蓉. 农村贫困人口社会救助体系研究：以山西省为例 [J]. 经济研究参考, 2016 (39)：43-47.

力度，确保该地区社会救助有效运行。其次，政府是社会救助的主要责任主体但不是唯一责任主体，要充分发挥社会组织、社区、企业等社会力量，构建政府主导与多方分责的社会救助责任体系。而在我国，有大量的慈善基金组织、公益组织等社会力量，它们热衷于公益事业，在社会救助中发挥着重要作用，政府应该从政策制度层面为社会组织参与救助提供有力支持，积极引导社会各方力量参与到社会救助中来，拓宽社会救助资金来源，提高社会救助水平。

（四）建立科学的社会救助准入与退出机制

社会救助的基本原则之一是应保尽保，即每一位陷入生存危机的社会成员都可以申请社会救助。但由于资源是有限的，人们的生存状况也是不断变化的，要实现应保尽保，就要让那些新陷入生存困境的人及时得到救助，而那些已经摆脱生存困境的人也要及时退出社会救助。当前我国社会救助的准入与退出机制还不完善，社会救助资源与各群体之间发生了一定程度的错位，甚至还有人对社会救助产生了依赖心理，丧失了自力更生的动力，造成了社会救助资源的浪费，也影响了社会救助功能的有效发挥①。为此，我们就必须建立科学的社会救助准入与退出机制；充分利用互联网、大数据等新技术，建立科学合理的居民经济状况核对平台，将各个部门掌握的受助者的职业、身体状况、财产状况等信息全部纳入核对平台，有效整合各类数据，实现资源数据的共享。此外，我们还要定期对受助者的各类信息进行及时更新与核查，精准识别合格和不合格的被救助对象，将有限的资源用到最需要的地方，确保应保尽保。

第三节　本章小结

本章提出了建立健全城乡公共资源均衡配置体制机制的对策建议。

城乡公共资源均衡配置是消除城乡二元结构、推动城乡融合发展的客观要求，也是贯彻共享发展理念、实现社会公平正义的必然选择。长期以来，受城乡二元体制机制的制约，我国在公共资源配置上存在"重城市、轻农村"的倾向，导致城市的基础设施建设水平和基本公共服务水平都高

---

① 谢勇才. 中国社会救助70年：从数量扩张走向质量提升 [J]. 社会保障研究, 2019 (6)：44-54.

于农村。我国城乡基础设施差距大已经成为城乡发展不平衡最直观的表现，城乡基本公共服务水平不平衡已经成为城乡发展不平衡最突出的表现。为推动城乡融合发展，我们必须改变现有城乡有别的公共资源配置制度，建立健全城乡基础设施一体化发展的体制机制和城乡基本公共服务普惠共享的体制机制，让城乡居民共享改革发展成果。

首先，要建立健全城乡基础设施一体化发展的体制机制，发挥基础设施在城乡要素流动中的桥梁和纽带作用。一要建立健全城乡基础设施一体化规划机制；二要建立健全城乡基础设施一体化建设机制，按照公益性和经营性的性质对基础设施进行区分，采取不同的投资建设方法；三要建立健全城乡基础设施一体化管护机制。

其次，建立健全城乡基本公共服务普惠共享的体制机制，补齐农村在基本公共服务方面的短板，促进社会公平正义。一要建立健全城乡教育资源均衡配置机制，推动教育资源向农村地区尤其是农村偏远地区倾斜；二要深化医疗卫生体制改革，健全乡村医疗卫生服务体系，保障全民健康；三要完善城乡居民基本医疗保险制度、大病保险制度和基本养老保险制度；四要统筹城乡社会救助体系，免除国民生存危机、维护社会底线公正。

第九章　结束语

城乡关系是现代化进程中必须处理好的重大基本关系，从某种程度上说，国家现代化的过程也就是城乡关系不断调整和优化的过程。因此，在现代化进程中，如何处理好工农关系、城乡关系，在一定程度上决定着现代化的成败。

新中国成立以来，围绕实现现代化这一主题，如何处理好工农关系、城乡关系这一主线，我国开始了人类历史上前所未有过的一项伟大实践，即如何在一个人口庞大的社会主义发展中国家，将广大农村和亿万农民纳入国家建设进程，同步实现现代化和共同富裕。这是一项史无前例、意义重大的伟大实践，没有任何成功的经验可以直接借鉴，其艰巨性、复杂性、繁重性前所未有。为实现这一目标，我国根据不同历史条件下城乡发展的特征采取了不同的发展战略。具体而言，不管是新中国成立后的重工业优先发展，还是改革开放后的城市和工业优先发展、党的十六大以来的城乡统筹发展，以及新时代的城乡融合发展，尽管不同阶段城乡发展的重点不同，城乡关系也呈现出不同特征，但它们都是城乡发展在现代化不同阶段的客观反映，是特定历史条件下为实现现代化这一根本目标而做出的阶段性战略选择。

如今，中国特色社会主义已经进入新时代，摆在我们面前的时代课题是要建立什么样的新时代中国特色社会主义工农关系、城乡关系，怎样建立新时代中国特色社会主义工农关系、城乡关系。围绕这一时代课题，立足新时代这一历史方位，中国共产党从我国特殊国情出发，为解决社会主要矛盾、决胜全面建成小康社会和全面推进社会主义现代化建设，提出实施乡村振兴战略，建立健全城乡融合发展体制机制和政策体系，这为新时代从根本上调整理顺城乡关系提供了根本遵循。

本书的研究主题是城乡融合，主线是中国特色社会主义新时代为什么要推进城乡融合发展，怎样推进城乡融合发展。本书重点从影响城乡融合发展体制机制的角度出发，提出建立健全城乡融合发展体制机制的对策建议。之所以选择从体制机制的角度来研究城乡融合问题，是因为虽然影响城乡融合发展的因素众多，但我国存在的体制机制障碍已经成为阻碍城乡融合发展的主要因素。只有全面深化改革，坚决破除城乡融合发展的体制机制弊端，为城乡要素自由流动、平等交换和公共资源均衡配置扫清各种制度壁垒，才能真正实现城乡融合和全体人民共同富裕。本书遵循的逻辑思路是理论分析—经验借鉴—现状分析—对策建议。首先，本书分析了马克思主义城乡关系理论及国外学者关于城乡关系的相关理论，这为本研究提供了理论基础。其次，本书对新中国成立以来城乡关系的演进历程做了梳理，总结了我国城乡关系演进的基本特征和经验教训，以期为新时代推进城乡融合发展提供经验启示；同时，对国内外城乡融合发展的典型实践做了分析，总结了它们推进城乡融合发展的共同经验，这为新时代推进城乡融合发展提供了经验借鉴。再次，本书分析了新时代城乡融合发展面临的现实困境及体制机制障碍。最后，本书提出了建立健全新时代城乡融合发展体制机制的对策建议。

通过以上研究，本书得出了以下结论：

第一，新时代城乡融合发展并不是要消除城乡差异。城市与乡村所承担的功能不同，这决定了两者的差异是不可能消除的，而且这种差异本身就是社会发展的客观需要。新时代城乡融合发展是要在尊重城乡差异的基础上，推进城乡各司其职，共同繁荣。但承认城乡差异的客观存在并不意味着乡村不需要改变。城乡之间的差异体现在很多方面，如交往方式、聚居形式、文化传统、基础设施、公共服务、居民收入等。其中，有些差异是不可能也不需要改变的，如城乡在聚居形式、文化传统等方面的生活功能型差异，但有些差异则是需要改变的，如城乡在基础设施、公共服务、居民收入等方面的资源机会型差异。这种差异是经济社会发展不充分、体制机制不完善等原因导致的，是不合理的存在。城乡融合发展的过程不是消除城乡功能型差异的过程，而是消除城乡资源机会型差异的过程，是在保留城乡客观性差异的基础上，实现城乡居民生活质量均等化，即让城乡居民共享城乡改革的伟大成果，实现全体人民共同富裕。这不仅是社会主义国家推动城乡融合发展的题中之意，也是新时代城乡融合发展的最终目标。为实现这一目标，就需要从两方面着手：一方面要坚决破除城乡融合发展的体制机制弊端，进一步解放和发展生产力，"做大蛋糕"；另一方面要坚持共享发展理念，补齐农业农村发展短板，"分好蛋糕"。

第二，新中国成立以来，我国城乡发展出现过对立、分离的局面，但最终还是沿着城乡融合发展的方向前进。我国城乡发展之所以没有偏离既定的目标，最根本的原因就在于我国没有照搬西方国家城乡发展的理论和经验，而是在中国共产党的领导下，把马克思主义城乡发展理论与我国城乡改革实践结合起来，走出了一条适合中国国情的城乡发展道路。在我国城乡改革的实践探索中，马克思主义城乡发展理论发挥了重要的指导作用，与此同时，我国城乡改革的实践又进一步丰富了马克思主义城乡发展理论，并用于指导下一步的改革。"理论—实践—新的理论—新的实践"如此循环往复，推动了我国城乡改革不断向前推进。

第三，政府是我国城乡关系演变的主导性力量。在任何国家，政府的力量都是不容忽视的，都会对社会经济发展产生不可忽视的影响。但纵观我国城乡发展历程可以发现，政府在城乡发展过程中的作用尤为明显，国家通过制定国家发展战略、影响资源配置等手段影响城乡发展。因此，从很大程度上讲，政府是我国城乡关系演变的主导性力量。不过，在政府主导的过程中，资金、技术、劳动力等要素的流动并不是完全由政府决定的，随着市场经济的发展和城乡交流的增多，城乡发展的实践偶尔也会突破政府政策的限制，进而影响政府决策，倒逼政府推进城乡领域的各项改革。

第四，城乡融合是对城乡统筹的发展和超越。在城乡统筹的背景下，城乡地位是不平等的，城市和工业处于主导地位，农村和农业处于附属地位。它强调政府通过统筹配置资源来缩小城乡差距，进而实现全面小康。在城乡融合的背景下，城乡之间是地位平等、功能互补、不可替代、共生共荣的关系。它不仅要发挥政府在农业农村优先发展中的作用，还要发挥市场在资源配置中的决定性作用，不仅要补齐农业农村的短板，还要激发农业农村发展的内生动力，发挥农业农村的优势，进而实现社会主义现代化。

第五，新时代推进城乡融合发展要处理好五对基本关系：一是政府和市场的关系。我们既要充分发挥市场在资源配置中的决定性作用，放宽政府对城乡要素市场的管控力度，维护市场主体利益，提高资源配置效率；

也要更好发挥政府的作用，在干部配备、要素配置、资金投入、公共服务等方面优先满足农业农村发展的要求，补齐农业农村短板，将农业农村优先发展落到实处，并为市场机制的规范运行提供制度保障和法律保障。二是改革与稳定的关系。一方面，新时代推动城乡融合发展要利用好改革这一利剑，通过全面深化改革，破除城乡融合发展体制机制弊端，激活要素、激活市场、激活主体，为城乡要素合理流动和资源均衡配置扫清障碍；另一方面，要坚持底线思维，坚决守住土地公有制性质不改变、耕地红线不突破、农民利益不受损这三条底线，实现好、维护好、发展好广大农民的根本利益。三是乡村振兴与新型城镇化的关系。一方面，我国城镇化进程还远未结束，农民工进城依然是大趋势，未来还要继续推进农村剩余人口向城镇转移；另一方面，在工业化城镇化的浪潮中，随着大量农村人口转移到城镇，乡村也出现了农村人口空心化、农业劳动力老龄化、乡村凋敝化等问题，这些问题是靠工业化和城镇化无法解决的，必须从农业农村本身着手才能解决。因此，我们必须把城镇化建设和乡村振兴结合起来，双轮驱动，这也是走中国特色社会主义城乡融合发展道路的必然要求。四是乡村经济发展与乡村全面振兴的关系。乡村振兴需要优先振兴乡村经济、发展乡村产业。因为产业兴旺是乡村振兴的重点，只有实现了产业兴旺，才能解决农民就业与增收难题。但是绝不能将乡村振兴等同于乡村产业振兴和经济振兴。因为乡村不仅具有经济功能，还承担着保障国家粮食安全、维护生态平衡、传承历史文化等方面的功能；不能仅把乡村看作农业生产和农民生活的地方，它还是城市人寄托乡愁的地方；未来乡村不仅可以发展农业，还可以发展乡村旅游、养老、教育等新产业。如果把乡村振兴等同于乡村经济振兴，不仅低估了乡村的功能和价值，还难以全面把握并深刻理解实施乡村振兴战略和推动城乡融合发展的重要意义。五是党的领导和农民主体的关系。新时代推进城乡融合发展要始终坚持党对城乡融合发展的绝对领导，确保党在推动城乡融合发展中始终总揽全局、协调各方，确保党的城乡融合发展理念和方针政策得到贯彻落实，确保城乡改革发展道路不走偏、不变色，让城乡居民共享改革发展成果。与此同时，我们必须认识到，人民群众是城乡改革的见证者、受益者和参与者，是我国城乡改革的实践主体和推动我国城乡发展的根本力量。因此，推动城乡融合发展还必须尊重人民群众的首创精神，充分发挥他们的积极性、主动性和创造性，防止政府代替农民做决定，搞"运动式"的乡村振兴。

当然，推进城乡融合发展是一项长期性、艰巨性、复杂性的系统工程，不可能一蹴而就。本书在探寻新时代为什么要推进城乡融合发展、怎样推进城乡融合发展的过程中，重点对影响城乡融合发展的体制机制进行了分析，并提出了新时代建立健全城乡融合发展体制机制的对策建议，以期为新时代推动城乡融合发展提供一些政策建议。然而，受研究周期和笔者能力、学识等因素影响，本书尚存在一些不足。一是本书对相关理论的掌握深度不够。对马克思主义经典作家、中国化马克思主义以及国外学者关于城乡关系理论的理解还不够深入，有些还停留在总结层面。此外，对国外城乡融合发展前沿理论的追踪不足。二是由于城乡融合涉及城乡产业发展、城乡规划、城乡基础设施和基本公共服务、城乡文化、城乡生态环境等各个方面，影响城乡融合发展的因素也很多，如一国的经济发展水平、国家发展战略、制度环境、政策环境、历史文化传统等，但由于篇幅有限，本书重点分析了影响城乡融合发展的体制机制障碍，存在分析不够全面的问题。三是我国地域辽阔，各个地方城乡发展现状也存在较大差异。真正实现城乡融合发展不仅要对我国城乡发展现状有个宏观的把握，还需要了解各地城乡融合发展实践中面临的具体问题。本书主要从普遍性视角对城乡融合发展问题展开研究，存在个案分析不够的问题。

实践发展永无止境，理论创新永无止境。城乡融合还存在很多值得进一步探讨的问题，如新时代如何建立健全城乡融合发展的政策体系，推动农业农村现代化；我国地域辽阔，区域差异显著，东部、西部、中部、东北地区应该分别采取何种城乡融合发展措施；如何构建解决相对贫困的长效机制，推动城乡居民共同富裕；如何发挥农民主体意识，激发乡村发展的内生动力；如何在农村人口持续外流的情况下吸引人才返乡；如何吸引社会资本下乡并实现企业与农民利益共享；如何实施"藏粮于地、藏粮于技"战略，确保国家粮食安全；等等。这些问题的及时有效解决，事关实现共同富裕和社会主义现代化目标的实现。因此，未来，我们还会继续深化对城乡融合发展这一重大时代课题的研究，力图为解决上述问题寻求破解之道，也坚信这一课题会引起越来越多学者的关注。同时，我们完全有理由相信，在我国经济发展水平不断提高和理论研究不断深入的背景下，我国城乡发展必定会从失衡走向融合。

参考文献

本书编写组，2018. 乡村振兴战略简明读本 ［M］. 北京：中国农业出版社.

毕宝德，2011. 土地经济学 ［M］. 6 版. 北京：中国人民大学出版社.

陈锡文，罗丹，张征，2018. 中国农村改革 40 年 ［M］. 北京：人民出版社.

邓小平，1993. 邓小平文选：第 3 卷 ［M］. 北京：人民出版社.

邓小平，1994a. 邓小平文选：第 1 卷 ［M］. 北京：人民出版社.

邓小平，1994b. 邓小平文选：第 2 卷 ［M］. 北京：人民出版社.

杜润生，2005. 杜润生自述：中国农村体制变革重大决策纪实 ［M］. 北京：人民出版社.

费孝通，2015. 乡土中国 ［M］. 北京：人民出版社.

费孝通，2016. 中国城乡发展的道路 ［M］. 上海：上海人民出版社.

高帆，2016. 中国城乡要素交换关系完善的理论研究与实证分析 ［M］. 上海：上海人民出版社.

高帆，2019. 从割裂到融合：中国城乡经济关系演变的政治经济学 ［M］. 上海：复旦大学出版社.

高鸿业，2018. 西方经济学 ［M］. 7 版. 北京：中国人民大学出版社.

韩俊，2018. 实施乡村振兴战略五十题 ［M］. 北京：人民出版社.

贺雪峰，2013. 新乡土中国 ［M］. 北京：北京大学出版社.

贺雪峰，2020. 乡村治理的社会基础 ［M］. 上海：生活·读书·新知三联书店出版社.

胡锦涛，2016a. 胡锦涛文选：第一卷 ［M］. 北京：人民出版社.

胡锦涛，2016b. 胡锦涛文选：第二卷 ［M］. 北京：人民出版社.

胡锦涛，2016c. 胡锦涛文选：第三卷 ［M］. 北京：人民出版社.

胡霞，2015. 现代农业经济学［M］. 北京：中国人民大学出版社.

黄祖辉，林坚，张冬平，等，2003. 农业现代化：理论、进程与途径［M］. 北京：中国农业出版社.

江泽民，2006a. 江泽民文选：第一卷［M］. 北京：人民出版社.

江泽民，2006b. 江泽民文选：第二卷［M］. 北京：人民出版社.

江泽民，2006c. 江泽民文选：第三卷［M］. 北京：人民出版社.

李周，2017. 中国农业改革与发展［M］. 北京：社会科学文献出版社.

李周，杜志雄，朱钢，2017. 农业经济学［M］. 北京：中国社会科学出版社.

梁漱溟，2015. 乡村建设理论［M］. 北京：商务印书馆.

列宁，2012a. 列宁选集：第一卷［M］. 中共中央马克思恩格斯列宁斯大林著作编译局，译. 北京：人民出版社.

列宁，2012b. 列宁选集：第二卷［M］. 中共中央马克思恩格斯列宁斯大林著作编译局，译. 北京：人民出版社.

列宁，2012c. 列宁选集：第三卷［M］. 中共中央马克思恩格斯列宁斯大林著作编译局，译. 北京：人民出版社.

列宁，2012d. 列宁选集：第四卷［M］. 中共中央马克思恩格斯列宁斯大林著作编译局，译. 北京：人民出版社.

林毅夫，2014. 制度、技术与中国农业发展［M］. 上海：格致出版社.

林毅夫，蔡昉，李周，2014. 中国的奇迹：发展战略与经济改革［M］. 上海：格致出版社.

卢现祥，朱巧玲. 新制度经济学［M］. 2 版. 北京：北京大学出版社.

陆益龙，2017. 后乡土中国［M］. 北京：商务印书馆.

罗必良，2009. 现代农业发展理论：逻辑线索与创新路径［M］. 北京：中国农业出版社.

罗荣渠，2004. 现代化新论：世界与中国的现代化进程［M］. 北京：商务印书馆.

马克思，恩格斯，2012a. 马克思恩格斯选集：第一卷［M］. 中共中央马克思恩格斯列宁斯大林著作编译局，译. 北京：人民出版社.

马克思，恩格斯，2012b. 马克思恩格斯选集：第二卷［M］. 中共中央马克思恩格斯列宁斯大林著作编译局，译. 北京：人民出版社.

马克思，恩格斯，2012c. 马克思恩格斯选集：第三卷［M］. 中共中央马克思恩格斯列宁斯大林著作编译局，译. 北京：人民出版社.

马克思，恩格斯，2012d. 马克思恩格斯选集：第四卷［M］. 中共中央马
　克思恩格斯列宁斯大林著作编译局，译. 北京：人民出版社.

马晓河，2004. 结构转换与农业发展：一般理论和中国的实践［M］. 北
　京：商务印书馆.

毛泽东，1991a. 毛泽东选集：第一卷［M］. 北京：人民出版社.

毛泽东，1991b. 毛泽东选集：第二卷［M］. 北京：人民出版社.

毛泽东，1991c. 毛泽东选集：第三卷［M］. 北京：人民出版社.

毛泽东，1991d. 毛泽东选集：第四卷［M］. 北京：人民出版社.

斯大林，1979. 斯大林选集：上、下册［M］. 北京：人民出版社.

宋洪远，2008. 中国农村改革三十年：1978—2008［M］. 北京：中国农业
　出版社.

宋洪远，2018. 大国根基：中国农村改革40年［M］. 广州：广东经济出
　版社.

宋涛，2018. 政治经济学教程［M］. 12版. 北京：中国人民大学出版社.

谭崇台，2008. 发展经济学概论［M］. 2版. 武汉：武汉大学出版社.

涂圣伟，2019. 中国乡村振兴的制度创新之路［M］. 北京：社会科学文献
　出版社.

魏后凯，黄秉信，2020. 中国农村经济形势分析与预测：2019—2020
　［M］. 北京：社会科学文献出版社.

温铁军，2010. 中国新农村建设报告［M］. 福州：福建人民出版社.

习近平，2017. 习近平谈治国理政：第二卷［M］. 北京：外文出版社.

习近平，2018. 习近平谈治国理政：第一卷［M］. 北京：外文出版社.

习近平，2020. 习近平谈治国理政：第三卷［M］. 北京：外文出版社.

习近平，2022. 习近平谈治国理政：第四卷［M］. 北京：外文出版社.

徐勇，2019. 乡村治理的中国根基与变迁［M］. 北京：中国社会科学出
　版社.

许经勇，2009. 中国农村经济制度变迁六十年研究［M］. 厦门：厦门大学
　出版社.

晏阳初，2014. 平民教育与乡村建设运动［M］. 北京：商务印书馆.

杨德才，2015. 新制度经济学［M］. 北京：中国人民大学出版社.

叶敬忠，2019. 中国乡村振兴调研报告：上、下册（2018—2019）［M］.

北京：社会科学文献出版社.

叶兴庆，金三林，韩杨，2020. 走城乡融合发展之路 ［M］. 北京：中国发展出版社.

张培刚，2019. 农业与工业化 ［M］. 北京：商务印书馆.

张培刚，张建华，2009. 发展经济学 ［M］. 北京：北京大学出版社.

张忠根，2016. 农业经济学 ［M］. 2 版. 杭州：浙江大学出版社.

折晓叶，艾云，2014. 城乡关系演变的制度逻辑和实践过程 ［M］. 北京：中国社会科学出版社.

周其仁，2004. 产权与制度变迁：中国改革的经验研究（增订本）［M］. 北京：北京大学出版社.

朱启臻，2007. 农村社会学 ［M］. 2 版. 北京：中国农业出版社.

朱启臻，2013. 生存的基础：农业的社会学特性与政府责任 ［M］. 北京：社会科学文献出版社.

AUCHINCLOSS, HADDEN, 2002. The health effects of rural：rban residence and concentrated poverty ［J］. The journal of rural health, 18 (2)：319-336.

BELL, 1992. The fruit of difference：the rural-urban continuum as a system of identity ［J］. Rural sociology, 57 (1)：65-82.

HAMADA, 2010. Factors of exclusive consciousness in Japanese local areas where have：concentrated residence of foreign citzens ［J］. Annals of Japan association for urban sociology, 2010 (28)：101-115.

LIU, ZANG, YANG, 2020. China's rural revitalization and development：theory, technology and management ［J］. Journal of geographical sciences, 30 (12)：1923-1942.

MUSGRAVE, 2012. Rural communities：some social issues ［J］. Australian journal of agricultural & resource economics, 27 (2)：145-151.

RUCKENBAUER, 2008. Remarks on the current discussion about bioenergy-for the public or for agricultural and rural areas only? ［J］. Acta agronomica hungarica, 56 (4)：421-428.

后记

　　这是笔者教学与科研生涯中独立完成的第一部学术专著，也是这么多年来对我国城乡融合发展问题的总结和思考，几经修改，终得定稿。值此定稿付梓之际，不禁掩卷遐思，对于一个从太行山区走出来的农家子弟来说，如果没有党和国家的培养，笔者很可能像父辈一样，重复着面朝黄土背朝天的生活。庆幸的是，笔者生活在这个充满机遇的时代，通过读书改变了命运。同时，笔者也希望把自己这么多年的所学所思记录下来，争取为国家发展贡献自己的微薄力量。

　　党的十九大第一次提出实施乡村振兴战略，并强调要建立健全城乡融合发展体制机制和政策体系。之前我们一直讲"城乡统筹""城乡一体化"，而党的十九大则强调"城乡融合"，这种表述的差异背后有着怎样的考量？笔者急于寻找这个问题的答案，通过多方查阅资料和请教专家学者，对城乡融合有了更深刻的认识。笔者发现，城乡融合的提出，意味着我国对城乡关系的认识达到了一个新的高度。虽然之前也一直强调乡村很重要，但是在实际工作中，难免存在"重城市、轻农村"的倾向。而城乡融合的提出，则意味着我国的工业化现代化已经取得了一定成就，农业农村现代化仍然是我国实现现代化的短板。如果没有农业农村现代化，国家就无法实现现代化。因此，我们必须实施乡村振兴战略，推进农业农村现代化。具体来说，从现实视角来看，我国发展最大的不平衡是城乡发展不平衡，最大的不充分是农村发展不充分；从国际视角来看，一些国家在实现现代化的过程中没有解决好农业农村的问题，导致现代化实现了，农村却随之衰落了，而我国不能重复这样的错误；从理论视角来看，农业是经济再生产与自然再生产相互交织的过程，竞争力比不过工业，农村地域广阔分散，要素聚集能力不如城市，因此需要特别扶持。当然也应该看到，我国农业农村优势独特，乡村振兴不仅迫切必要，而且我们有条件、有能力、有信心实现乡村振兴。

那如何通过城乡融合发展实现乡村振兴呢？通过长期深入的调查研究和科学求证，笔者终于完成了这部专著，其核心观点包括六个方面：一是城市与乡村只有功能的差异，而无地位高地之分。新时代推进城乡融合发展要在尊重城乡差异的基础上，推进城乡各司其职，共同繁荣。二是要实现城乡融合，就必须全面深化改革，坚决破除户籍、土地、资本、公共服务等方面的体制机制弊端，激活主体、激活要素、激活市场，为城乡融合发展提供内生动力。三是不能照搬西方城乡发展的理论和经验，要坚持中国共产党的领导，把马克思主义城乡发展理论与我国城乡改革实践结合起来，走出一条适合中国国情的城乡发展道路。四是要充分发挥市场在资源配置中的决定性作用，激发农业农村发展的内生动力，发挥农业农村的优势。五是要更好发挥政府在农业农村优先发展方面的作用，通过制定国家发展战略、影响资源配置等手段补齐农业农村发展短板。六是要处理好政府与市场、改革与稳定、乡村振兴与新型城镇化、乡村经济发展与乡村全面振兴、党的领导和农民主体之间的关系。

能够顺利完成这部专著，最应该感谢的是引领笔者走向学术之路的恩师王国敏教授。之所以选择跟随王国敏教授研究"三农"问题，是因为想为改变农村面貌贡献自己的绵薄之力。在这部著作的写作过程中，恩师王国敏教授无论是在研究选题、文献整理、内容论证，还是在田野调查、数据挖掘、文字撰写等方面，都给予了笔者完整、规范和严格的指导。笔者将永远以恩师严谨的治学态度、求真务实的科研精神为向导，勤奋进取，回报恩师的培养。

除恩师以外，四川大学的蒋永穆教授、曹萍教授、高中伟教授、刘吕红教授、杜黎明教授、纪志耿教授、郑晔教授，四川农业大学的何思妤教授、赵晓霞教授、高淑桃教授、邱高会教授、李毅弘教授、杨世义副教授、颜怀坤副教授，都给予了笔者诸多有益点拨。此外，在四川大学求学的七年，笔者有幸结识了许多朋友，建立了深厚的同门情谊，如翟坤周博士、罗静博士、陈加飞博士、罗浩轩博士、王元聪博士、张宁博士、唐虹博士、刘碧博士等，他们给予了笔者很多指导和帮助。本书的出版还得到了西南财经大学出版社工作人员的大力支持，在此一并致谢。最后，还要感谢笔者的爱人范强，是他给予了笔者克服困难的勇气和力量，促使笔者顺利完成这部著作。

实践发展永无止境，追求真理永无止境。作为青年学者，生而有幸，正青春年华，遇见新时代，笔者倍感幸福。是祖国的强大给了笔者潜心开展学术研究和独立思考的机会，这是一件非常幸福的事情。习近平总书记强调，只有把握了农村，理解了农民，才能真正读懂中国。未来，笔者将牢记初心，不断学习，勤于思考，继续深化对"三农"问题的研究，努力为我国乡村发展贡献自己的微薄力量。

张阳丽

2024 年 6 月

于四川农业大学